另眼看世界·当代国际热点解读

大对比：人类是饱的还是饿的？

[加] 罗伯特·阿尔布里坦 著

陈倩 付廷倩 徐雨菲 译

李晶 审订

南开大学出版社

天津

图书在版编目(CIP)数据

大对比:人类是饱的还是饿的？/(加)阿尔布里坦
(Albritton,R.)著;陈倩,付廷倩,徐雨菲译.—天津:
南开大学出版社,2013.9
(另眼看世界·当代国际热点解读)
ISBN 978-7-310-04250-0

Ⅰ.①大… Ⅱ.①阿…②陈…③付…④徐… Ⅲ.①粮
食问题—研究—世界 Ⅳ.①F316.11

中国版本图书馆 CIP 数据核字(2013)第 164794 号

版权所有　侵权必究

南开大学出版社出版发行
出版人:孙克强
地址:天津市南开区卫津路94号　邮政编码:300071
营销部电话:(022)23508339　23500755
营销部传真:(022)23508542　邮购部电话:(022)23502200

*

天津市蓟县宏图印务有限公司印刷
全国各地新华书店经销

*

2013 年 9 月第 1 版　2013 年 9 月第 1 次印刷
230×170 毫米　16 开本　13 印张　200 千字
定价:25.00 元

如遇图书印装质量问题,请与本社营销部联系调换,电话:(022)23507125

《大对比》

Copyright (C) Robert Albritton 2009. LET THEM EAT JUNK: How Capitalism Creates Hunger and Obesity first published by Pluto Press, London www.plutobooks.com

本书中文简体版权经由锐拓传媒取得 copyright@rightol.com

引进版前言：世界的样子（代序）

人类历史一路走来，无论经历了多少种社会阶段的演化，也不管生产力有了多么惊人的提升，世界似乎从没有脱离开国与国之间资源上的争夺、政治军事上的分分合合，以及民族或族群之间关于信仰的冲突；全球的财富流向了哪里？以信贷为特色的经济走到了什么样的十字路口？哪些人正在遭受压榨？哪些人在量子化的社会里找到了崛起的力量？

世界的样子——过去它是窗口外陌生的的风景，而今它已变成了我们经常接触和探索的拓展地，未来它将更加紧密地与我们联系在一起，相依相存、成为我们生活的一部分。

我们引进并翻译的这套"另眼看世界·当代国际时事热点"系列丛书，意在给读者展现当今世界发展的焦点问题，让读者了解全球化进程中的各种裂变，同时也与读者一起回顾曾经的一代导师对解放人类的有益探索，以及他所留下的思想遗产如何历久弥新，并将继续帮助人类探寻未来社会可能的走向。

本套丛书的作者或为知名学者，或为资深记者，他们在各自研究、关注的领域内都做出了引人瞩目的成果；作者的学术观点有的也许与我们相似，有的也许与我们迥异，但他们对于人类生活其上的这个星球抱有共同的信念，那就是相信人类一定会找到进步的、光明的出路。他们对于世界以及人类命运的关心、对于社会力量演变的细微观察、对于大国博弈中地区政治格局的透彻分析，均能使我们开拓视野，获得思想启迪，加深对世界的认识，思考作为世界的一分子、地球村的公民，我们可以为改善自己和全人类的境况做些什么。

书中所言，仅为作者个人心得，并不代表编译者和出版者的观点，我们所做的在于为跨文化交流搭建平台，相信读者也会在阅读作品时，对书中表达的理念做出自己恰当的评判。

希望这套丛书以当代国际社会的热点问题为出发点，能够引领读者从多个角度去认识世界，在迷雾般的发现之旅中，为读者点亮智慧的灯塔。

《另眼看世界》系列丛书编译组
2013年元月

目　录

序言　/5

第一部分　引言　/1

1. 引言　/1

   概论　/2

   对资本主义认知的基本框架　/7

第二部分　如何理解资本主义　/13

2. 资本深层结构下的农业与粮食管理　/13

   资本的盈利方向　/19

   资本、时间和速度　/22

   资本、空间和同质化　/25

   资本与劳动力　/28

   资本与消费不足　/31

   资本、寡头垄断与全球化　/33

   资本与主体性　/35

   结论　/37

3. 消费主义阶段与当前农业粮食管理制度在美国的起源　/38

   消费主义的盈利方向：石油、汽车、市郊以及电视　/42

   消费主义、时间与速度：不完全的毒性检测与快节奏生活　/46

   消费主义、空间与商品的同质化：市郊化与单一栽培　/48

   消费主义和工人：掩藏有害工作条件下的医疗费用和低工资　/50

   消费主义和消费能力不足：债务扩张与广告的新形式　/51

   消费主义、寡头垄断与全球化：公司的指令性经济　/53

   消费主义与主体性：恐惧的政治　/54

   结论　/57

第三部分　以美国为中心的全球食品体制的历史分析　/59

4. 食品管理制度与消费者健康　/59

   资本主义农业　/60

   烟草　/62

   全球粮食制度：一个不合理制度　/64

   肥胖"流行病"　/67

   糖　/70

   肉食化和脂肪消耗　/74

   饥饿和饥荒　/78

盐 /80
　　大豆 /80
　　农药 /81
　　食品添加剂 /84
　　微生物 /84
　　营养素的流失 /85
　　转基因生物 /87
　　超市 /88
　　快餐连锁店 /89
　　结论 /90
5. **农业与食品行业工人的健康问题** /91
　　美国农业和粮食体系的工人 /92
　　现场工作人员 /93
　　家庭农场 /94
　　资本主义农场 /96
　　屠宰场的工人 /96
　　超市工作人员 /97
　　快餐工人 /97
　　发展中国家的农业和食品行业的工人 /98
　　全球粮食体系与发展中国家 /98
　　香蕉工人 /100
　　可可工人 /102
　　烟草工人 /103
　　咖啡工人 /103
　　茶工人 /105
　　棕榈油工人 /105
　　热带环境里杀虫剂的使用 /105
　　结论 /106
6. **农业、食物供给和环境** /107
　　石油峰值和生物燃料 /108
　　全球变暖 /113
　　土地和森林滥伐 /114
　　淡水资源 /116
　　海洋资源 /117
　　物种减少 /118
　　转基因生物 /118

  浪费　/119
  结论　/120

7. 美国的食品、营销和选择　/121
  选择和烟草案例　/122
  营销　/125
  向儿童推销　/126
  选择垃圾食品　/129
  消费者主权　/130
  结论　/131

8. 公司权力、食品与自由民主　/132
  公司与政府　/134
  公司与法律体系　/138
  公司与科学　/138
  结论　/143

第四部分　结论　/145

9. 农业、食品与为民主、社会公平、健康及可持续发展而战　/145
  资本主义食品业的失败　/146
  变革运动　/147
  向更高效和负责的公共部门发展　/148
  更具责任感的公司　/149
  促使市场承担民主责任　/150
  结论　/152

译后记　/153

注释　/155

参考书目　/181

序　言

2007年12月17日，联合国粮农组织在罗马的新闻发布会上宣布，卷入粮食危机的37个国家需要"尽快采取行动以保障穷人免受不断飙升食品价格的影响。"[1]作为国际主流商业杂志之一的《经济学人》只在2008年4月19日才对此次粮食危机进行了小幅报道。在该期杂志封面上仅有这样一句话："沉默的海啸：粮食危机及其应对措施"。[2]在此之前，"完美风暴"曾一度是商业报道中对此次危机的首选比喻。直到这次粮食危机引发的骚乱致使全球30多个国家数以百万计的人面临饥荒的威胁之后，报道中才出现了"沉默的海啸"这一比喻说法。

使用诸如"风暴"和"海啸"这样的比喻来形容此次粮食危机，表明了对于此类难以预测的自然事件，我们在尽可能地作出回应。"完美风暴"这一说法特别受到商业报道青睐的原因在于其暗含着许多危机诱因，这些诱因以突发的、令人难以预料的形式汇聚在一起，使得影响加倍，最终形成了一场罕见的巨大风暴。与此同时，这些比喻也体现了在这场无人负责的自然灾害中对受害者的人道主义援助。

这场"海啸"似的饥荒并不是某人、某家企业或者某国政府的过错，也不是任何自然行为的产物，而是归结于二战后在美国创建的资本主义农业粮食体制，该体制现已不同程度地推广至世界各地是目前所遇到的全球粮食危机的深层原因。可以说，粮食危机最为重要的诱因，可以回溯到资本主义产生的动机和改变这些动机的长期解决方案。

国际上有一种广为传播的观点，即资本主义和民主是互相支持的。本书的写作目的之一就在于揭露这种错误观点。资本主义仅仅在有限的范围内支持着民主，因为民主需要高度的平等性，而资本主义只会产生不平等。从某种程度上来说，资本主义支持了作为民主主要衡量手段的个人权利，而当不平等造成大量人口面临困境时，这些权利就将被削减直至变得毫无意义。因此，虽然言论自由极其重要，但不平等决定了只有少数精英人士的话语才能产生影响力，因此言论自由的权利也被大大打了折扣。由此可见，对个人权利的强调需要通过对在社交和宽容中产生的社会权利和责任的重视加以平衡。

当今世界中，资本主义已经产生了难以立足的极度不公正现象，以致政府的声明显得越来越苍白无力。举例来说，全球粮食系统足够供养世界上每一个人，但全球仍有一半人口饱受营养不良之苦，健康状况堪忧（其中25%的人处于半饥饿状态，其余25%的人则处于过饱状态）。³ 许多人称，"假设我们拥有足够的耕地和技术生产能力，能够向世界上每一个人提供高质量饮食，那么原则上就不会再出现目前的全球饥荒现象了。"⁴ 进一步来说，如果由于我们缺乏进行改善和防范的意志，这场粮食危机持续发展下去的话，那么与其说我们在这场"完美风暴"面前茫然无助，还不如说是我们默许了这场"屠杀"的发生。

　　本书并非仅仅旨在针对目前的全球饥荒现象进行讨论，更确切地说，是对在资本主义农业粮食供给管理中的矛盾和不合理性进行探讨，而目前全球饥荒现象只是令人烦恼的一个方面。其他方面还包括了：

- 全球变暖与石油关键时期的石油密集型粮食系统。
- 耕地被广泛用于生产乙醇和其他非粮食类作物。
- 整个食品链中工人和农民的收入过低。
- 空气、土地与水的污染问题。
- 淡水资源的快速消耗。
- 垃圾食品的大量营销。
- 垃圾食品盛行导致了"流行性肥胖症"的出现。
- 乱砍滥伐严重损害了地球生命的未来。
- 转基因食品（GMOs）造成的巨大危害。
- 大规模集中式动物饲养（CAFOs）过程中对动物的虐待。
- 大型粮农企业在公共生活中的腐败。
- 最后也是最重要的一点是，对于全球至少30亿人口来说，粮食缺少且质量低劣。⁵

　　当全球10多亿人口每天都在忍受着饥饿的时候，加拿大政府却宣布了一项国家计划，决定大规模捕杀国内种猪，其数量多达15万头，同时拨付5千万加元⁶用于补偿国内生猪养殖户的损失。该捕杀计划主要源于市场降低了过量猪肉的供应，由此导致猪肉价格的下跌，仅2007年一年就下跌了20%。当世界上其他地区高涨的粮食价格正在导致大规模饥荒的时候，某个地区却仅仅为了保持较高的食品价格就将过剩的粮食毁掉，我们能够承担这样的食物管理机制所带来的后果吗？将某些生活必需品诸如粮食置于反复无常的市场价格中，使其在某时某地合理，而在另一个时间和地区却不合理，这样的做法有意义吗？

　　无论是否能够接受现在的食品管理制度，目前我们除了忍受别无选择。事实上，这样的粮食管理机制仅仅是某种具有强大惯性的经济系统的附属产物，以至于世界上一些主要企业和听其命令行事的各国政府，至少能够装作对当前世界问题关心而有所行动，并且为了应对需要加大解决力度的紧迫问题而采取一些措施。举例来说，尽管我们无法准确预测全球变暖的演变过程，但为了谨慎起见，理性的政府都会表现得好像我们还有十年的时间来扭转形势，因为这一时间概念是由200多位该领域的顶尖科学家提出的。[7]然而，我们却在2008年7月北海道的八国峰会上看到，日本承诺至2050年将减少50%温室气体排放量。这意味着目前我们不需要做什么。只需要将这一问题留给下一代处理。毕竟当前大多数活跃的政客到2050年都已经不在了。事实上，即使这次八国峰会的目标极有可能在2050年得以顺利达成，这也还远远不够，何况为时已晚。

全世界存在着很多的改革活动，无论运动规模大小，都是为了把现存的粮食体制与构成它的经济体制改造成为一个更加持续、健康和公平的系统。尽管这些改革可能或多或少与当前资本主义体制的中心意图相悖，但其中一些改革仍然取得了部分成功，某一些甚至取得了圆满的成功。换句话来讲，这些改革活动大多与当前极具抵制性的社会体制相冲突，需要变革的范围越大，改革成功所需要的规模越大，越需要有序的组织管理。对于大规模的改革运动来说，我们要切合实际，这一点十分重要，但切合实际并不能成为不作为或消极心态的借口，[8]因为我们生活的这个社会中，改革已经迫在眉睫，并且是十分有可能实现的。

我认为，改革的长期总体目标是通过改革当前的经济政治体制，使其对公众负责，从而加大民主的实施力度。对民主化要求最高的两个经济制度分别是企业和市场。这一观点可能会使那些自诩已经达到完全民主的经济制度感到惊讶。但是如果一个企业连内部运营状况都不能对外公开，且仅将其运营目标止于使一小部分大股东的短期收益最大化上，那么这样的企业又怎能称得上民主呢？此外，如果一个市场不能将巨大的社会成本计入市场价格，而仅仅是将其扔进"外部效应"这一虚无的黑匣子中，这样的市场又怎能称得上民主呢？为了实现民主责任，企业需要将交易运营透明化，而这种透明化只有当企业在法律中不再作为"私有"法人出现时才能够真正达到。从人类长期福利的角度来看，公共干预能够将市场价格与真正的社会成本和收益结合起来，财富的分配能够使市场需求更贴近社会需要，市场能够通过上述行为使其变得更加民主并具责任感。与此同时，如果我们想要真正有效解决全球问题，那么就必须要考虑建立起更具责任感和权威性的各级政治制度，特别是全球化下的政治制度。面对全球当前的各种问题，我们的全球决策机制严重不足。毫无疑问，具有竞争力的民族国家已经大部分成为了处理全球化问题道路上的绊脚石而不是驱动力。

目前，我们生活在一个恐惧的年代，一个会传播错误讯息的强大利益群体的年代，一个让公民脱离政治的消费主义年代。普遍的恐惧、错误的信息和反政治的态度使得文字和言论都必须非常谨慎。当然，在宣传真理的时候，适当的谨慎是明智的。然而，当像我这样谈论某些观点的时候，我们需要尽可能地做到条理清晰和论据有力。只有在针对这些有力观点的分歧和冲突时，我们才能达到某种程度的条理性。理性的行动取决于此。我们不能让自己被"沉默的海啸"卷走,因为事实上,它既不沉默,也不是一场海啸。

罗伯特·阿尔布里坦

2008年9月

第一部分 引 言

1. 引言

……地球生命赖以生存的基础正在以惊人的速度衰退。[1]

……资本主义生产的本质在于：关注即时利益，与农业生产相矛盾，与人类世代生存发展所需的全部永久性条件相关。[2]

在市场的调控下，全世界农民及农业产业工人都处于垂死边缘，而在位的官员却对此视而不见。消费者热衷于购买各种加工类食品。农业

1 大对比：人类是饱的还是饿的？

综合企业的产品生产和销售导致了许多与饮食有关的疾病，这些疾病前所未有，不仅危害着目前人类的健康，更在全世界儿童的健康上埋下了一颗定时炸弹。……而在大多数情况下，消费者并不知道他们每天所吃的食物所带来的危害。[3]

据说，法国王后玛丽·安托瓦内特（1755—1793）在上断头台前得知她的法国国民没有面包可吃时，她说道："让他们吃蛋糕啊。"这种对黎民百姓的饥饿漠不关心的态度充分证明了法国大革命爆发的根本原因。现如今，食品企业巨头和在他们影响下的各国政府已经取代了玛丽·安托瓦内特，虽然从玛丽·安托瓦内特那里汲取了教训，不会直白地将"让他们吃垃圾"讲出来，但他们即使在面对全球大规模营养不良现象的情况下（全球一半人过饱、半饱或饥饿），还是继续在全球强力推行其本质上不可持续的农业生产体制，它主要生产含有大量添加剂、糖类、脂肪和盐而营养含量却极低的"垃圾食品"。虽然垃圾食品价格往往相对低廉，但它会随着大量谷物和豆类转化为乙醇而上涨，这种情况自美国政府决定支持国内运动型汽车的生产，却对世界饥民弃之不顾之

后就变得一发不可收拾。[4]

概论

如今我们面临着严峻的世界形势，部分地区食品供应过剩，以至于不知如何处理它们，但是却有近一半的人口面临着营养不良所带来的威胁。[5] 全球大约 10 亿人口处于严重的持续饥荒之中。更令人不安的是，由于全球粮食价格飙升，人类正处于爆发更大规模饥荒危机威胁的边缘。[6] 然而这才仅仅是个开始。试想，针对全球 40%日均生活费用仅为 2 美元甚至 2 美元以下的人们来说，不断飙升的粮食价格对他们又意味着什么呢？[7]

"让他们吃垃圾"表现了一些人对于全球饥荒的漠视，同时对"二战"后出现的"垃圾食品"这一资本主义粮食管理体制的产物进行了强调。"垃圾食品"虽然只是一种口语化的表述，但却有其明确的定义。垃圾食品富含大量的糖类、脂肪和盐，也就是俗称的"虚热量"。当然，"垃圾性"在不同食品中有着不同程度的表现。一些软饮料中仅仅糖类含有卡路里，其他成分不含任何营养物质

另眼看世界·当代国际热点解读

（"虚热量"的象征），而一个双层培根芝士汉堡在含有大量饱和脂肪、胆固醇、盐和卡路里的同时，却也含有许多有益的营养成分。所以垃圾食品的分类标准主要是构成成分中是否含有大量有害身体健康的脂肪卡路里以及过量的盐分。因此判定一种食品是否为"垃圾食品"存在着很多模棱两可的争议，毫无疑问，我们可以确立一个"垃圾级别指数"作为评判标准。无论如何，本书的基本观点为：食用过量垃圾食品或高垃圾级别指数的食品会使人肥胖，且由于缺乏人类身体所需营养成分，垃圾食品会使我们患各种疾病。

"垃圾"这个词在大多数情况下是指没有价值且需要被丢弃的物品。就垃圾食品而言，让人们在经常性食用或者把它扔掉这两者之间进行选择的话，如果一个人有其他食物可以选择，那么他会倾向于选择后者。当前的问题在于，全球近 10 亿人口没有任何食物可充饥。因而大多数时间他们都忍受着饥饿的煎熬。虽然饥荒现象遍布世界各地，无论穷国还是富国，但在那些曾遭受最残酷殖民统治的国家中，饥饿时常表现得最为严重。对于那些正处于饥饿中的人来说，"让他们吃垃圾"这一说法对他们而言无疑非常残忍。对于那些发达国家的工薪阶层而言，因为他们极容易受到广告的影响。垃圾食品低廉的价格、便捷

的食用方式和容易上瘾的食物品质，对他们来说都有着极大的吸引力，由此造成的这一现实同样十分残酷。[8] 营养的缺失严重影响了工薪阶层的健康。就食品加工而言，美国的一线工作者和贫穷的农民阶层长期处于最底层的生活环境中。2005 年美国有 3 510 万饥民，[9] 据预测，由于饮食原因的主要影响，当代美国新生人口与其父辈相比，平均寿命减少了 5 年。[10]

"'我死后，任它洪水滔天！'是每一个资本家和资本主义国家的口号。"[11] 当马克思曾于 19 世纪 60 年代写下这句话时，他并不知道这一夸张比喻有朝一日会如此契合当前的形势。美国企业团体不断给各级官僚机构施压，要求获得最大短期利益，对此，美国民众被大大限制了政策上的选择。为了迎合企业需求，面对未来全球变暖可能带来的灾难性后果，政客似乎无力作出任何明确的决策。例如早在 20 年前我们就已经发现了全球变暖现象，至少在美国已出现了这种情况，而企业却极力阻止政府对此作出最有限的回应。在过去的这些年中，科学家发现衡量全球变暖程度的指标正在以超出预期的速度飙升，然而，考虑到问题的复杂性，美国和许多其他国家并没有采取什么有效的应对措施。[12]

3 大对比：人类是饱的还是饿的？

据康奈尔大学农业研究员大卫·皮门特尔估计，如果全球都采用美国农业粮食管理体制，所有已知的矿物燃料资源都将在 7 年内消耗完。[13] 换句话来讲，机械化、化学化、全球化资源和美国食品管理机制的推广都极大程度上依赖于石油化工产品的损耗。这就对未来提出了 4 个具有挑战意义的问题：

- 当石油枯竭时，其成本会上扬，食品价格也会随之飙升。
- 世界农业粮食制度造成了大约33%的二氧化碳和14%的非二氧化碳类温室气体（主要为甲烷和一氧化二氮）的排放。[14]
- 如果我们不能及时遏止气候改变的大潮，农业本身也会受到影响，从而无法为人类提供高品质食品。[15]
- 如果我们继续将耕地用于种植乙醇作物，无论全球变暖还是全球饥荒现象都将趋于恶化。[16]

垃圾食品概括了当下资本主义大量利用能量，却不顾全球大多数人口发展的事实。[17] 垃圾食品的生产消耗了大批能量，但是人类从中获取的能量和营养成分却比从诸如全麦食品、水果和蔬菜等其他食物中获取的要少得多。正因为这样,垃圾食品才被认为只含有很高的"虚热量"。同样的,我们可以认为"垃圾"资本主义是为诸如永久性战争、破坏环境和人类健康的商品、损害和剥削工人的劳动过程,以及使不安全性得以提升的安全设施上徒劳无益的支出,或者相对而言,为了促进人类繁荣发展,这种能量支出是徒劳的。

因此,对这样明目张胆地生产、流通、销售垃圾食品的食品管理体制的批评,在很多方面涵盖了整个晚期资本主义的非理性特征。全球化程度日益加深的资本主义经济,在以越来越大的能量消耗获取自身加速发展的同时,也在损害着人类的发展。我认为,造成这种情况的最主要原因在于资本主义因其追求短期利润的目标,而无法有效处理人类面对世界历史上的问题。我们需要减缓对资本积累的盲目冲动,也需要进行深入的思考和采取彻底的行动。对"常态"的有限改革虽然比什么都不做要好,但从长远来看却无法解决我们当前所面临的问题。事实上,我们已经不一定还有这个"长期"来用以去解决诸如全球变暖和全球饥荒这样的问题了。

我所提到的食品体制亦称食品管理体制,包括了食品供应的全部活动和过

另眼看世界·当代国际热点解读

程,从作物的种植到被端上餐桌。如果这整个过程被称为"食品管理体制"的话,那么可以说这是一个推进全球人类繁荣发展的基本体制。人类繁荣发展的一个基本条件就是拥有足够的高质量食品,且将食品生产过程中将会对地球生态环境造成的影响降到最低,理想的是,甚至能够为了后代的发展而提升环境的统一。从这个意义上来讲,我们的身份和我们的生活未来都根植于我们的日常饮食之中。更进一步来说,社会生活中最基本的劳力分配都来自于人类的繁育和食品的供应,而女性在上述两种活动中都起着关键性的作用。"同伴"这个词最初定义为"一同分享面包的人",这绝非偶然。由此可见,食品的供应是对社会关系分化和整合的基本构建。近来的科学研究表明良好的营养是保证人类健康的绝对"基石",可持续的农业发展是环境保护的绝对"基石"。[18]

那么,食品的供应就是社会关系和地球的基本连接点。人类通过社会关系利用自然力量,以试图付出更少的辛苦达到更好的自给自足。这里的关键在于,学习如何以一种可持续的生态良性方式来利用自然力量,因为当我们审视过去的时候,通常会发现文明社会中食品供应系统的不可持续性对历史的衰退有着极其重要的影响。

食物供应系统的全过程包括狩猎、收割、农业、养殖、捕捞和畜牧业。这些过程都是通过利用或提取地球上的土地和水资源来完成的。这期间可能会对这些资源造成一定程度的损害，有些损害甚至是难以修复的（例如沙漠化及对鱼类的破坏）。人类的食物中除了野生动物和鱼类，其他食物几乎全部依赖于农业生产。农业生产也包括了一些非粮食类作物的种植，诸如棉花和烟草。在有关食品的书籍中这一点千万不能被忽视，因为他们利用的肥沃土地理论上本应被用于粮食类作物的种植。农业依赖于土壤的肥力、天气、水的供应、种子的选取和劳动力的投入，有时也与各种机械科技和化肥的投入有关。尽管农业提供了大部分肉制品生产过程所需的饲料，肉类加工工业依然拥有其特定的社会成本来保证其生产过程中的分项处理。同样地，尽管农业提供了大部分生产投入，饮料行业也需要一定程度的分项处理。[19]

除了农业，食品供应还依赖于交通运输、储存、加工、包装、市场营销、广告、检验、零售、烹饪和餐饮服务。这其中每一步骤都需要原材料、能量和劳动力的投入。将来我们就会清楚地看到，尽管粮食供应对人类繁荣发展有着

5 大对比：人类是饱的还是饿的？

极为重要的影响，食品业工人的薪水却是最低的，且待遇也很差。[20] 同样遭受分配不均的还有妇女，有时甚至殃及儿童，这种情况并非偶然。

本书的一个重要观点就是：资本主义社会有史以来从未形成过一个有效的食品供应管理系统，其根本原因在于资本家一心追求收益，而忽视了对食品供应发展极其重要的社会生活质量的关注。在这里我要特别说明的是，美国历史上的食品供应大多来自于家庭式农场，即来自于非资本主义的生产单位。[21] 我们认为，事实上，相对来说，是非资本主义的食品供应品质使得当代资本主义食品供应系统保持着原有系统的效用。[22] 自二战以来，美国农业部门资本主义化程度逐年加深，与此同时，食品供应中长期的社会和环境成本也在逐渐飙升。而矛盾的是，政府对农业部门的干预在加速生产关系与随之衍生的一系列危害的资本化转变上发挥着重要作用。这里之所以说其相互"矛盾"，主要是因为从严格意义上来说，政府干预通常是与"自由企业"当代新自由主义理想模式相矛盾的。

随着时间的推移，我们越来越清楚地看到，究竟什么才是对人类健康和环境有益的。然而我们的认知和社会政策之间却存在着巨大的差距，而造成这一

现象的原因正是因为大型企业的利益对政策变动的牵制。进一步来讲，虽然资本主义社会从未达到过真正有效的分配公平，但在过去的历史中，人类社会却曾出现过极度不公平的分配现象。[23] 尽管很多人都意识到了这一点，似乎人类为了获得微小的收益，也不得不付出巨大的努力，来抗击加深社会分配不平等性的资本追求这一压倒性动力。[24] 这样看起来，无论是相对而言还是在大多数情况下，推进资本主义发展的所有主要因素都会导致加剧社会贫富的差距。[25]

通常情况下，当社会成本高到某一程度时，民众运动就会要求立法来限制各种被认为是危害起因的商品或服务。而生产这些产品以及提供相关服务的企业巨头往往会予以还击。在此打击之下，为各企业做出表率的最典型例子出现在烟草行业。[26] 根据哈佛大学科学史教授阿兰·布兰特的调查研究，美国烟草公司运用其强大的影响力来迫使美国司法机构、国会、媒体对其妥协，最后甚至技巧性地运用了相关科学研究，设计了前所未有的生产损害处理方法。[27] 尽管这个行业多年来都成功顶住了各方的压力，但最终种种竞选活动和各方压力仍然迫使其妥协，从而使得美国吸烟率降低了50%以上。然而，这个行业的营

另眼看世界·当代国际热点解读

销活动依然活跃，且每天至少吸引多达10万人加入香烟的消费行列（多为年轻人，且大多来自对吸烟控制力度较低的发展中国家）。[28] 事实上，从资本主义角度看来，烟草公司的此种行为无疑是明智的。他们所有生产营销活动的终极目的都是在满足资本主义社会需求的前提下获取最大利益。

这里我要特别说明的是，当前的资本主义食品管理机制引起了无法为人所接受的社会成本，其中包括了加强对公司和市场的民主控制所需的成本。为了证明这一观点，我将尽量避免运用社会科学家常用于历史学研究中的抽象理论——还原论，而尽力尝试将抽象与具体相结合，从相互关联的3个不同层次进行阐述。

首先，对最抽象层次的分析从马克思主义学说开始。马克思这个名字可能会引起一些读者的警觉。到今天为止，他已经被塑造成了妖魔化的典型，甚至每一个对学术感兴趣的人都不愿意对他的著作多加关注，除非是那些批判性的文章。马克思的名字往往与前苏联联系在一起，而事实上他仅仅认为任何一个可以被称为"共产主义"的政体都远比任何资本主义的"自由—民主"要民主得多，[29] 除此之外，他并没有过多谈论共产主义。马克思自认为其做出的最重

要的理论贡献就是他编著的三卷《资本论》。换句话说，虽然他很少谈论共产主义，但他对于资本主义的运作方式却有着大量的言论。而其中最具有争议的是，他的作品中关于资本的部分内容将着力点放在了资本主义的基本运作上，而这种研究视角是前所未有的。[30]

我的学术生涯大半都在研究如何将具体的历史与马克思关于资本基本运作形式的理论对应起来，而不是单纯地将历史生硬地套进理论的框架之中。[31] 我意识到，顺着这种思路走下去，即使研究现代社会中的一般消费状况，最终也只能停留于普遍性的层面，这样的研究无法达到预期目标。从那时起，我就决定要将研究的重点放在某一种特定的消费方式，即食品消费的研究上。与此同时，对马克思理论学说的研究使我意识到，如果不能理解食品的生产体制，就不能真正理解食品的消费状况。由于食品生产和消费是资本主义体制的组成部分，因此对它们的研究也必须先将其置于资本主义体制这个大环境之中。

关于这一点，我思考的越多，就越能意识到食品的重要性：
- 食品是人类生活的基本必需品，足够的高品质食品是保证身心健康的基础，

7

大对比：人类是饱的还是饿的？

而健康则是个体形成的关键因素。
- 食品的供应将人类生物学与地球生物学紧密联系起来，因此任何一个破坏环境与食物供应之间相互支持关系的食品供应系统都是不可持续的。
- 任何一个有能力为社会每一个成员提供健康所需营养却使大部分人严重缺乏营养的食品供应系统都不符合分配正义理论的基本标准。
- 马克思资本主义理论学说随着近代历史的推进而发展，其基本框架有助于我们理解资本主义无法有效管理农业粮食管理系统，以及美国的粮食管理系统直到"二战"后才真正资本化的原因。

对资本主义认知的基本框架

我对马克思作品的理解着重于3个层次的分析。其中最抽象的层次揭示了资本的基本运作原理；第二层次主要分析研究了这些原理在资本主义发展不同阶段的显著表现方式；而历史分析的层次研究了资本主义真正的演变过程。

在最抽象的分析层次中（见第2章），我没有对马克思的"政治经济的纯洁性"[32]进行概述，而是重点提出一个问题：即在资本的基本结构前提下，如何

管理农业?³³ 首先我将对马克思关于"资本主义体制如何与建立合理的农业体系背道而驰"³⁴ 这一观点进行阐述。换句话说,我认为资本主义体制从没有达到过真正有效的农业管理水平,原因在于其基本运作原理不允许它这样做。

根据马克思的观点,资本主义的基本运作方式十分简单。为了生产,资本家必须进行必要的生产投入,这其中包括了原材料投入、机械投入和作为市场商品的劳动力投入等。资本主义的基本目标在于通过投入和生产过程,获得生产投入成本与生产产品售价间的差额利润。产业竞争使得资本家将目标锁定在生产利润的最大化上,从而导致资本往往也从低获利的商品向高获利的商品进行转移。

用"看不见的手"来比喻资本主义市场,暗示着资本主义有着其自身的内在逻辑系统。换句话说,假设资本主义制度有着自主的生命,那么其最关心的内容仅为于社会伦理规范无益的利益获取,而人类的繁荣发展、民主和社会公平都不在其关心范围之内。

尽管历史上并不存在任何上述抽象分析层次中所设想的经过完善的资本主

另眼看世界·当代国际热点解读

义体制,但我们仍有必要对其进行研究,原因如下:
- 尽管现存的资本主义社会都属于非纯粹的资本主义体制,我们仍可从中进行分析从而推断出与大多数资本主义社会相符合的理论研究。通过对资本本质特征的阐述,可以得出关于"资本主义"的准确定义,从而对不同的社会体制和社会行为是否属于资本主义体制进行判断。
- 我们对抽象层面资本主义的理解是,资本主义在周期性危机结束后,能够完成自我复制并在国家重大干预的情况下实现扩展。通过这方面的研究,可以更清楚地了解到资本主义在某些情况下需要国家支持的原因。
- 通过分析那些经过完全商品化的案例,³⁵ 我们可以对此类商品化进行仔细的研究。"商品化"是指产品转变为可在资本主义市场换取资金从而获利的资本主义生产产品的过程。其中一个最典型例子就是英国的圈地运动,通过该运动,土地和劳动力被逐渐转化成为商品。马克思对这场运动有着十分清楚的解释:劳动力、土地和资金的商品化是资本的主要问题,这使得国家的支持在任何一个历史时期都非常重要。³⁶
- 虽然资本存在其内在的逻辑系统,但通过更具体的层次分析,我们发现这种逻辑被大大减弱了,其原因在于资本的内在逻辑主要只是一种商品逻辑,还没有达到完全的商品化,因而内部逻辑在运作过程中被大打折扣。[37]

- 通过从抽象和一般两个方面对资本进行研究,我们可以明确其基本的历史发展方向。由于这些历史方向的一般性,我们无法预测未来的历史结果,但它们却有助于我们更好地了解历史的发展趋势。举例来说,马克思表明了为什么在主要资本单位总体趋于不断扩大的情况下,人类却没能通过这种发展的趋势预测到19世纪晚期的并购浪潮,也没有预测到当今全球化背景下金融的表现特征。[38]

同样地,抽象层次的理论解释了资本与劳动力在结构上产生矛盾的原因,却不能预测不同背景环境下的阶级斗争形式,也不能预测到周期性危机的发展趋势。[39]

第3章主要对资本深层结构的推动力进行了分析,并且对第二层次分析理论中关于部分去商品化和政府支持的推动力理论进行了更深的思考。该章节的

9 大对比:人类是饱的还是饿的?

研究重点是作为"二战"后期资本主义显著特征的资本积累。在第二层次分析理论中,最重要的部分在于资本和伴随技术的显著特征、产业和商品的主要类型、国家政策和意识形态的主要类型、资本积累的国际规模以及阶级斗争的主要类型。由此可见,对政治经济相互支持方式的研究是十分重要的。人们普遍认为美国"二战"后期(大约1946—1970年)的资本主义体制体现了资本主义的传统形式,被称为"黄金时代",因此,无论从空间还是时间上来看,我认为那时的美国资本积累模式是这一资本主义发展阶段中最具代表性的部分。尽管美国是那一阶段最具代表性的资本积累者,在第二层次的分析理论中仍然需要包括资本主义不断扩大的全球影响力,这一点尤为重要。

在第二层次的分析理论中,我们对资本的深层结构理论进行了翔实的论述。它可以帮助我们研究在某特定阶段下,限制和融通这些行为的不同资本体系的典型运作范围。进一步来讲,第二层次的分析理论对于研究当前食品管理体制在"二战"后期资本积累显著类型中的定位有着十分重要的意义。通过对"二战"后资本积累显著类型的了解,我们能够更好地理解其演变历史。尤其是对1946—1970年间黄金时代资本积累最成功的推动力的研究,有助于我们对失

去推动力条件下的资本积累弊端的理解。

第三层次的分析理论着力于对相关历史的研究（主要内容见4—9章），其主要受到前两个抽象层次分析的引导。在这一层次分析过程中，我将重点对过去20年中食品管理体制的演变过程进行阐述。食品管理体制最早创立于美国，后来推广发展至世界各国。同样值得一提的是，欧洲一些社会民主程度较高的国家已经找到了在其国内进一步完善当前最棘手的食品管理体制的方法。然而，他们还无法以其本质上并不公平的全球食品分配方式来抵御对当前食品管理体制的全球化冲击。

现有食品管理体制主要集中应用于美国，尽管地区性差异使得各地接受程度有所不同，但当前食品管理体制仍在全球范围、特别是发展中国家进行推广应用。在下面章节中我将着重对其近年来的发展状况进行阐释。此外，早期的殖民主义也大大影响了诸如香蕉、茶叶、咖啡、可可、烟草和糖类等热带商品的供应。我将在后文中对此进行分析探讨。

第4—9章主要对当前食品管理体制的历史进行了分析研究。第4章重点

10 另眼看世界·当代国际热点解读

介绍了该体制对于美国和第三世界国家食品消费者健康的影响。第5章对美国和第三世界农业产业工人的健康和福利状况进行了分析。第6章探讨了现有食品管理体制对环境的影响。第7章着重研究了在美国食品企业积极的市场营销和广告攻势背景下的消费者选择情况。第8章侧重于介绍企业巨头强大影响力对美国自由民主观念的危害。第9章对于本书中所列问题的解决方案进行了简要的阐释。

我们必须努力完善企业民主监督的责任制度，使企业的追求目标不仅仅局限于短期获利，同时也要考虑到社会成本与收益。例如，资本主义体制下的企业生产对空气的污染可能会引起呼吸系统疾病的产生，但同时可以采取合理的措施，诸如设立相应污染处理设备等，尽管其高额的造价会造成利润的降低。资本主义社会中往往由纳税人和消费者为空气污染所造成的日益增长的医疗卫生成本买单，这就是资本主义体制利益私有化和成本社会化的典型例子。当经济活动与环境和人类的健康相抵触时，经济活动就产生了巨大的社会成本，而社会的不平等性同时也在持续加深，此时资本主义社会中对利益私有化和成本社会化的需求就变得尤为棘手。

通过简单地将它们归为"市场与计划的较量"并不能确定问题的解决方案。我们今天看到的大型企业是有史以来规模最大、中央计划程度最高的经济单位之一，由于其私有财产和企业法人的地位，公众只能通过有限的间接方式使其对社会大众负起有限的责任。根据法律，企业有义务为股东获取最大利润，但对于一个极具影响力的当代企业而言，这个目标未免过于狭隘。进一步来讲，不仅大多数企业决策由管理者私下决定，甚至当代企业自上而下由小部分管理层起领导作用的管理系统也有着相对的独裁性。由少部分人掌握整个人类命运的现象合理吗？我对此持反对意见。

有人认为，好的市场通常是不被干预的，除非这种干预能够提升企业利润。这种观点是另一个主要的问题。美国政府通过对乙醇生产企业进行补贴的方式对乙醇市场进行干预，同时设立了保护性关税。这种关税本质上是对美国糖业巨头的贿赂，然而政府却没有对蔬菜市场采取任何干预行动，从而对小型家庭农场及从事有机农业生产的农民进行扶持。通常情况下，政府对食品供应市场进行的干预大多是为了使大型食品企业从中获利。而诸如为了减轻不公正现

11

大对比：人类是饱的还是饿的？

象、避免破坏生态等其他目的下的市场干预往往难以成行，尤其是在此类干预活动会影响到企业获利的情况下。

大多数主流经济学家都认为，市场可以通过自身的刺激来合理地给商品定价，但是当市场价格去除了巨大的社会和环境成本时，市场的自我调控就不再合理了。于是市场价格需要体现出真正的社会成本和收益。"碳关税"就是在这时候被提出的，同时"可持续性税"也曾被提出过。然而，假设将这一类的税收与降低较低收入阶层人们生活成本的重新分配措施进行结合，那么仅从人类繁荣发展的角度来看才是合理的。我们可以通过积极的态度使市场变得更加民主和负责任，也就是积极的干预，这样的干预活动无论何时都是有利于环境和人类发展的。

市场的形成和运作通常都受限于权力关系，所以其最终产物大多使当权者受益。尽管市场在大多数情况下还在起着积极的作用，但如今已经开始流传一种"市场失灵"的主流观点。但这种观点中市场成功的衡量标准又是什么呢？我想绝不可能是分配公平原则，除非其本质中的不平等性能够与公平原则相一致；也不可能是环境的可持续性或者对人类健康的积极影响。因此，斯特恩报

告中"气候改变是有史以来最大的市场失败"[40]这一说法实在是有些滑稽。如果这样的话，这种"市场失灵"可能会造成地球不再适合人类居住。有些人可能会认为，资本主义在全球不断开发资源和压榨工人，以及无法为世界上一半人口提供足够粮食所带来的健康灾难都是"市场失灵"的表现。将这些问题简单划归为"市场失灵"并不能帮助我们找到解决这些问题的策略。事实上，考虑到资本主义的深层结构，这些问题完全都是可以被提前预测的。

12 另眼看世界·当代国际热点解读

第二部分　如何理解资本主义

2. 资本深层结构下的农业与粮食管理

这个故事的寓意在于：资本主义体制永远是与合理的农业体系相背离的（或者说即使一个合理的农业体系能够促进农业科技的发展），但其本质上仍然与资本主义体制格格不入。合理的农业体系需要小型农场主的自给自足，或者相关生产商对其的控制。[1]

大规模工业与工业化大规模农业有着同等效果。前者产生废料并破坏人力进而破坏人类的自然力，而后者同样破坏土壤的自然力，如果二者起初以此为区分，那么由于应用于农业的工业体系也使其工人变得

13 大对比：人类是饱的还是饿的？

衰弱无力，而工业与贸易自身就为农业提供了耗竭土壤的手段，因此二者在后来的发展中被紧密联系了起来。[2]

在我们看来，农夫生产小麦等农产品就像制造商生产棉纱和机器一样。假设资本主义生产方式已经控制了农业领域，那么也就意味着它同时控制了生产的各个领域，甚至是整个资产阶级社会，因此，诸如资本的自由竞争、生产从一个领域转向另一个领域的可能性以及不同领域平均利润的同等性等先决条件，都会在其全面的发展中体现出来。[3]

本章侧重说明了当资本主义的运营方式与其内在需求和深层结构相一致时，为什么农业粮食系统仍然不够合理的原因。或者就像上文中马克思曾说过的，"资本主义体制下没有合理的农业体系"。这就是政治争斗和政府干预常常涉及到这部分经济生活的原因，其中也包括了近来出现的大型非资本主义及准资本主义的生产。[4] 假如将诸如家庭式农场类的自雇生产方式划归为非资本主义生产一类，那么我们就可以发现，直到"二战"后期，美国食品市场的最

大份额还是由非资本主义式家庭农场生产所占据,甚至到今天,在这样一个资本主义"工厂化农场"的时代,世界上大多数农民仍然采取中小型规模的家庭式农场生产。[5]

一些主流经济学家有时认为,食品供应体系的失败源于资本主义的不彻底性,从这个意义上来讲,其失败主要是由自由市场造成的,也就是说大多数食品供应体系所存在的问题都可以通过加深市场自由化得到解决。而根据马克思著名的资本深层结构学说,我反而倾向于将我们面临的食品供应问题归结于资本主义体制本身,而非一些不妥的国家自治政策(尽管它们在某些情况下也有所影响)。我还要说明的是,资本主义不仅十分抵触重建合理食品系统的改革,而且,从长远来看,当改革后的资本主义能够成为一个值得投入的短期目标时,我们也需要进行远远超过竞争性市场和资本私有单位所操控的改革。我不建议摆脱市场和企业的影响,但需要通过一些被认为是后资本主义的方式建立市场和企业的民主监督责任制度。

进一步来讲,假设食品是人类生活基本必需品,而食品的生产活动又将我

14 另眼看世界・当代国际热点解读

们与地球紧密联系在了一起,那么食品产业的失败不仅仅会影响人类健康,也会影响地球的环境。假如资本主义的弊端对人类生存产生了重要影响,并招致了频繁且持续的国家干预,那么即使这种干预使失败状态得以维持,资本主义的合理性也一定会遭到怀疑。根据马克思的观点,必须对不是非常合理的"资本主义合理性"与"合理性"两者进行区分。理性的资本家通常会追求短期利益的最大化,但与此相对应的农业产业可能本质上是不公平的,甚至会损害到环境和人类的健康。尽管过去的两个世纪,民众斗争的目标是缓解资本主义试图把农业食品体制与短期利润目标结合在一起而造成的损害,但在此领域,资本主义连续的失败还是充分地表明了:在某些关键问题上,资本家的"合理性"还是要通过不合理性来完成的。一个好的食品体系能够生产足够全球人类食用的高质量食物,但目前全世界却有至少一半的人面临着营养不良带来的威胁,不得不说,当前这样的食品体系并不合理。[6]

当前食品体系对于利益的追求使资本对社会生活的质量漠不关心,除非他们关注的焦点能够快速获利。这些生活中的质量包含了从环保到工人生活品质等各方面。而对于资本来说,这些质量因素往往需要服从于对利润的考量。在

历史上，抛却来自国家法律的压力，资本从没有关注过环境的污染和破坏。简而言之，当获利与其他价值标准产生冲突的时候，利润永远是资本运作中的第一选择。对资本主义的批判中，其中一个关注点就在于资本主义食品生产与供应忽视了我们人类之间以及人与地球之间的生活质量。这也是本书的写作目的之一。

根据马克思的商品理论，对纯粹资本主义商品的界定必须有清楚明确的条件限制，并且给其所有者绝对的控制权，这也就意味着彻底将非所有人排除在外了。[7] "好篱笆能够带来好邻居"这句话可以被理解为"资本家往往需要好篱笆"。资本主义的中心本质为：资本家控制下的生产方式由定义明确的个人财产组成，从而将工人阶级彻底排除在外。宪法中，私有财产通常意味着所有人和非所有人之间的权利关系，而在纯粹的资本主义中，所有生产方式都归资本家个人所有。因此将工人阶级彻底排除在生产方式之外，形成了一种结构性的权利关系，使得纯粹资本主义社会中的工人迫于劳动力市场的竞争压力，只能接受当前的工作条件和工资待遇。

15

大对比：人类是饱的还是饿的？

在"土地"这一类别里，马克思总结了每一种可转化为私有财产，并被其所有者所垄断的自然资源（诸如石油、矿产、房地产、水等）。土地商品化的基本前提在于一些个人和团体对部分自然资源掌握了绝对的控制权。在英国，随着资本主义的兴起，公有土地逐渐被商品化，这意味着封建地主接手了原先曾由民众拥有的土地，并且把它用栅栏围起来，将其变成了私有财产。[8] 把"民众"从土地上驱赶走之后，地主开始收取地租，甚至在原则上可以出售部分土地。这里我说的"原则上"，是因为通过"家产细分契约"的实行，地主为了保住其政治权利的基础而保护他们的不动产。[9]

与其他经济学家都不同的是，马克思不只是简单地将完全商品化作为既定条件。例如，他主张将土地的商品化视为一个历史过程，在此过程中，曾是民众共同拥有的土地正在逐渐被大地主阶级接管并变为私有财产，这个过程通常是通过对平民的残忍流放来完成的。[10] 此外，通过让我们回顾这段历史，马克思还阐明了土地商品化与劳动力商品化间的密切关联，其主要原因在于一旦农民被拒绝纳入平民的行列，就会倾向于去出卖劳动力换取报酬。马克思将土地的完全商品化看作是暴力和排他历史阶段的产物，而不只是单纯将它们假设为既成的事实或已经成型的劳动力市场。[11]

资本的盈利方向使得资本总是倾向于从盈利较少的产业向盈利更高的产业转移。如果没有法律的限制，在鸦片获利更高的前提下，资本无疑将更倾向于投入鸦片而不是稻米的生产。马克思把这种将生产从一个具有使用价值的产品行业转向另一个获得高额利润行业的机会主义行为称为"对使用价值的漠不关心"。[12] "使用价值"指的是一种商品区别于其他商品的特有物质属性。以汽油为例，汽油的易燃性（汽油的使用价值）使其成为内燃机的主要动力。马克思这一"对使用价值漠不关心"的理论印证了我上文中关于资本"无效性"的论述，主要是因为资本只追求短期获利，而对于食品生产所必需的长期使用价值毫不在意。如果像往常那样，认为人类和环境健康以及社会公平的长期考虑对利润不产生影响，那么它们肯定会被忽视。

一个理性的资本家可能不会忠实于商品的物质及意识特性（即使用价值），但一定会对纯粹数量上的获利进行追求。举例来说，为了利润的获取，无论一个真正"理性"的资本家有多么的虔诚，都会从投资圣经的出版转为投资色情

16

另眼看世界·当代国际热点解读

文学的出版。假若不以获利为导向进行生产活动，最终就会被竞争所淘汰，也不会成为一个资本家。而关于食品，一个"理性"的资本家通常会在利益的驱使下选择生产不健康食品而不是健康食品，同时，只要能够获利，他们会在生产过程中采用具有污染性和毒性的化学物品。同样的，"理性"的资本主义农场主通常会支付给农民最少的工资以求获得最大利润，如果他们能够逃脱法律的处罚，甚至为了降低农民工资而雇佣非法移民。

由于大多数农作物都属于年收作物，而资本主义农场主仅在有限的生产范围内发展农业生产的相关专业技能并购买机械，因而造成短期内符合利润准则的农业生产与商品间的相互转化变得十分困难。例如，要将玉米的生产转化为大豆的生产可能相对容易（尽管这需要等到下一个生长季节才能加以实施），但从粮食的生产转化为蔬菜的生产，抑或从牛奶的生产转化为烟草的生产却十分困难。并且，由于几乎全球所有农民都负有沉重债务且无力募集资金，生产领域的转换就变得更为困难。尽管非资本主义家庭农场主都不愿意离开其世代赖以生存的土地，但与其相比，理智的资本主义农场主则会毫不犹豫地选择将资金投入或撤出农业生产，抑或改变生产领域，诸如无视社会的饥荒现象而将粮

食类作物的种植转换为利润更高的乙醇类作物的种植,以此来随时获取更高利润。事实上,随着部分玉米供应于乙醇的生产,其作为食品的供应量正在大大减少,而玉米价格也在逐步攀升。从而使得许多农民选择放弃其他粮食类作物的种植转而种植玉米,这极大地削减了其他粮食类作物的供应,最终导致食品的市场价格也随之不断升高。[13]

本章中,我对"纯粹的资本主义""抽象和概括意义下的资本主义"的理解可以归结为七大类:
- 资本家的盈利方向
- 资本、时间与速度
- 资本、空间与同质化
- 资本与工人
- 资本与消费不足
- 资本、寡头市场垄断与全球化
- 资本与主观性

17 大对比:人类是饱的还是饿的?

对于这几点的简略注解如下:

第一,获得短期盈利是资本家的最高目标,这也是造成他们对土地、湖泊、河流和海洋等自然环境资源漠不关心的主要原因。由于资本家听命于利益的驱使,因此会导致乱砍滥伐、耕地退化以及水资源的污染。为了我们的子孙后代,人类需要将环保长期坚持下去,而这恰恰与那些急功近利的私人企业最大化获取短期利益的诉求相悖,同时,环保工作也需要恰当的管理。理论上来讲,利益能够驱使资本家砍伐所有的森林;将耕地全部用于建造商业区、种植烟草和其他使人成瘾的药物;使鱼儿生活的水域干涸;使土地、水和空气遭受污染;即使存在大规模的饥荒现象,也要将种植的粮食作物转化成乙醇作物。农业需要面对大自然的变幻莫测和食品供求的不适应性,这使得食品系统特别抵触有效的市场调节。因此,食品价格极易受到影响而上涨,从而造成数以亿计的人口陷入饥荒。最终,资本主义的发展将愈发走向利益私有化和成本社会化,从而将处理有害环境、饥荒和不健康食品危害所带来的成本都强加在纳税人身上,同时资本家继续以损害甚至牺牲纳税人的利益为代价从中获利。

第二,资本家对利益获取愈来愈高的要求使得农业高度依赖于"已开采"

的能量投入。能量投入以几何级数加速增长，当其增长到某种程度时，也就是曲线接近垂直时，投入的进一步增长将无法继续带来经济效应。能量投入的加速增长同样会影响大自然的节律，以致农业生产最终会对环境造成危害。为了满足经济的增长，食品管理机制甚至会允许在生产中使用未经彻底毒性检测的化学物品。这样一来，社交聚餐带来的欢乐将会大打折扣，同时"快餐"也威胁着人类的健康。

第三，食品大规模生产和消费的技术应用可以从空间上达到同质化。这可能将热带森林丰富的生物物种变得单一，抑或将城郊的林荫大道密密麻麻地挤满商业中心，包括快餐店，从而在各地形成一种单一化的环境。此外，由于大规模生产下的品牌经营需要全球性的影响，企业开始在全世界范围征寻廉价原料和劳动力。大规模生产需要大规模消费来平衡，因此快餐店逐渐尝试通过全球扩展（尤其是以儿童为目标群体）将垃圾食品推销至各地，使他们成为垃圾食品的习惯性消费者。

第四，支付工人固定工作量所需工资的资本投入越少，得到的收益也越大。

18 另眼看世界·当代国际热点解读

由于食品是工资消费的必需品，食品价格越低廉，需要工作谋生的工人总数也越少。尽管大多数农业领域的工作都具有季节性、危险性、对体力有所要求等特点，该领域的工人仍旧维持着低工资且不稳定的工作地位。造成这种情况的原因十分复杂，包括阶级、种族、性别和殖民主义的交互影响，以及资本的需求和资本主义的历史演变等等。

第五，资本被卷入一般矛盾之中。通过削减工人工资可以达到提升利润的既定目标，但过低的工资使得工人无力购买资本家大规模生产出来的商品，从而引起了消费不足的问题。然而，如果食品业工人仅仅占社会的少数人口，那么通过降低食品价格，食品业工人过低的收入可能会促使其他行业工人（工资消费中食品消费所占比例越来越小）自由支配收入用以购买食品以外的其他商品。最终，资本主义对家庭农场的破坏程度将会在资本主义危机中显示出来。一旦资本主义危机来临，资本家会削减生产量，解雇雇佣工人，直到衰退结束，但家庭农场反而增加产量以在不断下跌的市场价格中求生存。然而随着这样的家庭农场越来越多，市场价格也继续下跌，最后导致大量家庭农场破产并离开农场。但危机的发生并非是由上述情形所导致的，农业产品价格的下跌以及农业投入价格的上升才是导致危机的根源。

第六，资本主义发展往往趋向于不断扩大生产量，却常常遭遇农业生产中的自然灾害，使得扩大再生产变得非常困难，对利益的获取也变得难以预测。除了一些农民种植商品之外，资本通常趋于降低农业生产的集中化程度，同时加强对劳动力、交通运输、加工零售等生产要素和环节投入的集中化程度。假设家庭农场得以维持生产，规模较大的那些家庭农场就倾向于加入包买制预付生产系统中，资本家在提供生产投入的同时，与这些家庭农场签订生产协议，从而使农民成为资本循环的中间环节。通过这种方式，资本家将那些吃力不讨好的工作留给了农民，自己却得以轻松获利。生产中提供种子、机械和化学物品投入的集中度较高，对加工食品类、肉类、软饮料和快餐食品等销售的投入也较大。其结果造成权利高度集中在那些不负责任的企业巨头手中（至少到目前政府还没有对他们进行合理的规范），而使他们的一举一动足以影响全球的环境以及人类健康。

第七，通过将私人财产和收益置于经济生活的中心地位，资本主义不断推

19 大对比：人类是饱的还是饿的？

进私人占有主义。虽然适度的个人主义有益社会发展，但仍需要与社会形式及群体意识相平衡。资本主义不顾及社会整体利益以及全球的长远发展，一味鼓励个人和企业团体不择手段地扩充经济实力以获取高额利润。这种单方面的个人主义不仅阻碍了人类对发展宽容社会的强烈意愿，更纵容了诸如"我死后，任它洪水滔天"这种冷漠态度的产生。然而这并不意味着个人主义同资本主义制度对此负有同等的责任，而是资本主义制度专横的本质在作祟。根据这一概述，下一章中，我将对此进行更详细的剖析。

资本的盈利方向

为了最大限度地提高短期利润，资本单位间相互竞争，这是资本主义社会中的常见现象。资本盈利方向所带来的巨大影响再怎么强调都不为过。在此我并非出于愤世嫉俗才一再强调盈利。从严格意义上讲，盈利是资本主义追求的终极目标。举例来说，假设建造一个安全的工厂比不安全的工厂造价要高，那么除非有相关法律或其他外在压力的阻止，否则那些"理性"的资本家会毫不犹豫地选择建造不安全的工厂以削减成本从而达到提升利润的目的。

资本倾向于量的积累不光是过去的，还有未来的利润。当在有潜力的生产过程中生产投入与产出被完全商品化的时候，最容易达到这种资本积累，从而使相关商品的市场价格完全被市场力量所控制。由于竞争的存在，纯粹的资本主义会趋向于平衡。在这样的情况下，一些关键性问题只有直接涉及到利润获取的时候才会被列入考虑范围。举例来说，一个理性的资本家只有当获利远远大于给工人的加薪所增加的生产成本时，才会考虑给工人加薪。或者说，只有当一个企业获利达到某种程度的时候才能做到所谓的"具有社会责任感"。例如，一家烟草公司可能会将香烟产品拓展到发展中国家的年轻人中去——发展中国家对香烟销售的限制较少，因而较容易使新一代烟民上瘾。与此同时，美国公众对于削减吸烟的呼声较高，因而烟草公司可能会试图通过电视广告中声援抗烟运动来表现出所谓的"社会责任感"。具有讽刺意味的是，甚至在帮助人们戒烟的背景下，却存在将有助于通过增加"香烟"在黄金电视节目段中的曝光率来扩大香烟销售量的现象。如果有助于保持获利甚至增加利润，一个"理性的"资本家也会选择将诸如"社会责任感"等因素列入生产销售考虑范围之

20 另眼看世界·当代国际热点解读

内。例如，通过尽量扮演对社会富有责任感的角色，使企业减少甚至避免由于国家调控而造成的获利降低的可能性。而这就意味着经济活动中一些质量、度量可能会被转化成至少一个量化的范围，从而被列入利润的计算。

如果资本家能够通过降低产品质量而增加收益的话，他们很可能会这样做。那么这就不涉及到质量层面的因素。[14] 历史上，除非工人的跳槽、法律的规定或出于利润考虑，资本家往往都对雇佣工人的健康及生活品质毫不关心。（身体健康状况良好的工人往往工作效率更高，但当临时替代劳动力来源充足的时候可能不会考虑这个因素。）同样地，由于大多数情况下废水的处理会影响获利，所以只有通过法律和民众动员才能限制资本主义在生产中对环境的污染。

资本的盈利方向通常专注于获取最大利润，这与食品的供应格格不入。其原因在于食品业相关质量问题不断地大量涌现。食品可以被定价，但无法保证大多数人能够负担得起营养丰富且健康的饮食价格。土地可以被定价，但如果利用耕地来进行城郊化建设能够获得最大短期利润的话，资本家通常会这样做。资本主义社会中的农民都可能经营农场，但没人能够保证作物的市场价格能够继续维持农场的运营。或许他们会利用大量化肥及农药来提高短期利润，而这

样所导致的长期结果就是土地被降解,环境受到污染。他们也会通过砍伐雨林来短期获利,尽管砍伐雨林得到的土地可能并不肥沃且会加剧全球气候变暖。

从纯理论角度看,资本对于其自身的使用价值完全漠不关心,这使得资本的目标完全专注于利润的获取。这种由资本驱动的"坚韧的适者生存"发展方向使得社会与环境的成本以及获得的利润都成为了"外部效应"(市场外部)。当然,外部效应(全球变暖、健康、安全、污染、荒漠化/土地的降解、不可再生资源的耗竭、物种的灭绝及饥饿等)可能会对公众生活质量以及环境质量造成巨大影响。这给消费者带来了许多问题。消费者可能需要采取政治行动来保护自身免受资本影响的同时对企业巨头施以压力,迫使其减少有害产品的生产以及那些会产生消极外部效应(对社会生活及自然环境产生短期或长期危害)的商品。在《资本论》中,马克思对19世纪英国抵制掺假面包(通过使用锯屑和其他填充物)的措施进行了记载。[15] 为了食品的营养与安全而与一味追求获利的资本所进行的斗争,已经达到了空前绝后的程度(见第4—6章)。这些"外部效应"所带来的费用持续上涨,最终总是被转嫁到纳税人和消费者或者子孙

21 大对比:人类是饱的还是饿的?

后代的头上,而不是由制造这些社会成本的企业来承担。

可以说,资本主义的历史从根本上来讲,就是与资本对使用价值和社会生活质量漠不关心的斗争的历史。举例来说,工人们不得不为争取自身福利进行各种斗争,例如为了建立工会、为了减少工作时间、为了获得更好的工作环境等;而消费者也不得不为了抵制污染、虚假广告、低质量产品的生产销售等而进行斗争。让我们想象这样一个世界:在这个世界中,资本家能够主动创造良好的工作环境,将工作安排得尽可能愉悦安全,允许工人参加企业民主决策等。虽然这很令人期待,但这样的世界离我们现存的资本主义经济体制太远了。考虑到资本在其主导系统中的巨大影响力,与它的冷漠态度所进行的有效斗争通常需要广大民众的支持,而这些斗争往往可能引起资本家的强烈不满,因此将会导致残酷的暴力镇压。[16] 进一步来讲,即使斗争取得了一些进展,日后也极有可能发生部分甚至全部的逆转。[17]

最终,对于使用价值的漠不关心也就意味着对所有无助于获利的人类价值的漠不关心。从纯粹的资本主义这一角度来看,如果掩盖事实能够获得收益,那么就装作不知情吧。假如压迫和剥削人类能够获利,且需要获得竞争的胜利,

那么，剥削程度越大就越有利。如果建造一个外观丑陋、安全度较低以及会对环境产生污染的工厂，比建造一个外观优美、安全及不产生污染的工厂获利更多的话，那就让其选择前者吧。简而言之，如果没有来自国家和群众运动的外部限制的话，假设人类价值和利润中一定要选一个，那么被牺牲掉的一定是前者。

当涉及资本主义体制下的食品供应时，再怎么强调资本主义对使用价值的漠不关心都不为过。例如，当代工厂式农场为了获得最大化利润可以使用任何手段，无论这样是否会伤害到环境、人类和动物的健康。只有国家法律能够使社会免受漠不关心态度所带来的危害性后果。世界上部分国家还十分贫困，法律系统还不够完善，其资本的运作不仅倾向于剥削劳动力的同时还对环境造成严重损害，并迫使非资本主义或类似资本主义的小型生产商卷入了诸如雇佣童工或乱砍滥伐等问题之中。简而言之，资本对生产过程及食品消费过程中产生的社会和生态成本毫不关心，而食品生产和消费过程存在的目的则在于丰富我们的生活，强健我们的身心。

食品供应与后代环境和人类健康直接相关，且面临着史无前例的全球变暖

22 另眼看世界·当代国际热点解读

的挑战，在当前的社会环境中，将生产和分配与不稳定的短期市场价格和盈利联系起来的做法十分不合理。

资本、时间和速度

生产和消费的加速是资本家增加获利的重要方式。[18]假如流水线的生产效率能提高一倍的话，获利也会大大增加。流水线的生产效率加倍意味着每个工人单位生产量要提高一倍。马克思称这种方式为"强化生产"。由于我们每天除了睡觉以外的大部分时间都用于生产和消费，因而对生产和消费的加速能够大大加速生活节奏。[19]事实上，"时间就是金钱"是对资本运营最为形象的描述：对于获利的追求将加大单位劳动时间的强度，且延长单位劳动时间。由于睡眠无法获得收益，因而从资本的角度来看，睡眠是对时间的浪费，且睡眠时间应该被最小化。[20]同样情况的还有家庭烹调以及一日三餐。由此可见，对于资本而言，加速消费生产以及把生产规模扩大到人类极限都是很正常的事情。对资本主义而言，理想的资本主义工人会工作到极度疲惫才会上床睡觉，因为少生产一分钟，获利就会相应减少。

在某些情况下，资本可能会设法维持 24 小时生产（农业的田间劳作通常只能在白天进行），因此这需要加大生产与机械的工作强度。当工人的生产效率达到最大的时候，资本就可能会考虑用机器人取代人工进行生产。由于停止生产的每一分钟都会造成利润的损失，因此时间的线性序列算法成为了资本主义经济体制的核心。线性序列计算下的时间与利润的最大化直接联系在一起，以致秒表都成了"泰勒学派"效率学说专家的重要工具，该学说关于"时间和运动"的研究最早出现于 20 世纪的美国钢铁产业。[21]

时间定律出现于早期英国的工业革命，且迅速成为主流学说，那时一个六岁的孩子甚至会因为工作迟到了五分钟而挨打。[22] 也许将闲散称为资本主义所谓的头等大罪再合适不过了，因为闲置的人手和机器是资本主义的头号敌人。人类对于休息、再创造和睡眠的需求在资本主义追求获利的目标面前都被极大地限制了；同样情况的还包括生病、受伤、疲倦甚至死亡的工人。对于资本而言，不断争取更大的获利才是终极目标。简而言之，资本就是一种不断扩大规模的永久性的运行机器。

23

大对比：人类是饱的还是饿的？

回顾资本主义的发展史我们可以发现：在那些没有明确法律限制且劳动力充足的地方，资本大大挥霍着劳动力。由于有了煤油灯的照明，夜间工作成为了可能，因而工人每天工作 15 到 16 个小时却仅仅休息半小时是一种很常见的现象。[23] 对于 19 世纪的花边制造业来说，马克思引用了 1860 年 1 月 14 日县长布劳顿·查尔顿先生在会议中的发言：

> 9 到 10 岁的儿童被迫于凌晨 2 到 4 点起床，一直工作至晚上 10 到 12 点结束，却仅仅被支付最低限度的生活费用，他们的手指由于长期的工作而磨损了，他们的脸由于长期不见阳光而变得苍白，他们的生活处于麻木状态。这样的生活状况十分可怕。[24]

即使在 1860 年之后的很长时间内，英国也仍然存在不受《工厂法案》约束的产业部门。1833 年颁布的《工厂法案》是限制工业生产对劳动力剥削的第一部立法。该法案规定正常工作日的工作时间为早 5 点半至晚 8 点半。[25] 尽管近两个世纪以来工人组织的斗争使得国家对工作日长度以及劳动强度（基本上是加速度）作了规定，但资本运营仍然违反这些规定，直到目前工作日长度和劳动强度增加到令人无法忍受的程度。[26]

近些年来，我们使用词组"珍贵的时间"用来形容专注于某事或与某人分享相处的那段时间，此时打发时间让位于专注。换言之，时间的珍贵性渐渐地体现了出来。但是资本不断加大单位时间生产强度的做法仍在不断加快现代社会的生活节奏，从而使得忙碌生活中为了发展友谊和爱而挤出的时间变得弥足珍贵。事实上，"珍贵的时间"运用在当代资本主义社会中尤为贴切，在此，时间已成为纯粹的数量概念。这可以被看作是为反抗利益吞噬人类生活品质的最后战役。资本主义发展的一般趋势是将质量归为数量，这意味着一个人"短暂的一生"都牺牲于资本的追逐，以把一生的能量尽量都转化为利润。而当我们回顾资本主义发展历史的时候，我们会发现除了外来压力以外，过于年幼、病态、残疾以及衰老的工人无法再创造生产力，因此经常是被忽视或者被当作负担。

由于时间就是金钱，我们在对诸如化学产品等商品的快速审批方面仍然面临着巨大的压力，以致企业已经开始投入可供其快速生产以获利的各种资源。

24 另眼看世界·当代国际热点解读

因此，毫无疑问，我们开始对食物生产链中所使用化学产品的毒性检测产生越来越大的怀疑。由于时间的紧迫和追求获利所带来的过大压力，企业通常无暇顾及对环境和人类健康所带来的长期危害，成本在此被社会化了，由纳税人或受伤害的个人来买单。

当速度逐渐成为影响获利的重要因素时，快餐食品成为了当今食品管理机制的缩影。不仅是快餐食品的生产过程对环境产生危害，低廉价格、容易上瘾的食物品质以及营销的巨大推动力都使得快餐的盛行成为了"流行性肥胖症"的成因之一。快餐食品中的垃圾食品（从卡路里或营养以及盐的比例方面来看）具有很高的销售利润，价格低廉且方便。同时，垃圾食品的低廉价格都是以极高的社会成本为代价的——不仅因为快餐食品生产链中许多工人的收入都处于贫困线以下，而且是因为在生产和消费过程中对环境和人类健康都产生了极大的影响。

直到目前，农业还被季节的变换、当地土壤、天气以及昆虫种类等因素影响着，这大大限制了农业生产效率的提高。我将在书后面的部分进行大量的说明，"二战"后美国资本主义化农业大量地运用了机械、化学以及生物科学等科学技术，这真正地提高了农业、畜牧业以及食品管理体系的工作效率。

资本、空间和同质化

资本主义在追求其规模不断扩大时表现得尤为兴奋，尤其是以高速扩大规模时就更加欣喜若狂。根据资本种类和规模的大小，它的扩展或许包括了空间的扩张，尽管许多带有方向性空间扩张的频率使得弗兰克·诺里斯像迅速长大的章鱼一样变成了现实。[27] 通常情况下，空间的扩张至少在某种程度上意味着自然和人工建造景点的同质化。资本通过各种方式使自然景点达到同质化，这些方式包括了毁灭物种多样性、荒漠化、污染、单一栽培、收获"外来动物"、露天开采、建造零售卖场、引导河流、都市化和城郊化、海洋物种过度捕捞、建筑水坝、景点的毁灭性建设、乱砍滥伐等。这些方式会加速资本的循环运作，从而获利。一般而言，当空间的多样性阻碍了资本的流动，且大规模生产和消费需要标准化时，人工环境会被资本主义商品化和受利润驱动固定化、标准化，随之空间也往往会被资本同质化。

25

大对比：人类是饱的还是饿的？

空间从物质、质量或使用价值等特性上都与最大化获取短期利润的资本目标非常抵触。这主要是由于资本发展在地域空间上的不平衡性。是的，资本发展在地域上已经逐渐趋于全球化，但这其中也涉及了海洋、难以驾驭的大陆块、科学技术的限制，不同的半主权国家政策上的限制以及社会形态，这些政策都对资本主义有着不同程度的抗拒或敌意。实际上，资本主义只有在内部原则上进行妥协，才能有效地管理以获取全球霸权地位，例如，当民众运动对其施加压力时，资本主义此时也不得不对通常忽视的生活质量问题予以关注。

由机器操作所带来的标准化和同质化的生产投入极大促进了标准化商品的大规模生产。事实上，商品的同质化一般在生产的提速上都起着非常重要的作用。当大规模生产成为生产许多产品的重要经济推动力时，它却和食品生产不相匹配。举例来说，番茄在还没有长熟的情况下，长到同样大小就用机械工具将它们都摘下来，稍晚再通过化学物品进行催熟。然而，这样做的代价是番茄损失了大量营养物质，且味道差了许多，这些损失都是由消费者来承担的。标准的种子、化学肥料和农药共同作用，通过单一化经营获得高额利润，且对地方性差异实施铁腕政策，而地方性差异不需要这些科技而需要精心地呵护。大自然赐予我们最珍贵的礼物之一就是大自然的多样性，将自然变得统一化，或者以超出自然发展规律的速度进行生产都会造成对生态环境的损害。

当不断扩大规模的企业到处修建诸如工业园区、零售中心、城市以及城郊的时候，建筑环境开始趋向于同质化。就像"黄金时光"一样，我们可以把具有差异性和个性化的稀有地方都称为"黄金地点"。在当今资本主义社会中，各地建筑环境的相似性导致各地游客成群结队地前往那些具有差异性的地方参观游览。同样地，大自然成为了大量原材料的来源地，且已经被大大污染了，或者说，资本的扩张和不断增加的周转率已经对自然产生了极大的压力，以致游客常常会支付高额费用去那些相对古朴且自然的地方游览（虽然如今已经没有任何地方是真正古朴自然的了）。考虑到通常只有那些特别有钱的人才能负担得起去这些地方游览，以至于地域空间已经被同质化了，而资本则可以从这些人工修建的已经被同质化了的地方中获利，例如拉斯维加斯（赌城——译者注）及迪斯尼乐园。

耕地的供应通常是有限的，且通常无法以资本主义的方式进行生产或增加

另眼看世界·当代国际热点解读

土壤的肥沃程度以迎合突然增长的市场需求。大多数的肥沃土地通常会屈服于城郊化建设带来的更高利润。边缘及贫瘠的土地通常不该被用于农业生产，但资本主义往往也会打破这一界限，从而导致了灌溉用淡水资源以及施肥用化学肥料的浪费。资本主义对土地短缺的破坏性回应是乱砍滥伐热带雨林，且使之成为全球气候变暖的罪魁祸首。而全球变暖反过来也会导致极端的天气以及海平面的上升，这两者都会对农业产生消极的影响。在当前的全球农业系统中，似乎土地都在乱砍滥伐的过程中流失掉了，而这仅仅是为了养殖肉牛以供生产快餐食品。热带雨林也为了烟草作物的种植而被砍伐掉了。[28]

除了土地肥沃程度不同之外，农业还会受到诸如气候、作物枯萎和虫害等自然因素的影响。这些潜在的质量影响因素甚至可能会影响到资本主义社会中理性的质量考核因素。从低获利产业向高获利产业流动是资本主义维持其逐利目标的逻辑，这反过来也依赖于利润的长期稳定性。世界上部分地区的农业产业部门，需要靠淡水来进行灌溉，以化肥增加土壤肥力，通过化学杀虫剂、除草剂和杀菌剂来保护作物的生产，从而使农业生产减少了大自然所带来的不可预见性。但是这种对资本主义理性十分重要的预见性已经开始

被它付出的代价所抵消,这种代价长期积累下来会十分巨大。因为未来不仅仅是水和石油化工产品的供应规模会有所缩小,全球变暖还会引起气候的改变和温度的升高,从而降低农业产量并增加不可预测性。气温升高可能会破坏世界上许多地区的农业生产(主要的谷类作物在 40 摄氏度以上的环境中都无法生长)。[29] 因此,农业产业获利的不可预测性可能会导致其与资本主义体制的不可融合(甚至是资本主义体制下的旧式家庭式农场),因此农民不会得到任何保证性收入。

地球表面从质的层面上来讲太过多样,以致无法被列入资本扩张的量性考虑之中:

- 只有部分土地能被用于食物的生产,即使是这部分土地,也在土地肥力和生产力方面有着极大的差异。
- 土地的长期使用非常重要,以致不能被短期盈利方向所决定。举例来说,短期的获利可能会促使我们砍光森林。但这种不合理性可能是由多种原因造成的,其中最重要的一项可能是对水循环的破坏,全球变暖现象也会导

27

大对比:人类是饱的还是饿的?

致大规模的荒漠化,长期下来甚至会导致地球不再适合人类居住。
- 资本主义最纯粹的逻辑与长远的民主性规划相悖,长远的规划需要每一代人妥善管理土地,并将其一代代传递下去。

时间和空间往往被当作资本主义大规模生产技术的线性连续定量投入和产出,同时已经成为了资本主义农业产业追求获利增长途中最大的阻碍。作物的生产不仅仅受到生长季节的时间限制,也会受到气候、土壤、虫害、杂草以及疾病的限制。同样的,肉类的生产也会受到动物生长所需时间的限制。进一步而言,如果生产和消费的间隔时间过长,那么许多食物就都会腐烂。如果没有储存技术和价格低廉且高效的交通运输,诸如肉、牛奶、水果和蔬菜等容易腐败的食品都会在市场销售方面大大受到时空的限制。事实上,在 20 世纪下半叶的美国,由于农业的机械化和化学化以及交通运输和食品储存技术的发展,资本主义愈来愈倾向于以大规模的工厂化农业生产替代家庭式农业生产。但恰恰是这些科学技术的发展,使资本主义大范围替代了同样会危害人类和环境健康的自雇式农业体系。化肥和杀虫剂的使用、灌溉量的大幅度增加、越来越大的农业机械(用于压实土壤)、转基因作物的种子、新兴存储技术以及更加快速的

交通运输系统都已经催生了更大规模的农场,并增加了作物产量,这些都是科技创新所带来的,人类和环境成本不能这样长期持续下去。

纺织业的生产力在几年内迅速增长起来:工厂的纺纱效率比手工纺纱的效率提升了300多倍。然而,农业领域的生产量是很难达到这种程度的。注射生长激素和抗生素,以及喂食大量谷类加速牛的生长,会迅速对动物、人类及环境的健康造成危害。同样的,以科学技术管理番茄的种植,在它们还未长熟的时候就采用机械化方式将它们摘下,能够在售出之前获得更多的上架时间,但这样做会大大破坏番茄的味道和营养。因此,加速资本循环以及减少食物的腐败会给食品的生产带来很大的挑战,这主要是因为质量因素对资本追求不断扩张这一中心目标对其形成了阻碍。

最适合资本主义的商品就是那些不会腐败的产品,这样无论调整商品供求所需的时间多长,上架商品都不会过期。对于那些极易腐败的食品而言,远距离的销售变得越来越不切实际,同样的,如果没有市场价格的突然改变或者食品的大规模腐败,食品的供求往往没有时间互相调整。尽管冷藏技术延长了诸

另眼看世界·当代国际热点解读

如牛奶、鸡蛋和肉类等食品一半的保存期,这些科技的应用仍然是以大量能量的消耗为代价的,同时保质期的延长也只能被控制在一个特定的范围内。因此,这些产业领域的生产商往往受到较大市场波动的牵制,而产品也会受到腐烂和价值流失的限制。

资本与劳动力

在上文中我曾提到过"商品化程度"。纯粹资本主义体制下的劳动力市场就是对这个词组最好的阐释。一个完全商品化的劳动力市场可以通过工资率得以完全的控制,同时,工资率反过来又是劳动力供求表现的产物之一。相对于需求过剩的劳动力供应将会导致越来越低的工资率。如果这样的情况持续下去,工资将最终降到维持生活水平线以下,工人将相继死去,直到劳动力供应缩减至与需求相一致的时候,工资水平才会再次提升。这就是完全商品化劳动力市场的运作方式。然而在资本主义发展的早期历史中,资本主义经过了循环性发展,而当资本的规模逐渐扩张的时候,对消失的劳动力未来可能的需求规模比现在更大。因此,各国逐渐建立起来不同的法律以求让工人度过经济的低迷时

期,以便让他们在未来抬高物价时继续遭受剥削。这些措施可能包括了不同国家干预政策的结合,其中包括了对工作、金钱和商品的分配,或者对工资收入低于生存线以下的工人或失业者进行的再培训等。"安全网"被进一步扩展,包括了国家支持的退休福利、健康福利或教育福利。进一步来讲,工会、政党以及来自各方面的限制使得单一商品的投入列入了资本主义生产过程中去。

上文中提到的对劳动力市场的各种干预措施,可以被看作是在某种程度上导致劳动力去商品化的原因。问题的关键在于,任何一个市场都可能被干预,而这种干预可能会引起市场的进一步去商品化或者使一个已经完成去商品化过程的市场被再度商品化。[30] 换句话来说,已经完成商品化的市场往往不会受到国家干预的影响,相反的,市场的运营往往采取的是自我调控的方式。公平地讲,出于清晰和明确的角度,完全的商品化可能会被归为抽象理论的层面,而在历史分析的层面,劳动力的商品化永远都处于不完全的状态,这主要是因为工人们经常联合起来抵制劳动力市场的残酷性,且政府通常也会对过度剥削进行限制。

29

大对比:人类是饱的还是饿的?

与土地类似,劳动力的商品化是非常棘手的,原因主要是劳动力不能为满足资本的扩张目标而以资本主义的生产方式被生产出来。然而,由于商品化是利润获取的系统性基础,而利润的获取既不依赖于外力也不依赖于不公平的交换系统,因而劳动力的这种商品化仍然是资本主义发展的必备条件(假定没有人自愿涉及这类以高价值物品换取低价值物品的交换系统)。正如上文所提到的那样,在历史上,劳动力的商品化是由工人与生产工具的分离所造成的,因为土地以及劳动力的持续商品化主要依赖于产业后备军的劳动力储存,因而当资本的生产需要更多人手的时候,他们就能被雇用了。"人手"是对劳动力极为恰当的比喻,原因在于资本对工人作为人类的特性毫不关心,如果可以,他们宁可只雇用手的特性,因为这样需要支付的工资也就大大降低了(纯粹资本主义下的"生存")。机器需要手的操作,正如马克思的恰当形容一样,在纯粹的资本主义社会中,工人只是机器的"附件"而已。[31]

在纯粹资本主义的封闭系统中,资本不能对产业后备军中劳动力存储的消耗无动于衷,因为当劳动力稀缺的时候,劳动力的薪资就会上升。假如劳动力持续短缺,那么就会威胁到劳动力本身的商品化进程。因此,正如我们所看到的，在纯粹的资本主义社会中，失业人口越多，产业后备军的规模越大。失业率的持续走高，无疑是资本主义危机爆发的明确信号。[32] 在历史的长河中，资本尽其所能以确保长期和大规模的劳动力短缺现象不会出现。事实上，除了工人与生产工具的分离，失业人员作为产业后备军的出现也是劳动力商品化过程中最关键的条件。[33]

在资本的深层结构理论中，马克思作出了劳动力已经被同质化的假设。这个假设中最基本的一个条件就是：劳动力的工作无需技术，因而任何劳动力的更替都不会对生产带来任何影响。[34] 商品化意味着劳动力是流动的，这样的话，雇佣劳动力也会开始流动，直到那些没有技术的工人的工资和工作条件差不多达到平等的时候为止。纯粹资本主义社会中劳动力的完全商品化可能会引起工人的流动，但同时也会使工人处在不安全的工作环境中。对于资本家来说，工人赖以生存的工作岗位随时都可以被取消，这样就会使工人非常无助。进一步来讲，周期性危机作为资本内在逻辑的一个必要组成部分，甚至会导致那些最为勤奋和自律的工人失去工作。[35] 这就是历史上工人总是试图通过工会或国家

另眼看世界·当代国际热点解读

立法，增强工作安全性的两个关键性原因。换句话来讲，工人们是在为获得有限的劳动力的去商品化而斗争，尽管资本通常会通过分化、瓦解和离间工人阶级达到再度商品化劳动力的目的。从资本的角度看来，劳动力与其他商品生产投入一样容易控制，只有利益是唯一追求目标。

资本主义农业通常很难达到资本主义体制所需劳动力的商品化，原因在于农业生产对劳动力的不同季节性需求以及繁重的收获工作需求。这无疑是美国家庭式农场能够持续如此之久的重要原因之一。考虑到农业领域工作的低工资和不稳定性，资本主义农场主通常只能依赖于弱势群体工人（儿童、妇女、临时工、非法移民、不受政府保护的移民及少数社会地位极低的工人）。在当今的美国社会中，资本主义农场中的许多工作都是由弱势移民劳工来完成的，他们工作强度极大，但收入却极低。[36] 进一步来讲，殖民主义农业体系下的强迫性劳动有着漫长的历史，某种程度上来说甚至持续到了今天。[37]

据统计，截止到20世纪，工人收入的75%都用于食品的购买上。为了将工人工资持续控制在较低水平，食品必须要做到相对的价格低廉。这无疑是农业领域工人比产业工人收入更低的一个重要原因，尽管他们只是季节性地被选

择雇佣。由于历史上妇女的收入通常低于男性，因此性别也被列入了考虑因素，而恰恰是妇女承担了大部分与食品相关的工作。随着18世纪爱尔兰移民英国的狂潮开始，雇佣极度贫困的移民作为工人就成为了一种普遍现象。美国近些年来食品产业的一些环节甚至仍然存在着雇佣廉价的移民、妇女及儿童劳动力的现象。食品产业的平均工资通常比其他行业要低许多，而政府的补贴机制也是造成食品过度生产和食品价格下跌的重要诱因。但由于食品消费占工资消费的比例变得越来越小，廉价的食品促使人们将工资更多用于其他商品的购买，这对于"二战"后的资本积累也产生了极为关键的影响。这一点我们将在下一章中进行详细阐述。

简而言之，由于农业产业对于劳动力需求的季节性特点以及廉价食品对资本主义体制的极度重要性，劳动力商品化的过程中出现了许多困难，这使得农业出人意料地开始依赖于边缘化群体及弱势群体工人。大多数殖民性作物（烟草、茶叶、香蕉、棉花和糖类）对于那些以高强度工作换取微薄收入的强迫劳力、类强迫劳力以及弱势群体劳力的历史性依赖，在许多发展中国家甚至美国

大对比：人类是饱的还是饿的？

加州和其他一些州中一直持续到了今天。

资本与消费不足

资本运作的一个原则是为追求持续性获利。在食品业中，若要做到持续的获利，其中一个方法就是让人们吃得更多。而当一个人吃饱后，往往就不会再继续吃东西了，这对增加食品产业的获利是一种极大的限制。然而不幸的是，这一自然限制条件被食品业所破解了。其中一种解决方案就是让人们吃大量零食，零食是所有食品中获利最高的，除睡眠以外，有些人每天几乎所有时间都在吃零食。在美国，50%的用餐时间是吃零食。[38] 这意味着食品企业能够获得更大的利润，而消费者的腰围也越来越大，肥胖使消费者更易患病，寿命也会大大缩小。食品产业通过这样的方式解决了消费不足的问题。

资本获得最大化利润的方法之一就是尽可能以最低的工资让每个工人付出最大的劳动。这里我说"尽可能以最低的工资"指工人也需要生活，这是出于资本主义对工资收入的一种限制。工人需求被工资收入、基本需求以及满足日常生活需要的成本开销所大大限制了。因此，不断扩大生产以追求更高获利的

资本家与无力购买不断升值商品的工人阶级间产生了巨大的矛盾。这似乎可以作为消费不足带来各种限制的经典实例。在纯粹的资本主义社会中，每个人都是资本家、地主或工人，而资本家与地主阶级所占比例相对较小，似乎这种矛盾难以得到解决。下一章通过对第二层次理论的分析，对当前阶段的消费主义进行了论述。我将对"二战"后资本主义运用各种手段扩大消费的资本积累模式进行介绍，这些手段包括以最少的投入在世界各地采集原料、债务的扩张、市场营销与广告宣传等；因此，我将资本积累的这一阶段称为"消费主义阶段"。

正如前文中所提到的，就家庭农场而言，如果农产品的市场价格下跌，那么家庭农场最自然的反应就是扩大生产规模以弥补大规模生产的低价格，而不是放弃生产。当然，许多农民这样做的结果就是导致了市场供应的增加，从而引起市场价格的进一步下跌。这样的恶性循环最终导致的是许多农民的彻底破产，而这些农民一旦离开了农场，就再也不会回来了。这就是家庭式农场与资本主义相互矛盾的主要原因。

农业生产受制于气候、土地、昆虫、疾病等自然条件，因此农民很难确定每年的收成会怎样。在不景气的年份，他们不得不举债，等到景气的年份再还债。这使得他们极度依赖于金融借贷机构，而连续经过几个不景气的年份之后，这些机构就会强迫农民卖掉他们的农场来偿还债务。可以说全球几乎100%的小型家庭农场都陷于债务的泥潭之中。而问题在于家庭农场需要长期的稳定性，这样才能为农民带来持续的高质量生活，而资本主义市场的反复无常却无法满足这一条件。如果资本主义足够理性的话，那么在资本主义的农场中某些特别商品投入和产出的便利性就不会这么容易，而在家庭式农场中难度就更大了。假如农业与食品生产的供求关系不能平衡的话，那么纯粹的资本主义就不能说是有效的。对于那些金融借贷机构来说，时间就是金钱，农民拖欠债款是与这些机构的盈利方向相悖的。

由于食品消费已经成为了工资消费的重要组成部分，为了保持工人工资的低廉，资本主义不得不生产一些尽可能便宜的食品。因此在食品产业中，扩大生产规模的同时降低生产成本尤其重要，同时又十分困难。直到最近，生产力的增长才被时间和空间所限制。而农业生产中的机械化和化学化却打破了这些限制，虽然提升了短期的利益，但却为下一代留下了生态和有毒性物质的巨额债务。

资本主义降低生产成本的另一种方式就是雇佣最廉价的劳动力，而由于全球化程度的不断加深，廉价的劳动力来源范围越来越广。但为了和本部门消费不足的情况作斗争，食品业资本家取得的惊人进步是历史上食物消费量前所未有的扩展。食品业资本家通过许多新型科学技术来增加人类的食欲，甚至通过使人类对食品上瘾来促进食品业消费。由此导致了社会中"肥胖症"的流行，这是对后代欠下的巨大健康债务，这个债务将会殃及许多国家。

资本、寡头垄断与全球化

尽管在资本深层结构的理论中竞争是被假定存在的，我们可以通过最抽象层次的理论分析，来理解造成资本不断构建更大单位并向全球扩张的一般结构性压力。对于资本不断集中化的原因，马克思强调了其中最基本的两点：第一点，在周期性危机期间，强势资本单位通过不断吞并弱势单位来扩大规模；第二点，通过向银行和股市这样的机构来贷款，以此调动和集中社会储蓄，也促

33 大对比：人类是饱的还是饿的？

使了更大规模资本单位的形成。

为了理解19世纪晚期诸如"并购运动"等现象，我们需要运用第二层次分析和历史分析的相关内容，原因在于这些现象的许多起因都是具有阶段性特征的，且无法从抽象和一般的资本理论中剥离出来。例如，英国，作为到19世纪末期世界上最大的资本主义国家，由于1720年南海泡沫事件（南海泡沫事件（South Sea Bubble）是英国在1720年春天到秋天之间发生的一次经济泡沫，它与密西西比泡沫事件及郁金香狂热并称欧洲早期的三大经济泡沫，经济泡沫一语即源于南海泡沫事件）的爆发，企业的形式一直被法律所限制，且几乎让整个国家破产。[39] 给予有限联合股份制企业法律许可是19世纪晚期并购运动爆发的先决条件之一。并购运动的其他诱因和存在的条件还包括：

- 诸如银行和股市等金融机构的发展。
- 资本不断流入资源提取和经济规模十分重要的重工业。
- 保护性关税与倾销。
- 政府对基础设施建设与军队建设的投入。
- 控制劳动力群体反抗的需求。

- 企业对影响政府相关政策的需求。
- 交通与通信技术的改善。
- 许多产业期望通过扩大全球影响力来获取最廉价的原料和劳动力。
- 帝国主义内部的竞争。

诸如东印度公司和皇家非洲贸易公司这些早期垄断性贸易公司涉足了香料、糖类、烟草、棉花、茶叶、鸦片、奴隶以及契约雇工的买卖，但他们通常会避开种植园的经营。这些公司的经营活动使得殖民体系逐渐发展成为两种新殖民资本主义现象。一种是资本主义企业拥有土地所有权，同时经营种植园，另一种是资本主义企业从初级生产者手中进行购买，初级生产者与资本家在规模和程度上都有所区别。举例来说，在香蕉的生产中，这两种形式并存且相互结合，然而咖啡和可可的生产都是由家庭式农场所承担的。但无论怎样，垄断性贸易公司的殖民设置，促进了向资本主义食品管理体制的过渡。因此，资本主义农业在种植园和前殖民地中比在美国国内的发展要更早，家庭式农场只是在"二战"后才在很大程度上被归到资本主义的名下。

34 另眼看世界·当代国际热点解读

资本主义体制下，大面积土地控制在少数个人和企业手中，这主要是由于资本主义专注于追求短期获利而不是长期的土地管理权。举例来说，我们都看到了糖业巨头对佛罗里达湿地和大沼泽地环境造成的损害。[40] 在发展城市建设的过程中更糟糕的是，疲软的国家不仅仅缺乏有效的环境调控，也缺乏对这些调控的有力执行。

家庭式农场统治美国农业许多年；然而，自"二战"后，食品生产和田间到餐桌销售过程的每一个环节都出现了集中化的生产。不断扩大规模的农场被归入提供投入并处理产出的企业巨头的行列。企业的规模不仅赢得了市场的控制权，从而使得价格提升到竞争水平以上成为了可能，同时使企业在政治和意识形态上都对政府政策、教育机构以及对产品和快乐产生联想的媒体和公共空间产生了巨大的影响力。由于企业希望年轻人尽可能地沉迷于特定类型高科技、高热量食品，也为了给消费者创造一个对食品的渴望氛围，即不断用高糖、高盐和高脂肪这些使人上瘾的食品来诱惑消费者，因此高额的媒体宣传费用对食品产业极其重要。企业规模在对政府的游说中起着关键性作用，因为食品行业政府补贴和贸易政策十分重要。最终，企业规模对于高科技快餐食品和垃圾食品的生产相当关键，这主要是因为：
- 标准化和大规模生产的优势。
- 由于计算机控制下产品的生产、存储和全球化派送所带来的成本节约，因而企业需要在世界范围内采集低成本资源投入。
- 市场销售和广告宣传的巨大成本。

通常情况下，资本单位规模越大，越能够处理经济低谷和与更具规模的企业竞争。寡头和垄断使将成本加到消费者的身上变得相对容易。进一步来讲，史上资本的最大单位现在仍存在，并且，我们当前的全球化资本主义以及导致资本集中化的压力都十分强大。[41]

资本与主体性

作为主体的我们与我们周围的物质是分隔开来的，这是我们日常生活中的基本假设。最近社会科学领域中的热门研究话题就是对我们如何形成认同感的研究，或者说，认同感是何种意义以及我们是怎样被构建为主体的。马克思在

35 大对比：人类是饱的还是饿的？

《资本论》中清楚地阐释了资本在其基本结构中帮助塑造作为主体的自我意识的基本原理。该原理有助于我们理解作为法律主体的企业是如何表现出主观性的。关于这一点，本书有大量阐释，在这里我只想简单介绍一些基本观点：

我们的身份和自我意识可以通过很多事物进行塑造，其中包括了家庭结构、宗教、教育以及意识形态。但资本主义的基本经济结构又怎样呢？在资本主义制度下，世界上的许多物品都成为了人类的私有财产，这使得它们的命运要以其所有人的意志为转移。从私有财产的角度来看，每个人，或者说每个主体，都是一座岛屿，我们通过货币交换与其他岛屿相连接。一个人的岛屿身份主要取决于通过出售和收购而不断改变岛的大小，也就是市场的规模和类型。因此，资本家出售资本主义生产方式下生产的商品以获得利润，工人出售劳动力以换取工资，农场主出租土地来收取租金。一个社会岛屿化或物化的程度越大，每个家庭和个人就越孤立。这种主观化所造成的最终结果就是占有欲极强的个人主义，且正是这种极端的主观化使得纯粹资本主义社会中的竞争越来越激烈，破坏了个人联合起来抵制将他们归为自我调节市场的客观化。这种主观化不仅会导致人类客体化的愈加完整，同时在意识形态方面也有助于使极端个人主义

与自由达到平等。假定资本作为完全自由的中介机构,那么只需要为自己的情况负责,而无须为任何人的困境承担责任。在一种奇怪的方式下,在资本主义环境中,主观化可以被看作特殊的物化形式。

作为岛屿,资本主义的主体就是与岛屿专有权相关的法律主体或法人,可以通过购买、出售及订立合同的方式扩大或是削减岛屿规模。而前提就是纯粹的资本主义社会中的主体必须能够参与一些资本主义市场的运营,其原因在于生存主要依赖于生活必需品的购买力。资本主义的参与者必须将每一个人都看作拥有私人财产的独立法人。[42] 而首先,为了将"我的"与"你的"区分开,私有财产必须有着明确的划分标准。根据最基本和最明确的区分标准,私有财产意味着财产被所有者完全控制,与其他人无关,除非所有者自己将其赠与他人。由于每个自我都是一座对私有财产和自身具有完全控制权的岛屿,而其他人虽然没有离岸,但必然会时常感受到威胁。由于扩大岛屿的规模是确立地位的唯一手段,他人不仅指的是在岛屿规模扩大竞争中的对手,也可能指的是随时会入侵甚至侵占你私有财产的人。财产的基本形式就是修建起一条将自我与他人分隔开来的鸿沟,同时时刻将他人看作是潜在的威胁。与"没有人是一座岛屿"这一观点相反的是:最纯粹意义上的资本主义会将每一个男人、女人、家庭、企业甚至政府都转变为一座岛屿。

尽管这件事看上去很奇怪,但资本主义却是一种强大的且极具主观性的强权,同时它也会将主体客观化,尽管资本本身就具有着主体性的特性。假设纯粹资本主义体制下的市场是完全由自身所调控的,那么在这个意义上,市场就是由供求压力所导致的价格变化来调控的,人类机构只有在遵循市场价格信号的前提下才能做到理性地表现。如果由于供应短缺和需求增长,商品价格和利润则都会随之上升,于是资本家往往会选择将生产转移至那些获利更高的产业领域。接下来,随着市场供应规模的不断扩大,产业利润逐渐下降至某个平均水平,资本家才会停止其不断转移生产领域的行动。现在有理性的中介存在——但只有在跟随价格信号的情况下才能实现——市场能够不断通过各种调节方式来纠正错误的市场行为,其中包括了破产制裁和剥夺食物、衣服以及住所等。虽然从即时性的角度看来,人类中介机构似乎有着购买与出售的自由,但事实上,经过一段时间即使是相对较短的时间,成功和失败都会受到商品流动的支配。马克思曾提出：资本是主体性具有重要特征的对象。每个资本家都在追求获取利润最大化，同时，在一个社会范围内的总竞争中，资本作为一个整体，成为了一种自我扩张的力量，或者也可以称为马克思所提到过的"自我稳定的价值"。但是每一个人作为一个主体，都在不断追求资本这一目标。因此，在一个纯粹的资本主义社会中，资本可以被看作一个主体，而人类机构则是不断追求其最大化扩张的客体。

似乎资本可以将人类变得客观化，但矛盾的是，这种客观化的过程只有通过一个同时在物化角度看来进行主观化的平行过程之后才变得更加有效。商品和货币通过市场定量相互关联，从而形成了一个集体性的主体；但同时，他们也连接了那些被个人私有财产所孤立起来的人类个体。马克思用"金钱关系"来指代纯粹资本主义社会最基本的社会联系，关于这一点，马克思并没有夸大事实。为了更有效地进行客观化，资本提升了个体的极端主体性（或者说占有性个人主义）。换句话说，在某种意义上资本打破了人们的团结意识，对孤立的客体实行客观化似乎要容易得多。

37

大对比：人类是饱的还是饿的？

这种本末倒置所导致的奇怪结果就是：尽管世界上大多数生产食品的人无法负担高质量的饮食，甚至会在大多数时间饿肚子，但纯粹的资本主义却仅仅将问题的过错归于那些人自己身上。

结论

本章中我通过抽象层次的分析对资本主义的基本结构动因进行了概述，呈现了这些动因在具体情况中失去应有作用的若干历史场景。即使假设资本主义能够在运营过程中发挥其竞争性与平衡性的优势，也无法建立一个合理完善的农业食品管理机构，本章中已经对此进行了阐述。

资本主义历史上，农业生产大多数情况下都不是由资本家而是由封建性自雇家庭或多少涉及强迫劳动的管理系统所进行的。考虑到以上种种不合理性，这一现象也就不足为奇了。此外，当我们回顾资本主义发展历史的时候，可以发现，事实上资本主义对强迫劳动的农业系统的管理比对自雇系统的管理要轻松得多。举例来说，19世纪上半叶，资本主义曾有效地管理了美国南部的奴隶经济产业。相反地，经济大萧条对美国家庭式农场系统造成了严重的破坏，而

20世纪30年代罗斯福总统对此采取措施进行了国家干预，决定将市场价格稳定在某一程度以使得一些家庭式农场能够维持下来。

"二战"后，随着农业产业机械化和化学化程度的不断增大以及强大的国家支持，美国食品系统日趋资本主义化。本章对纯粹的资本主义无法通过其"自我调节市场"有效管理农业食品体制的原因进行了分析。同时这也是农业产业长期受到国家扶持的首要原因。在下一章中，我将对当前农业食品管理体制在资本积累模式下的演变过程进行简要介绍：该体制最早源于"二战"后的美国。尽管这种积累的模式也将农业生产归类为资本主义，但在某些情况下两倍甚至三倍的作物产量带来的收益仍然是以不断增加的巨大社会成本为代价的，因此，许多专家称当前的农业食品管理是"不可持续的"。

3. 消费主义阶段与当前农业粮食管理制度在美国的起源

饥饿中的人往往只服从于那些手中有面包的人。食品是一种工具，是美国谈判工具中的武器。[1]

本研究中所涉及的新型杂交种子，其品种比传统种子有着更高的产量。为了能够正常生长，这些种子要求几乎像实验室一样完美的生长环境，因而极大依赖于灌溉、土壤的肥力和杀虫剂的使用。而这些化学物品的生产反过来又大大依赖于化石燃料。[2]

在第二章中，我将食品的供应置于纯粹的资本主义这个大环境下，而在本章中我将大背景改为了"二战"后期的消费主义阶段。这两章将为理解当前食品管理体制的结构和历史性发展提供基本框架。我这样做的原因在于希望通过对三个抽象层次的理论分析，尽可能清楚地对适合资本积累的当前食品管理体制进行阐释。对我而言，新自由主义对20世纪70年代危机的反应并不像它宣传中所说的那样成功，它的成功是相当肤浅的，只不过是以未来的巨大成本为代价为现在争取时间而已。[3] 我希望对历史演变过程的分析，能够使读者更清楚地明白资本主义在本质上对农业和食品供应都产生着危害，且其危害程度在不断加深。将来，我们可能会需要大量长期的民主策划、合作以及获得公众支持并能开展多种方式合作的中小型规模的有机生产农场。

我认为，所谓的美国资本主义的"黄金时代"（大约1946—1970年）为"消费主义阶段"，其原因在于大众消费已经成为了这一时期的中心。举例来说，1945—1950年，汽车和家用电器的消费分别增长了205%和240%。[4] 自20世纪70年代早期开始，资本积累的这一阶段逐渐衰退至一个过渡阶段。这个阶段的标志就是日益增加的不平等性、暴力、社会政治的腐败、经济的停滞不前以及对环境和人类健康的危害。消费主义的新阶段（即一个崭新的"黄金时代"或一个资本积累相对稳定、影响范围较大、新霸权主义模式）是否会在这次转型中出现还不能确定，然而，考虑到当前阶段彻底的功能紊乱和矛盾，以及资本深层结构的基本趋势，似乎消费主义的新阶段十有八九不会出现。[5]

我坚信，几乎所有能够使世界免于陷入野蛮所需要做出的改变，都会倾向于让资本的内部运作机制妥协或对其进行消灭。这些改变能够使企业和市场在民主方面负起责任，而这与资本主义本质中企业和市场运营过程中的肆无忌惮是相悖的。事实上，一个完全民主化的资本主义体制已经根本不再是资本主义了。

大对比：人类是饱的还是饿的？

尽管我认为资本主义发展的每一个阶段都有其自己的"黄金时代"，但许多理论家则更倾向于将我所认为的消费主义的黄金时代定义为资本主义总体上的"黄金时代"。"资本主义黄金时代"的显著成功是十分肤浅的，原因如下：

- "二战"的胜利使得美国的经济基础设施免遭损害，这也导致了日后不可复制的美国霸权主义的出现。
- 将美国资本主义阶段中最具社会主义特点的阶段称为"资本主义的黄金时代"是不是有点自相矛盾呢？就像布兰登所说的那样："麦卡锡时代与其后的冷战时期中出现的惊人悖论就是：这个反集体主义火焰熊熊燃烧的时代见证了美国有史以来最伟大的公共投入，无论是住房，还是交通方面。"[6]
- 许多成就都是肤浅的，从这个意义上来讲，以长期的痛苦为代价来获取短期利润，那么有可能利润会因为后面政府政策的改变而发生逆转。

20世纪70年代初，当黄金时代陷入危机的时候，美国政府决定将政策从带有社会主义性质的温和政策，转而向日益残酷的"优胜劣汰"的资本主义模式倾斜。从很大程度上来说，通过将财富大规模从公众产业转移至私有产业，私有产业的滞涨困难得到了解决,而这种转移造成的直接结果就是健康、教育、基础设施、科研和社会福利部门的资金严重不足。

为了了解当前农业/食品制度的根源,我们有必要首先回溯至一般资本主义的发展根源(见第2章)。其次,对消费的黄金时代进行研讨和分析,这也是我将在本章中进行简要概述的内容。这就要求我们回溯"二战"后以美国为中心的资本积累阶段,那一阶段的积累模式是25年来最一致且相当成功的。

资本的内在逻辑无非被用于对历史进行解释,原因在于尽管它遵循了资本主义经济范畴的基本动态模式,但其关于具体历史实践的分类仍然较为抽象和模糊。举例来说,从对最抽象层次的理论分析中,我们知道资本主义通常趋向于加速生产过程,但如果没有历史性的具体知识,我们就可能不知道这些加速生产可能的主要表现形式。因此,尽管抽象逻辑可以提醒我们资本的基本特性,但我们还是需要运用第二层次的理论分析,根据特定阶段的科学技术、机构及其实践活动,来对资本积累的发展历史进行分类。为了能够有效地分辨出这些历史背景的特殊性,我们需要更加详细具体的经济范畴,以及政治和意识形态

另眼看世界·当代国际热点解读

的类别。[7]

第二层理论的核心重要性就在于历史上和全球范围内资本主义发展的不平衡性。资本主义的历史可以被看作是一系列主要以一个或者几个国家为中心的资本积累主要模式。[8] 当一种模式逐渐衰退的时候,就会出现一个全新的模式来取代它,同时这种替换甚至可能会造成资本积累中心的地理性迁移,就像19世纪晚期资本积累的中心从英国移到了德国和美国一样。每一种连续的积累模式都会经历一种"黄金时代",在这个时期霸权主义达到了鼎盛时期,随后就会被"沉重的时代"所取代。[9] 当然,一个黄金时代过后,很有可能不会进入到资本积累的新阶段,而是进入到远离资本主义制度的过渡。

1700—1850年间以英国为中心的的重商主义阶段是资本主义发展的一个黄金时代,那时资本积累被集中于主要发展棉毛纺织业的外放系统中。1830—1860年间自由主义阶段的黄金时代则以英格兰为中心,那时资本积累主要集中于棉纺厂。以美国为中心的帝国主义阶段黄金时代从1890年一直持续到1914年,那一阶段资本积累最主要集中于钢铁产业。而最终,1946—1970年间,消费主义阶段的黄金时代在美国得到最大发展,最具代表性的产业则是汽车行业

的资本积累。

按照这个模式推算下来,我认为,从帝国主义阶段(1890—1914年为其黄金时代)到消费主义阶段(1946—1970年为其黄金时代)的过渡在不同的时期来临(尤其是在"一战"结束后又经历了经济大萧条之后),这成为资本主义的过渡时期。事实上,资本主义试图寻找一种新的相对稳定且具有扩张性的资本积累模式,而在此之前,资本主义不得不先通过法西斯主义和另一次世界大战的考验。

造成"二战"后美国经济"起飞"的因素有很多,下面列举其中最重要的几点。下列因素都是特定历史时期中出现的,且无论现在还是未来都是不能被复制的。

- "二战"后被抑制的需求及与其他资本主义大国竞争的缺乏。[10]
- 国际上以美元和黄金为标准的货币体制使美国很大程度上免除了对贸易差额赤字的担忧,这一情况至少要持续到20世纪60年代。
- 价格低廉且充足的石油和天然气推动了石油化学革命的进程,且极大地促

41 大对比:人类是饱的还是饿的?

进了耐用消费品的销售。[11]
- 主要经济产业领域的寡头垄断不仅加强了大型企业在经济领域的影响力,同时还增加了大型企业对政治和意识形态的控制力。
- 产量和利润的增长率使相关的产业和平成为了可能,同时足以维持工资谈判制度,从而达到对产业积累的主要部门中实际收入、收益以及工作条件的改善。
- "二战"的胜利使国内空前团结,而冷战的出现极大地加强了这种团结的精神。
- 福利国家对原材料和社会基础设施的建设进行了大规模投资。
- 人口的快速增长。
- 土地的低廉价格。
- 食品的低廉价格。
- 各种债务的扩张。
- 对环境问题的漠不关心。
- 汽车工业成为了经济增长的中心,从而保证了以汽车为中心的产业发展。

- 城郊化建设的进程与以汽车为中心的经济发展相一致,从而刺激了耐用消费品的大众消费,同时也造成了居民住宅区域的分隔。[12]
- 电视机的出现为社会生活和意识形态的商业化带来了大量新机遇,在某种程度上甚至可以说已经成为了"大众的精神鸦片"。[13]

针对上述每一个方面都可以进行详细的阐述,而且它们在资本积累的模式下相互关联、相互支持。本书的写作目标是为了帮助读者增强对当前农业食品体系的理解,因此我将着重对上述各方面进行分析。因为上一章中对资本的内在逻辑以及其产生的7个不同部分进行了简要概述,本章中我将在消费主义阶段的大背景下对这些部分进行进一步分析和讨论。换句话来说,我将对资本抽象层面的一些特定制度化表现进行探讨,而通过"二战"后期资本的积累模式证明,这些变化大多出现在美国。[14]

这些表现列举如下:
- 消费主义的盈利方向:石油、汽车、郊区及电视。
- 消费主义、时间与速度:不彻底的毒性检测和快节奏生活。

另眼看世界·当代国际热点解读

- 消费主义、空间与商品的同质化:城郊化及单一化经营。
- 消费主义及工人:危险工作环境和低工资背后隐藏的社会成本。
- 消费主义及消费不足现象:债务扩张及广告宣传的新形式。
- 消费主义、寡头垄断及全球化:企业的指令性经济。
- 消费主义与主观性:恐惧政治[15]。

消费主义的盈利方向:石油、汽车、市郊以及电视

石油和天然气能量密集,应用广泛。如果没有石油和天然气的广泛应用,就不会出现美国的资本主义黄金时代。石油和天然气提供了大量能量,从而促进了生产规模的扩大、利润率的提升以及不断上升的经济增长比例。黄金时代结束的一个标志为:20世纪70年代初石油输出国组织使石油的价格攀升了4倍。[16]其他标志性现象还包括了:越南战争、美国放弃布雷顿森林会议中做出的关于以每盎司35美元的价格交换黄金的承诺,以及约翰逊总统"伟大社会"计划所引起的抛弃社会公正的社会问题。[17]

石油和天然气在化学革命中被发现,从而导致了包括药物、塑料、绘画颜料、防腐剂、溶剂、清洁剂、合成橡胶、合成纤维、农药、化肥、炸药、润滑剂和燃料在内的数以万计新产品的发明。事实上,"二战"后以低廉价格向政府购买化学类植物的企业家都明白,这些植物可以以相对容易的方式转化为农药、肥料和其他化工产品。[18] 最终当然导致了廉价汽油与大规模汽车生产相结合,这极大地降低了汽车的生产成本,一辆汽车的生产(21世纪早期)最低只需20桶石油。[19] 一辆汽车从出厂到报废,平均消费3,000加仑汽油、50加仑柴油,同时向空气中释放 35 吨的二氧化碳。[20] 这些都是由汽油不断下跌的低廉价格以及汽车作为商品的出现所引起的。汽车行业的暴利使得人们忽略了石油的不可再生性以及对环境和人类健康的长期危害。同时也很少有人注意到汽车对于城市规划、公共交通及空气质量的影响。[21] 20 世纪 90 年代的一份研究表明,在美国,驾驶汽车所带来的社会成本(不包括引起全球变暖问题的部分)每年高达 3,000 亿美元。[22]

可以说,再没有任何经济产业能够像石油化工业一样有着比农业和交通业更大的影响力了。据称,哈伯—博施固氮法是 20 世纪以来最重要的发明。[23]

大对比:人类是饱的还是饿的?

这种说法让人十分吃惊,因为大多数人从来都没有听说过它。但是,哈伯在 1909 年发明出的这种以氮合成天然气的方法在历史上尚属首次出现,因而具有极其重要的商业价值。我们可以认为,这一发明是推动石油化学工业革命的重要因素,并且可以肯定的是,它最终对农业变革产生了重要的影响。"二战"结束后,农民开始通过使用氮肥来大幅扩大生产规模。化肥的使用意味着人类告别了农业生产中的轮作及休耕,贫瘠的土地也可以通过化肥的施用而应用于农业生产。化肥的应用对农业生产产生了如此大的影响,以致近来有学者将农业生产中化肥的应用比喻为将汽油转化为食品,于是,使用化肥生产出的产品也就可以被称为"汽油食品"了。[24]

事实上,随着时间的流逝,我们的食品已经越来越依赖于石油了,原因在于生产 1 卡路里食物从石油中需要获取的热量越来越高。截止到 21 世纪初,生产和运送 1 卡路里食品大约平均需要消耗 10 卡路里的化石燃料,这还不包括家庭储存和烹调所需消耗化石燃料产生的能量。[25] 在新型杂交种子与以石油为基础的化肥、农药以及灌溉的共同作用下,土地的生产力得到了大大的提升(农业产量在 1947—1979 年间增加了一倍),这就是著名的"绿色革命"。

绿色革命被迅速推广到广大发展中国家,从而使发展中国家使用农药喷洒技术的土地总面积在 1960 到 1980 年间增长了 13 倍。[26]但是与不断增加的能量投入相比,产出收益却在逐渐减少,因此,尽管 1945 至 1994 年间美国农业生产中化石燃料的投入增加了 4 倍,但作物产量却仅仅增加了 3 倍。[27]收益的减少主要是由于随着农药的使用,农业害虫的抗药性在不断增强,因而农药用量的需求也越来越大,而化肥的使用导致了土壤的退化,从而使得化肥的用量需求也在不断增加。

农业产业(农业的"工业化"程度不断加深)中被提升的生产力不仅为"二战"后新兴婴儿潮带来的人口增长提供了廉价的食物(1957 年新生人口数量最多,为 430 万人[28]),同时其带来的食品盈余也可以用于出口,以减轻美国国内不断增加的财政赤字带来的压力,这被很多人视为 20 世纪 60 年代中期农业生产受关注的主因。此外,在冷战的大背景下,国内粮食的自给自足是十分重要的。同时在某些情况下,食品援助可以作为美国吸收"盟友"的有利条件。[29]

在资本主义的黄金时代(或消费主义阶段),农业生产力的提升大大降低了对劳动力的需求,从而导致了一定数目的裁员需求,部分农民不得不离开土地去寻找其他的谋生方法。然而,政府通过向农场提供供应链管理和贷款的相应政策,对农业的裁员进行了限制。但通过使用粮食盈余来弥补赤字的压力,以及通过降低食品价格以保证工人将更多资金用于住房及耐用品消费上(这是以前从未有的大批量生产),针对这种情况,美国农业部长厄尔·布茨于 1973 年发布了农业法案,决定取消对农场的供应链管理、价格支持和贷款,并根据产量对农场主进行补贴(产量越大获得的补贴也越多)。新政策的出台使得农场主大量投入食品生产,即使生产成本高于售价也不在乎,因为政府的补贴将弥合这一差距。因此,农场规模越大,生产产量也就越大,随之也能获得更多的政府补贴。对于那些大型工业化农场而言,政府补贴甚至可以占到农场总收益的 50%。正是这一政策的出台造成了有史以来美国最大规模的食品过剩,最终,其中很多食品都以低于生产成本的价格倾销至发展中国家。

尽管由于石油输入带来的影响,粮食和农业部门产生了飞速的发展,但汽车的出现才是真正进入消费主义阶段的标志。[30]正因为这样,资本积累的这一阶段通常被人们称为"后福特主义",而汽车行业则往往被称为"工业中的产业"³¹。汽车是一种复杂的商品，其生产过程需要多种行业的投入，其中包括了钢铁、铝、铬、玻璃、橡胶、铅、油漆、塑料、电子和合成纺织品等。一旦生产出来，汽车就需要加油站、车库、停车场、保险、公安、道路、桥梁等许多配套商品和服务。根据汽车与众多产业相互的关联，我们可以这样估算：20世纪50到60年代间，美国每6个工作中就有一个与汽车产业相关。³²

严格意义上来讲，对通用汽车有利的因素也就是对经济发展有利的因素。³³毕竟通用汽车是世界最大的公司，在20世纪50年代期间，美产汽车的60%都来自于通用汽车公司，而那个年代，美国国民生产总值的20%都来源于汽车业。³⁴汽车产业利润极高，这个关键的行业是有利可图的，与1946到1967年间6.64%的美国工业资产平均收益率相比，通用汽车的资产平均收益率则高达14.67%。³⁵

汽车生产和消费的增长是惊人的，美国公路上的汽车数量从1958年的5000万辆增加到了1970年的1亿辆。³⁶廉价的生产投入、廉价的石油和实际工资的增加以及食品、服装和住房价格的下降都使得汽车的价格变得十分实惠。这得

45

大对比：人类是饱的还是饿的？

益于自由支配收入更加放松并延长了贷款期。截至1973年，68%的美国黑人打工仔和95%的白人打工仔人均拥有一辆汽车。³⁷信贷扩张意味着大多数从业人员都可以争取购买一辆汽车，这使得汽车成为有史以来消费者渴求度最高的发明。尽管廉价的石油是"二战"后美国资本主义经济快速增长的重要影响因素，但汽车才是资本主义经济增长真正的中心驱动力；因此，这个阶段中经济的快速发展可以被称为"依赖于汽车的发展"，或者"以汽车为中心的发展"。³⁸

除了汽车、郊区以及电视，黄金时代中最赚钱的商品还有香烟。在20世纪50年代，美国香烟产量占了世界总产量的70%。³⁹虽然早在20世纪30年代，就有研究显示了吸烟与癌症之间的关系，且根据戴维斯的报道，截至20世纪50年代初，关于吸烟会致癌的研究越来越深入，证明这一观点的科学证据也越来越多，尽管这样，烟草公司还是在继续向消费者保证，称没有明显证据证明吸烟与癌症有任何关联。⁴⁰

烟草业的这个案例为我们理解资本主义农业和资本主义企业提供了一个绝佳的范本。资本主义企业通常情况下运用其巨大的权力做着它们一贯在做的事情，不论这是否会带来不断增加的社会和环境成本。鉴于其影响人类福祉和环

境福祉的中心地位，人们可能会认为农业和食品的供应应该处于经济理论和实践的中心。但对于资本主义而言，产业发展才是处于中心地位的，而农业则让他们感到十分厌烦，因为农业生产长期以来一直抗拒工业技术的应用。而这其中最主要的原因在于，近来的石化改革终于使工业技术推开了农业产业的大门，且轻易将农业变为了资本主义的另一个产业部门。绿色革命可以通过增加产量为全人类提供价格低廉的高品质食品，而面临着全球 25%的人口没有足够的粮食裹腹，另外 25%食品过剩，而其中大多都是不正确的食品选择[41]的时候，绿色革命已经演变成了一场褐色革命。[41] 此外，当前食品管理体制对环境造成的不断扩大的危害，将会彻底毁掉人类的未来。

消费主义、时间与速度：不完全的毒性检测与快节奏生活

美国与前苏联间的经济竞赛曾经是冷战的重要组成部分，竞赛目的在于比较两国谁的国民生产总值增长率更高。[42] 由于资本主义通常专注于利益的获取，石油化学产品改革和依赖于汽车发展的黑暗面被推至一个鲜为人关注的大背景

另眼看世界·当代国际热点解读

下。[43] 成千上万的化学物品被释放到环境中，却很少有企业真正关心这样做对环境所造成的长期有毒的影响。根据戴维斯的观点，即使到了 2007 年，在 8 万种广泛使用的化学物品中，也只有 1 千种能通过完全的毒性检测。[44] 就如同蕾切尔·卡逊在其作品《寂静的春天》(1962) 中所说，人类开始真正意识到这个问题的时候，从特定化学物品的使用中获利的企业部门将组织宣传活动，并游说政府不作为。只有通过这种方式，才能保持大多数化学物品的毒性不被检测，从而掩盖部分化学物品的毒性。许多已被发现有毒的化学物品才得以继续使用，而许多已知的致癌物质仍然大量存在于环境中，没有得到任何控制。[45]

除了资本主义对于速度的追求，冷战使资本主义进一步狂热地追求规模的扩大与经济的增长，忽略了新型有毒化学物品对环境的长期影响。尤其值得注意的是，充分的测试需要政府建立起科学研究检测机构，从而使毒性检测脱离企业和产业部门的影响。此类机构的独立需要充足的政府资金投入以及对现金流量的严密监管，以此保证研究人员不被企业强权巨头所影响。而其没有成行的原因在于意识形态脉络中这样的方法被认为过于社会主义，且对企业获利的限制太多。举例来说，里根总统不仅削减了对毒性检测的资金投入，同时也为

"安全"香烟的研究项目提供了大量资金。[46]当企业投入大量资金用于新产品研发时,往往期望立刻得到回报。他们最不想要的就是收益的长期拖延以及产品因其毒性而被拒绝投放市场。时间的浪费就是金钱的损失。

举一个资本主义将利润私有化而将成本公有化的例子。因为假若这样,社会成本就成为了成百上千万人口死亡的不太成熟的原因。那么到底有什么可着急的呢?为什么要将未经检测的化学物品大量投入环境之中呢?虽然最主要的原因还是资本主义企业追求获利的本质作祟,但还有一些与冷战有关的背景原因,不仅是武器竞赛与航天空间竞赛,同时还有关于国民生产总值的竞赛。在这样的历史背景下,明知生产造成毒性污染却故作不知的产业很容易被贴上"反商业"的标签,任何反商业的人都很容易被认为是"亲共分子"。考虑到资本主义社会对"红色恐怖"的恐惧,20世纪50到60年代被贴上"亲共分子"的标签就意味着你将不会被任何工厂雇用,从而成为社会的弃儿。20世纪80年代,里根总统削减了本来就很少的用于化学毒性检测的相关开支,与此同时,作为超过千亿吨有毒化学物质生产者的美国西方石油公司总裁——阿曼德·哈

47

大对比:人类是饱的还是饿的?

默正式接管了国家癌症研究中心。[47]

尼克松总统1971年宣布了"抗癌战争"计划,从而开始了史上为医学问题抗争所支出的最大规模的公共开支,几乎这个项目中所有的资金投入都被用于个人癌症的诊断和治疗,而没有被用于发现和消除癌症的根源。大规模私有医疗系统通过药物销售、手术以及基因手段治疗癌症,因而获得了巨大的利润。只要能够挽救生命,民众愿意付出高昂的治疗费用。相反地,在环境中致癌物的研究上投入的公众资金并不能带来任何利润,且极易干涉到资本的运作,限制生产中化学物品的运用和获利。因此,通常只有在大量民众因同种化学物品而严重影响健康的情况下,该化学物品才会被全方面地进行检测。[48]因此,近来发现的某些被广泛应用于食品生产的化学添加剂会导致儿童多动症的新闻也就不足为奇了。[49]毫不夸张地说,人类已经成为了物质毒性试验的小白鼠,而这些毒素往往只有当足够规模的人群患病甚至死亡的时候才会被发现。进一步来讲,如果有毒性化学物品能够带来足够大的利润,那么即使其会导致无数人的疾病甚至死亡,也会继续被运用于生产和销售中。[50]例如,据预测,21世纪将会有多达十亿人口死于与烟草有关的疾病。[51]

那么，很少有公共支出被用于寻找致癌化学物品的来源这一现象也就不足为奇了。事实上，1952 至 1956 年间，在售出的 120 亿支肯特牌香烟中都含有石棉滤器，这大大增加了吸烟者患癌症的几率，而它们本以为经过过滤的香烟会降低患病比率。[52] 对癌症源头的研究并不能带来任何收益，甚至反而会降低一些经济产业的高额利润。资本主义通常情况下都以追求获利为首要目标，"二战"后经过石油化学产品的改革，这种追求获利的狂热开始飞速向全球扩展，对世界环境和人类的健康造成了极大的危害。

资本周转加速虽然能够大大提高获利水平，但同时也会加快社会生活的节奏。这种影响表现在多个方面。截至 20 世纪 50 年代，每年都有 20%的美国人搬家[53]；20 世纪美国人的平均睡眠时间减少了 20%；如今美国人均年工作时间比欧洲人均年工作时间高出了 350 小时。[54] 这些都是社会生活节奏加快的显著表现。

最终，资本主义发展使得现代人对于时间的关注越来越少，甚至忽略了过去与未来，仅仅一心关注当前。造成这个问题的原因之一是资本的短期盈利目

另眼看世界·当代国际热点解读

标使得人们的关注点只放在短期的利润上面，而忽略了巨大的未来成本。以一个更广泛的定义来说，这就是负债。本质上来讲，当前的获利是以未来的痛苦为代价的。真正让人惊讶的是：当前的资本积累规模已经达到了以子孙后代为代价而获利的程度。这种代价将大大降低许多人的生活标准，甚至将地球上人类的生存环境置于了一个十分危险的境地。严格意义上说，我们正在吞噬着未来。

消费主义、空间与商品的同质化：市郊化与单一栽培

追求盈利作为资本主义社会的首要目标，需要社会生活的快节奏，这反过来会导致空间与时间被尽可能地同质化，从而达到最大程度的压缩。汽车的发展加速了人类生活的节奏，但同时也大量侵占了我们的生活空间与时间，其中也包括了食品的供应。从田间到餐桌，依赖于汽车的发展会影响到几乎整个农业粮食产业。农业拖拉机是汽车产业发展的衍生物。拖拉机的出现使得农业进入了机械化时代，同时将农业与大规模的经济体联系起来，从而损害了相对小规模的家庭式农场（现如今，这类高科技结合的花费高达 80 万美元以上，过高

的成本导致土壤紧密度成为了现实的问题)。

卡车的大型内燃机将食品类商品从田间运到存储仓库,再到进一步加工或最终消费。汽车使收获季节中田间的劳动者不用住在附近,这使得农民的生活不再孤单。依赖于汽车发展的市郊化和道路的修建占用了大量的肥沃农田。举例来说,截止到 1970 年,洛杉矶"郊区蔓延"热潮中所占用土地的三分之一都被用于修建道路和建筑物,所用的混凝土算起来高达人均 250 吨。[55]汽车最终通过修建超市和购物中心改变了零售业,使得我们难以想象没有汽车发展的快餐食品连锁。

汽车销售额的快速增长导致了城郊的建设,而同时城郊的建设反过来又促进了市郊汽车销售额的增长。政府"看不见的手"在其中扮演了极为重要的角色。具有讽刺意味的是,20 世纪 50 年代的反共产主义浪潮同时伴随着美国政府进行的许多社会主义项目。明确地讲,涉及公路、住房和教育等大量公共支出的"类社会主义"政策通过反社会主义言论得到证明。

"二战"后的 1946 年,超过 1,500 万士兵退伍,政府将资金投入于城郊独

大对比:人类是饱的还是饿的?

立民宅的大量建设上。对于那些退伍士兵来说,30 年房贷所缴的首期款数额很小,且月供数目较低。根据 1954 年的住宅法案,退伍士兵房贷可以免除首付,而其他人则需要交纳 5%的头期款[56]。1944 年,美国只投资修建了 14.18 万所房子,然而 20 世纪 50 年代所建的房产平均每年有 150 万所。[57]这些新房不仅仅提供了大量的工作机会,同时也对美国生育率的增加产生了重要的影响。美国 15 岁以下儿童人数已经从 1940 年的 3,997 万人增加到了 1960 年的 5,577 万人。[58]截止到 1970 年,美国已经有 5,000 万小户型房产,其中十分之七的房产为单身家庭所占有,且位于城郊。[59]作为为城郊发展而建的零售服务中心,商业购物中心也已经从 1945 年的 8 个增加到了 1960 年的 3,840 个[60]。1950 至 1970 年间,城郊居民人口数目增加了一倍,但事实上,郊区化导致住宅的分离,加剧了深刻且持久的种族主义,这使美国历史遭受重创。[61]

有人或许会认为,单身家庭一般会选择在家做饭而不是快餐。然而,住房费用、汽车、电视以及所有耐用消费品的开支远远超过了单身家庭的支付能力。相反地,父母双亲(传统的双亲家庭)都必须出去工作才可能还清私人债务(在 20 世纪 50 年代早期私人债务约 730 亿美元,到 20 世纪 50 年代末期便飙升至

1,960亿美元[62])。由此滋生了便利食品(主要是指经过深加工的食品),并最终产生了快餐。[63] 除了传统的备用食品如罐头和牛肉马铃薯饼外,早期便利食品的雏形便是电视快餐。由于冷冻食品只需放到微波炉加热一会儿即可食用,可以边看电视边吃,因而,冷冻食品使人们边看电视边吃饭的愿望成为可能。

农业中的利润均化也就意味着向单一栽培发展。化学肥料和杀虫剂的使用以及作物的单一化,使轮作、间作、绿肥植物以及土壤有机质的回归这些促使提高土壤肥力杀害害虫的有效方式变得微不足道。农民们都希望种植一种作物便可以获得最大的产量,因而,极大地减少了作物的多样性。而且,这些作物的种子通常是许多大公司每年生产的杂交种子。受此影响,基因多样性以及通过培育新植物来抵抗某种特殊疾病和不断变化的环境都成为了泡沫。家畜也不可避免地遭遇了这种变化。现在,我们逐渐意识到,可以通过极大地提高异质性而不是同一性来提高产量。

消费主义和工人:掩藏有害工作条件下的医疗费用和低工资

尽管在一些垄断性行业拥有强大工会联盟的工人在黄金年代能够提高工资水平,但在农业和食品行业,情况并非如此。农民和屠宰场的工人们工作时都冒着很大的生命健康风险。[64] 大部分屠宰场工人的工资与产业工人的工资持平,农场工作者的工资是整个行业中最低的。无论是农场工作者还是罐头厂的工人,超市职员还是服务员,整个农业和食品业的工资水平都远远低于平均工资,而且常常远远低于贫困线。

由于工人们的廉价劳动力,化石燃料的使用所带来产量的增加,以及进口商品主要由于发展中国家廉价的劳动力和低廉的运输成本,这些使食品价格趋于廉价。这意味着加入工会企业中的工人可以享受较高的工资待遇,那么他们就可以拥有更多的可支配收入来购买食品之外的一系列产品,这正是资本主义消费阶段所需要的。在黄金年代末期,垃圾食品的产生以及针对青少年的大肆电视宣传使得食品越来越便宜、更具吸引力、利润更加丰厚并且越来越不健康。这种垃圾食品最便宜,而且随处可见,因而成了工人和穷人们不得不选择的食物,当然,这些垃圾食品正逐渐地侵蚀着他们的健康。

车间隐患一直以来都是资本主义所带来的问题之一。在一个充满有毒化学物质的经济体系中，这一问题又有了新的表现形式。出于对人们私有财产权的尊重，科学家、决策者和公众无法知道工厂中整天暴露在某些有毒化学物质中的工人们癌症的发病率。此外，工厂还常常打着"商业机密"的幌子阻止公众或者科学检验。[65] 即使真正发现了令人恐惧的数字，公司也会极力编造理由来表明这一数据的不可靠性，甚至会攻击那些想要证明某人的癌症是由工厂的化学品危害造成的人。所以，当焦化厂美裔非洲工人的肺癌发病率极高时，钢铁公司便会散布谣言说，黑人比白人更容易患肺癌，从而忽略真实的数据。直到美国犹他州摩蒙焦化厂的工人们同样有高肺癌发病率时，这一论断才被否定。[66]

消费主义和消费能力不足：债务扩张与广告的新形式

当经济需要不断加速扩张时，资本家要做的不仅是掏光消费者的钱包，而且要鼓励消费者贷款以更多地消费。美国20世纪50到60年代，消费者天堂的演变与低息贷款有一定关系。例如，私人贷款由50年代的730亿美元涨至1,960亿美元。[67] 各种贷款，从银行贷款、抵押到个人的分期购买，以及联邦政府的

大对比：人类是饱的还是饿的？

平衡收支逆差和贷款的扩大都大大促进了消费。债务延伸到了各个层面，无论从地方到国家，从公司到个人。然而，低息贷款最终使人们很难做出选择，平衡收支逆差则最具威胁性。

由"二战"后的大国所制定的布雷顿国际货币金融体系使美元成为国际货币，并规定，美元与黄金的兑换比例稳定在每盎司黄金35美元。正如之前所提到过的，这一决策的结果之一便是美国成为世界上最不在乎财政赤字的国家。然而，美国的逆差越来越大，到1969年时外国人用手中美元换黄金可以买下足足三个诺克斯堡。为此，美国政府不得不采取一系列措施来缓解这一现状，最终导致了从1973年开始美元与黄金一刀两断。这一政策举措，加上欧佩克规定的石油价格的大幅增加，象征着美国资本主义黄金时代的结束。逐渐增加的债务和石油价格的上涨导致了经济的高通货膨胀和滞涨，这一滞涨推翻了传统凯恩斯主义的财政和货币政策，并在通胀时降低了经济发展速度。

这些与农业和食品有什么关系呢？可以说，国际收支问题引发了美国农业政策的巨变，从1971年至1976年，在尼克松和福特两位总统的指导下，农业部部长巴兹引入了这样的农业政策。在巴兹的改革之前，有关长期的农产品剩

余问题的政策主要集中于减少供给，如支付农民一部分钱使土地休耕。然而，巴兹改革后，农民因增加产量而获得政府补贴，不断增加的多余粮食便销往国际市场，只要能够达到预期的数量，就可以随意制定这些粮食的价格，有时甚至远远低于国际市场的价格。这一政策的成果之一便是扭转了美国的贸易差额，进而影响了国际收支差额。这个看似无害的政策在某种情况下却带来了一些灾难性的后果，将在第5章论述这一问题。可以肯定地说，这一政策导致了农业方面的高度集中，从而对家庭农场带来了危害。此外，大型拖拉机和化学农药的广泛使用，使发展中国家无法与美国享受补贴的低价格粮食竞争，因而削弱了发展中国家农业的竞争力。另一影响便是低价的食品使资本家能够支付工人极少的工资，并低价购买农产品用于工业生产。简单说来，在巴兹改革的推动下，美国乃至整个世界都朝着对石油高度依赖、农业高度集中的体系发展。

在需求方面，消费主义的关键是鼓动消费者购买他们并不需要的商品。拿服装业来说，商家们通过创造时尚产业以提高消费者的"时尚"意识来达到这一目的。从某种意义上说，食品行业也发生了这一变化。商家每年会推出数以万计新颖的加工产品，并把目标瞄向了儿童和青少年，并通过广告营销来达到这一目的，其主要原因在于儿童和青少年极易受鼓动，并被商家们不断变化的花言巧语所蛊惑而忽略掉糖、脂肪和盐的负作用。正如汽车是人们生活的必需品一样，电视是人们发明的最有效的广告媒介。

与此同时，电视市场更是以不可思议的速度增长，20世纪50年代仅有9%的家庭拥有电视，到60年代时这一数字便增长至90%，从而给偏远孤立的地区带来了源源不断的商业信息和娱乐方式。[68] 于是，美国人越来越依赖电视，因而他们20%醒着的时间都是在电视旁度过的。[69] 20世纪50年代，最大的广告收入来源是香烟广告，[70] 香烟公司的电视广告费用由1957年的4,000万美元增至1962年的1.15亿美元。[71]

在接下来的章节中我们会发现，电视在宣传深加工食品和垃圾食品，即相对于营养价值较低的高糖、高脂肪和高盐的食品方面发挥了决定性作用。有证据表明，人的饮食习惯一般是在儿童时期形成的，因此，广告便把目标瞄向了儿童。此外，高成本的电视广告及其影响消费者消费行为方面的有效性，激发了资本尤其是食品业资本的高度集中。为了支付高昂的电视广告费用，企业不得不扩大其规模，而寡头垄断又促使企业将广告成本转移到消费者身上。

美国的电视行业不仅高度商业化而且高度集中。盈利的本质也就意味着电视网络必须竭力为流动广告寻求最多的观众。换言之，它们必须抓住那些目前具有消费能力或者今后具有消费能力的顾客，而这一客户群体主要是指中产阶级以上的白人。[72] 目前，洛杉矶的小部分公司创造了大部分黄金时段的电视节目，而美国广告业 100 强则承担了网络电视 2/3 的费用。因此，电视使文化朝着单一化发展。20 世纪 50 年代和 60 年代，ABC、CBS 和 NBC 控制了美国电视行业，而如今，少数的全球性媒体集团控制了美国电视行业。尽管电视广告意味着使消费者深陷债务危机，但电视广告仍然取得了巨大成功，成为维持美国高水平消费最强大的动力之一。

消费主义、寡头垄断与全球化：公司的指令性经济

消费至上主义的典型特征之一便是对主导性产业的垄断。大部分全球性企业真正开始于黄金年代末。[73] 全球经营与寡头垄断相结合具有很大优点，主要

大对比：人类是饱的还是饿的？

包括：
- 对价格有很大的影响力。
- 避税。
- 避免政府法规的限制。
- 从全球采购以获得最便宜的资源。
- 在全球开拓新市场。
- 削弱贸易联盟。
- 对政府施压以制定有利的政策。
- 为昂贵的广告和营销提供资金支持。
- 为研发提供资金支持。

大型公司有能力建立政府间的竞争以便获得大型投资公司的青睐，而这一能力又使大型公司如虎添翼。例如，铝业公司可能会向政府提出以下谈判条件：如果政府同意降低水电费，降低环保标准，免税（或者免税期），并投资 5,000 万美元建立绿化区，公司则会在您的管辖范围建立冶炼厂并提供 3,000 个就业岗位。尽管我举了上面的例子，但你无法从众多此类协议中找到证据。[74] 事实

上，对公司的补贴已经达到了令人憎恨的地步，2008年田纳西州曾宣布，为了确保大众汽车能在本州选厂址，政府将向大众汽车公司提供5亿美元的补贴金。75

虽然像可口可乐这些特定的食品公司在黄金年代时期规模已经很大，在黄金时代于20世纪60年代末期结束时，很多食品行业的大型公司才刚刚起步。作为殖民主义的延伸，一些热带食品行业（如咖啡，巧克力，茶，香蕉）已经实现了高度集中，或者通常意义上的"新殖民主义"。虽然大多数茶叶、香蕉和甘蔗生长于大种植园，但咖啡和可可主要由小农经营。这些热带产品主要的盈利环节如运输、价格和营销长期以来一直被少数大公司控制。

消费主义与主体性：恐惧的政治

我同意普特南（2000：271）的观点，他认为第二次世界大战是美国历史上具有划时代意义的事件。我要补充的是，"二战"更是增强群体意识的典型事件。每个人都愿意牺牲，正是由于大多数人的奉献与牺牲，我们才

赢得了反法西斯战争的胜利。换言之，正如第二次世界大战加剧了不平等和社会分散与隔离一样，它也有效地反击了资本主义的深层动力基础。"二战"是资本主义馈赠的礼物，因为即使资本主义促进了不平等，当不平等与隔离现象非常严重时，它也无计可施；何况它也不能对自身产生的这种极端现象予以回击。

起源于资本主义尤其是新消费至上主义的占有性个人主义，一般与汽车、郊区、电视和军事中心相关，并不能带来人们所渴望的幸福。76 新郊区按照人种来划分，洛杉矶对汽车的过度依赖使其成为第一个烟雾弥漫的城市。战争结束后，妇女毫不客气地被免除了工作并迫不得已地成为"传统"的家庭主妇。许多住在郊区的妇女逐渐被孤立出来，直到最近，特百惠社交聚会才暂时地填补了这一空白。因而，当1978年20%的美国妇女服用安定药时，并没有人感到意外。77

汽车完美地与占有性个人主义的资本主义相结合，因为这最大限度地满足了个人自由，并通过缩短时空距离提高了我们的生活速度。在资本主义的"宏伟蓝图"中，看来有关汽车所带来的自由和权势的例子便显得十分肤浅了。车

主促进了占有性个人主义,因为这无形中产生了一种权威感;但与此同时,由孤独油然而生的虚无感又抵消了这种权威感。由于美国人独处时间越来越多,更多时间都花费在汽车中,因而,汽车提升了社会分散度并危害了社区活动。最新的统计数据显示,美国人在汽车中就餐次数占总餐数的19%,父母在车中度过的时间要高于陪伴孩子的时间。[78]

从相对便宜的汽车到豪华的轿车,以及不断更新的车型,这一切都使汽车成为当今社会身份的重要标志之一,进而成为个人身份认同感必不可少的装备。[79] 可以说,汽车如此普及的一个重要原因在于为了满足每位车主的需求,汽车造成了石油的高度集中消耗。现在,每位司机都能够以更节省的时间到达目的地,脚的右下方便成了他们的加速器。汽车似乎成为人们征服时间有效方式的首选,因为它极大地压缩了穿越空间所耗的时间。这种行动的自由和权利无形中满足了那些身怀梦想的人,因而,汽车不仅成为一种必需品更成为人们寻求快乐的源泉。

值得一提的是,资本主义在某种程度上会加剧极端个人主义,如果不加控

大对比:人类是饱的还是饿的?

制的话则会进一步危害社会。资本主义意识形态的根本是个人主义,并将集体主义作为个人主义的一种延伸。尽管大部分公司都是"法人",但其享有的权利和义务却迥然不同,例如,拥有工会的那些公司,工会和公司都是法人。毫无疑问的是,企业法人作为个体的成分意味着它们很难承担相应的社会责任和民主监督的责任。[80]法律上的隐私权也就意味着公司的运营绝非公开化与透明化,而是一种秘密性的活动。

尽管左翼和工会都极力推进团结意识和社区意识,但都被20世纪五六十年代的资本主义势力逐渐侵蚀掉,到20世纪80年代撒切尔和里根执政之前,政府就开始致力于破坏工会并粉碎全球范围内的左翼势力。[81]

政府通常利用手中的权力向人民灌输某种愚民思想以便巩固其政策。通常情况下,政府需要向人民灌输更多的教义以使其支持战争,如支持将最低工资增加50美分的立法。政府和"二战"有关教条的灌输在冷战期间又得到了进一步发挥。这种现象的推动者主要是越来越广泛有效的大众传媒、国家的战争或福利干预以及不断升级的政治恐惧。

请注意,我故意将国家战争放在了国家福利之前,因为大量使消费主义阶

段更像是社会主义的福利，只有通过战争或战争的威胁才能实现。这种现象当然并不是由于资本主义突然心血来潮，把人的需要或美国人民的一些偏好置于利润之上，以防止只关注个人和政府的利益。正是"二战"、朝鲜战争和冷战才使历任政府不得不修订法律政策，不然的话，这将成为对美国人所推崇的自由主义与企业自由经营权的一种蔑视。

正如之前所论述的，除非遭到其他势力的反对，否则的话，资本主义的内在逻辑必然产生个人主义。巧合的是，两大势力在这一历史时期引发了前所未有的两种思潮，即社会意识与爱国主义。首先是大萧条，它引发政府采取集体主义的新政策。20世纪30年代的经济危机时期，工人阶级的团结意识被激发起来，最终汇入了"二战"中的民族团结与反法西斯势力的洪流。"二战"之后，美国真正崛起了，而这种崛起正是以强烈的团结意识和美国革命及宪法为基础的，在冷战期间，这种团结意识进一步加深，其真正目的是孤立和摧毁一个新的敌人——共产主义。

"二战"期间，政府开支占国民生产总值的近一半，尽管战争结束后，这一开支明显减少，但这一数额却是史无前例的。为了战争的胜利，许多人冒着生命危险参加战争，然而，随着战争的结束，1,500万军事人员不得不复员并重新融入到经济建设中。为此，美国政府拿出大量资金支持教育、住房和医疗系统，除了一小部分是为普通民众外，大部分是为了退伍军人。尽管这在富兰克林·德拉诺·罗斯福总统执政期间已经取得了很大的进展，但作为一个福利国家，这意味着具有重大意义的发展。

政府反复夸大冷战以及对社会主义的恐惧以证明其战争开支的必要性，[82]否则，国会不会通过政府的法案。例如，1947年至1970年间，各级政府制定了一系列的州际公路法案，据估计，总投资达到了2,490亿美元，使其成为当时历史上规模最大的一项公共工程。当时支持修建公路开支（可能已被标记为"社会主义"）的理由之一便是，如果美国遭受核袭击的话，人们能够迅速撤离。由于冷战加剧了20世纪50年代初的麦卡锡主义，政府不得不增加军事开支，创造和平时期有史以来规模最大的军事编制。1950年至1970年间，平均60%的政府开支用于国家安全。

尽管国会很难通过旨在平衡通货膨胀率和失业率的凯恩斯主义财政政策，

赤字危险仍不失为支持凯恩斯军事主义的一种途径。1957年,前苏联发射的人造卫星所带来的恐慌,使政府在竞选前一年就宣称要扩大开支以促进经济发展,这便是一个非常具有说服力的例子。这种对恐惧的过分夸大,主要是通过电视宣传来达到对人们意识形态进行控制的目的,还有大众传媒及教育也在一旁敲边鼓。这种恐惧的标志性事件之一就是1967年,为了抵抗共产主义,美国生产了足以毁灭地球数次的3.25万颗氢弹。[83]

如前所述,甚至巴兹的新农业政策(1971年至1976年)都要置于冷战这一背景中。这些政策意味着在很多农业生产环节,农民们的收入仅为之前收入的一半(政策很明显地偏向了富农)。[84] 如果从冷战这一角度考虑,大规模的粮食出口使发展中国家更加依赖美国,因而更倾向于成为美国"阵营"的一部分。简言之,巴兹的改革政策使粮食成为一种强有力的武器。还通过把美元作为国际货币以及通过粮食出口以改善贸易逆差来进一步巩固美国的霸权地位。工人们低廉的食品最终能增加资本的利润,并进而稳定经济,以检验资本主义经济是否能超越社会主义经济。

大对比:人类是饱的还是饿的?

似乎可以这么认为,福利国家在很大程度上即战争国家。诚然,社会福利帮助了一些最需要帮助的人,然而,主要的福利(纳税人的钱)最终以补贴的形式流入了军事工业中心、大型企业和富农的口袋中。大型企业获得了补贴税收优惠、外国援助、开放国际市场的外贸交易、进口保护措施以及从政府合约中通过成本加成来保证获利等种种益处。

结论

在本章中,我试图解释在消费主义阶段造成目前食品体系的主要因素,其中表现最为明显的就是美国1946年至1970年间的食品制度的发展。马克思在谈到资本的使用价值这一特征时表现得十分冷淡,但他实际认为,短期效益要优于人类其他价值,尤其是那些处于困境的穷人和被压榨的工人。可以这么说,由于与社会成本相关的社会不公更加严重,最终会导致人们对资本主义的强烈反对,马克思的资本主义必然走到尽头。从目前的发展状态来看,马克思似乎低估了资本主义与科学技术和思想教化相结合所产生的巨大影响,它们能够削弱和破坏社会团结。此外,监控技术和武力使得对资本主义的抵制越来越危险。

最终，整个国家不得不以多种方式来支持资本主义。

目前，我们正处于一个需要摆脱资本主义对使用价值的冷漠、寻求新的方式来维持生存的历史阶段，因为我们再也担负不起日益增加的社会开支。更确切的是，我们再也负担不起以短期利润为主要目标的资本主义。最大的社会代价是全球变暖，但加剧不平等和社会不公的因素却是多重的，土壤流失和荒漠化、淡水枯竭、石油枯竭、污染、不断升级的全球性粮食危机以及与肥胖有关的慢性疾病都是随之而来的社会问题。在后面的章节中，我将详细介绍资本演变所带来的与农业和食品体制相关的众多社会成本问题。

这种社会成本的增加真正开始于"二战"结束后的消费至上主义的黄金年代。这一时代的特征是对盈利和资本扩张的极度狂热，而人们一般认为这些因素逃不过众多社会和生态问题。人们迅速地引进有利可图的新产品和不断更新的技术，来不及考虑这些新产品对人体和生态环境可能带来的长期影响。汽车深受人们喜爱，因而没人会在意对汽车过度依赖可能带来长期的社会影响。冷战期间，每个人都开足马力，火速前进，闪光灯不停地闪烁，除了利润与胜利，再也没有其他目标。

这种对利润和胜利的狂热追求起源于资本主义精神，并逐渐蔓延到农业和食品行业。直到1962年蕾切尔·卡森的小说《寂静的春天》出版后，才使人们意识到，在农业生产环节中大量使用化学物质所带来的短期危害和长期危险。起初，这本书深受那些利益可能因自然环境保护论者和反污染政策影响而受损的经济部门的强烈谴责。最终，一些危险性巨大的杀虫剂被禁止，20世纪70年代早期出台了一些有利于大型工业化农场的政策，以提高农业机械化和化学化。大农场获得了大量补贴，因而仍然乐意以低于生产成本的价格大规模出售粮食。从本质上来说，这意味着美国纳税人必须资助农业生产，尤其是食品产业，唯有如此，其他行业才能获得更多的利润。在第5章中，我将论述美国和欧洲的农业补贴是如何破坏发展中国家农业的；而在众多的发展中国家中，农业部门恰恰又是发展的关键。

第三部分　以美国为中心的全球食品体制的历史分析

4. 食品管理制度与消费者健康

> 据世界卫生组织统计……大约有 30 亿人患有营养不良或相关病症。……11 亿多人口饱受饥饿折磨，而另外 11 亿人口却有吃不完的食物……饥饿、暴食和微量营养素不足占全球疾病的一半左右……每年，大约 500 多万儿童死于与饥饿相关的疾病，而幸存者往往身体或精神发育迟缓……与此同时，在富裕国家，数百万人遭受与暴食或者肥胖有关的疾病，如患上几年甚至数十年的瘫痪、心脏病、糖尿病、癌症及其他疾病。[1]

大对比：人类是饱的还是饿的？

> 最让我们心痛的是，在高度发达的 21 世纪，每 5 秒钟，就有一名 5 岁以下的儿童死于饥饿或与饥饿相关的疾病……与战争相比，饥饿将夺走更多人的性命。然而，饥饿与战争的对抗究竟在哪？[2]
> 勤劳的工薪阶层遭受的饥饿之苦与富人的奢侈消费，它们之间的密切关联都以资本积累为基础。而这一切都被目前的经济法所掩盖了。[3]

"人类是饱的还是饿的？"是本书的副标题，同时也是本章的重点，我们将联系第 2 章中的纯粹资本主义和第 3 章中的黄金年代的消费至上主义。在本书接下来的章节中，我将以历史分析的角度来分析过去 30 年的食品制度。以此为中心，在第 4 和第 5 章中，我将分析目前的食品制度对人类身体健康的影响：首先是消费者的健康，其次是食品业工人们的健康。在历史的潮流和健康问题中，戏剧性的例子应该就是烟草问题了。我认为，这不仅仅是因为烟草问题与"土地"密切相关，更因为它阐明了在历史的演进中，资本主义对科学技术和民主程序以及人类健康产生的妥协。尽管人类健康和环境卫生是紧密相关的，但出于分析目的，我将把人类健康作为一个独立的章节，第 6 章探讨粮食系统和环境卫生。

第 7 至第 9 章的内容是从人类健康和环境的生物学角度以及个人的选择、公司权力和制度变革的角度来分析。由于个人选择思想在通俗文化以及社会科学文献、食品和营销方面影响巨大,我将此作为第 7 章的重点。在第 8 章中,我将论述公司在决策、操纵法律制定、民主过程、司法体系乃至科学方面的巨大影响力。第 9 章为本书的总结,主要针对本书中提出的几个问题提出一些建议。

资本主义农业

为了以资本主义的理性方式来管理农业,我们必须以资本主义管理农业的方式来进行运作。马克思深知这必定十分困难,因而他判断"资本主义系统必定与理性农业背道而驰"。第 2 章的中心便是围绕马克思的这一论断展开的。

肉类包装等部分食品产业很早便实现了资本化。经济史学家普遍认为,流水线的工作方式实际起源于 19 世纪后半叶芝加哥的肉类包装厂。尽管列举了上面的例子,我们仍需牢记,除了一些受殖民主义影响的大农场制度,以及世界上一些地区长期存在的类封建制度或类奴隶制度以外,现代食品系统整体上仍依赖于农业,在过去的 150 年中,美国以及世界大部分地区都采取了非资本主义家庭农场的经营方式。[4] 与世界其他地方相比,英国的附属农业最早取得了资本主义的胜利,这主要是由于英国当时拥有大面积的土地,并且地主在资本主义的纯利润取向与农民之间的矛盾上发挥了缓冲作用。[5]

从历史层面分析,资本家与非资本家之间并没有明确的分界线。如果一个家庭农场规模大到能够聘请劳动力的话,那么这个农场将逐渐成为资本主义农场。或者一个农场如成为以资本家盈利为目的的马前卒的话,农场的投入、生产过程和产出就会由资本家的公司来决定,因而,这家农场也逐渐成为资本主义农场。

20 世纪 30 年代的"尘暴"时期,美国的家庭农场开始受到严重威胁。在这关键时刻,人们开始意识到只有灌溉系统的机械化,农场才能生存下来。同时,只有通过扩大规模,农场才能负担其成本并提高效益。"二战"前,中小规模农场一直占据主导地位,直到"二战"后,石油化革命、生命技术革命使农场日益成为资本主义工业化的一部分。正是这些新技术连同 20 世纪 70 年代巴兹的农业政策变革才促成了美国混合（混合是指一系列作物和家畜的共生）家庭农场的瓦解。[6]

通过增加农业的利润率，并通过新技术和石油化工革命（与种子工程和灌溉技术相结合）来确保其未来增长，从而为农业生产引进了越来越多的资本。化肥能够神奇地提高土壤的肥力；杀虫剂能够迅速消灭任何一种害虫，无论是植物病害还是昆虫病害；新种子的培育加速了植物的生长速度，进而提高了产量。杂交种子使玉米生长得更加紧密，使小麦生长速度加速且抗冻能力增强。此外，人们还延长了作物的生长期，加速了生长速度。灌溉降低了作物对天气的依赖性。人类有史以来第一次能够如此有效地摆脱那些限制资本的天然材质和资源的束缚。目前，人类似乎能够利用科学技术将自然的多变性变成追求利润最大化的一部分，自然甚至可以屈服于生产力的提高，以满足工业发展的需要。

作为资本的基本特征之一，社会成本的长期社会影响及危害通常不会立即显现，因而常常被人们忽略。人们也很难对其进行追查，有时纳税人会为此买

大对比：人类是饱的还是饿的？

单。利润私有化和成本社会化使农业成为真正的投资天堂，然而，其间接的危害可能殃及到我们的子孙后代。诚然，害虫对杀虫剂的抵抗力越来越强，农民不得不继续提高化肥使用量以提高土壤肥力。然而，有两点我们必须考虑清楚：尽管石油化工产品价格相对比较便宜，但公司仍能从中谋取暴利。事实上，尽管很多农民，尤其是对那些经营规模较小的农民而言，销售额有时都不及生产成本，但随着化肥和杀虫剂使用量的日益增加，化工厂的前景十分光明。从资本扩张的角度来看，成千上万破产的家庭农场，只能是资本主义追求最大利润发展过程中的一种"创造性破坏"。

目前，食品业是美国最大的产业，这不仅是资本的胜利，同时也是资本主义高生产力水平的表现之一。尽管农民仍然拥有农场，但他们在很大程度上已附庸于流行的资本主义体制，大公司通过控制农业生产的投入和产出使农民沦为公司的附属物。简言之，家庭农场已经失去了自主权，被融入到资本循环中。

人类历史上，没有任何时期能够与"二战"后如此狂热地引进新产品和新技术的规模相比。这种狂热是资本主义追逐利润的一种表现，冷战中美国与苏联经济对抗的迫切需求使这一特征进一步体现出来。然而，与专注于苏联经济

增长相关的生态破坏得到了大力宣传。如果能客观地理清我们的思绪，或许可以找到这一问题的根本原因。7

烟草

　　投资巨头沃伦·巴菲特曾这样教导过投资者们：我来告诉你们我为什么热衷于香烟业务。这是个一本万利的投资，且它可以使人们上瘾，而这又涉及到品牌忠诚度问题。8 我在一本关于农业和食品的书中谈到了我之所以如此关注香烟产业的主要4个原因：

　　•我一直致力于关注资本家对利润之外，诸如对人类生活质量问题多么漠不关心，其中香烟就是一个良好的典型案例。就这一方面而言，这也表明了资本家是如何实现利润私人化和成本社会化的。

　　•农业也包含了许多非食品类商品，如烟草、棉花、用于制作乙醇的作物、花卉、树木、木材、纸浆和违禁毒品(鸦片、可卡因、大麻)等。在某种情况下，这类商品又会占用大量用于生产食品的耕地。再者，工人、农民和企业家常常

另眼看世界·当代国际热点解读

在权衡食品和非食品作物的利润时摇摆不定。

　　•烟草业已经大量进入食品业，以至于它第一次开发的保护香烟以免遭受营销约束的技术，已经出现在努力保护垃圾食品以免遭受类似的限制。9

　　•烟草行业在市场推销方面取得了巨大成功，并使发展中国家的年轻一代以生命健康为代价沉迷于吸烟，这同时也表明了，企业在实行铁腕政策并使其高于自由民主制度方面的巨大力量。

　　早在19世纪30年代，科学研究已证明香烟是引发肺癌的原因之一，如今，香烟与10多种致命性疾病密切相关已是众所周知的事实。10 然而，香烟利润丰厚，政府从香烟销售中获得的税收十分可观（特别是中国），因而人们仍然用最先进和高效的营销技术在世界范围内进行香烟的销售。11 过去，烟草公司用钱收买科学家进而掩饰香烟对人体的健康风险，破坏了科学的权威性。12 此外，他们还给政客们分发了数百万美元，以避免有害于烟草业的立法，进而破坏了民主的权威。13 他们还花重金聘请律师来说服法院，撇开吸烟与癌症之间的关系，进而破坏了法院的权威。14 他们还操纵了媒体，误导、混淆、引诱了民众。15 据匹兹堡大学环境肿瘤中心主任、流行病学教授德弗拉·戴维斯介绍，

他们已经将公共卫生事业推迟了50年。[16]经过半个世纪高代价且充满挫折的合法斗争以及失去数百万生命的教训后,北美香烟事业才遭受一定挫折,吸烟率降低了一半。然而,每年仍有43.5万美国人死于与香烟有关的疾病。[17]

美国联邦法院法官凯斯勒在2006年决策中发现,烟草行业犯有敲诈罪:在过去的50多年中,被告者(烟草公司)说谎、扭曲事实并且欺骗美国民众,包括烟草公司对广大吸烟者以及"吸烟者接班人"的年轻人隐瞒了吸烟对身体健康及环境所带来的毁灭性危害。此外,烟草公司还压制调查研究、毁坏文件并且增加香烟中的尼古丁含量使瘾君子更加依赖香烟……为了达到目的,他们无视法律法规。为了利润,他们很少顾及公众健康、日益飞涨的医疗费用以及法律系统的公正性。[18]

发展中国家对烟草公司限制较小,因而烟草公司更加肆无忌惮地利用最先进的营销技术进行宣传以引诱青少年吸烟。每天都会新增8万到10万名吸烟者。[19]因此,据预测,21世纪将约有10亿人死于与吸烟有关的疾病,其中百

63 大对比:人类是饱的还是饿的?

分之八十的人口来自于发展中国家。[20]烟草公司遭到发达工业国家抵制后,便不得不将市场转移到广大发展中国家。发展中国家的法规比较薄弱,并且将烟草行业视为农药工业,对此我们稍后会进一步探讨。[21]

虽然美国政府已经对香烟广告和营销进行了限制,并且于2004年取消了对烟草种植户的补贴。但这些补贴对种植户来说已经是微不足道的了,因为香烟价格非常高,并呈曲线上升趋势。对一些农民来说,每英亩烟草的利润是每英亩玉米的5倍。[22]与此同时,我们应当注意到,美国政府不再对种植水果和蔬菜的农民进行补贴。[23]

种植粮食的土地被种植烟草所取代。[24]此外,烟草是一种对土壤肥力要求很高的作物,而且整日暴露在有毒化学肥料下的农民还得亲自用手采摘大烟叶(对于农民而言,尼古丁中毒并不罕见)。[25]由于对香烟的需求量日益增大,发展中国家的森林被大面积砍伐以腾出土地种植烟草,并需要木材取火来加工烟草。[26]因此,我们明白了非粮食商品是如何影响食品、人类健康乃至生态环境的。值得一提的是,烟草行业的所有行为都被"理性"的资本家所认可,因为它努力使股东利益最大化。

尽管香烟这一事件看似吵得沸沸扬扬，但却难以表达我想强调的重点。当我们进一步研究时，愈发明显的是，与农业食品相关的公司在很大程度上与香烟行业相比是等量齐观的。资本商品化与利润至上的原则基本上是完全相似的。在发现商品的毒害性之前，如果我们对利润的追求没有伤害很多人的话，那么我们真是走运了。此外，一旦一些商品的社会代价暴露出来之后，政府无法保证能够采取措施限制这些成本的花费。[27] 由于利润可能大幅度减少，因而政府不太可能对商品（至少是大公司的）征收大量税收以支付其所带来的社会成本。[28]

这部分是因为美国国会政策没有产生预期的效果，改革者往往试图利用法院来限制烟草业。即使大公司能够聘请最好的律师尽量延迟任何裁决，这仍将是一项长期且费时的方法。相反，大多数情况下，公司律师已成功地让法院接受这样的现实，即要想证明这件事情中"一对一"的因果关系是不可能的（指吸烟导致肺癌这一事情）。采取司法手段只能有效处理特定司法管辖区特定危害的个案，对这一事件的长期社会成本并没有多大影响。[29]

另眼看世界·当代国际热点解读

全球粮食制度：一个不合理制度

尽管烟草只是一种农业作物，但它对环境和人类健康带来的危害却是急剧上升的；从这些角度考虑，其费用又少于全球粮食系统。有人经常指出，我们可以在不损害环境的前提下，生产足够的粮食以为人类提供健康的饮食。由于良好的饮食是人体健康的基础，而且提供环保型食物是至关重要的，因此，一个合理的经济体制应当把这些目标作为重中之重。如果以这一标准来评价的话，我们的经济体制无疑是一个巨大的失败。

当然，资本主义经济制度的捍卫者或许会说，饥饿问题是一个长期的历史问题。诚然，这一论断有其合理性，但我们必须清醒地认识到，在以前的经济秩序下，缺乏防止营养不良和饥饿的知识和技术。而现在我们有能力进行选择。这种美好的愿望比比皆是。1996年的世界粮食峰会通过了一项决议，即到2015年将世界贫困人口减少一半。此项决议后来又被重提，并成为联合国新千年的一个发展目标，即首先向世界承诺到2015年把每天生活在1美元生活费以下的人口减少一半。[30] 然而这一承诺并没有触及到这一问题的深层原因，以及那些对这一问题有影响作用的政策因素,因而仍然仅仅是一种设想。

饥饿以及营养不良是人类苦难的最直接原因,同时也是人类发展的障碍之一。[31]

它不仅是现在全球面临的最严重挑战,而且如果短期内不采取一定措施的话,那么随着未来粮食价格的不断上涨,这一问题的破坏力将持续扩大。这种上涨有3个基本原因:

- 粮食体系过度依赖石油。随着石油价格的不断上涨,粮食价格的上涨已成为必然。
- 全球饮食结构趋向"肉类化",意味着更多的谷物生产将被肉类替代。
- 最重要的是,美国政府对美国乙醇生产商提供巨额财政补贴。在不久的将来,这些乙醇生产商将会收购50%甚至更多的玉米。随着全球其他谷物价格的上升,作为全球粮食系统基本作物的玉米,价格必然会随之上涨。

第4个并非基本却直接的因素则是金融投机行为。当投机者发现上述3个因素都运作时,便推断出食物商品价格必定会上涨。对商品期货的金融投资造

大对比:人类是饱的还是饿的?

成的后果,便是产生泡沫经济、价格不断上涨。由于主要粮食作物的价格是由操纵芝加哥和纽约商品期货市场的投机商决定的,因此,粮食价格会遭受类似股票市场各种投机行为的影响。尽管投机商们确实造成了最近粮食价格的迅速上涨,但长期的粮食价格上涨并不是由投机行为而是由粮食体系对石油的依赖,以及大量用于生产粮食的土地被生物燃料所取代所造成的。

据联合国粮农组织统计,36个国家已经遭受着严重的粮食危机,而这只是灾难的开始。[32]根据蒙特利尔银行的研究人员唐纳德·考克斯所说,"我们正面临着有史以来最严重的全球粮食危机。"[33]而这还没有考虑全球变暖对粮食生产带来的长期影响。

据平斯特鲁普·安德森和程的介绍,"每30分钟就有360名学前儿童死于饥饿和营养不良,全年共计600万儿童。"[34]然而,富裕国家的新闻媒体对这种惨案的冷漠进一步加剧了粮食价格的迅速上涨。因而,当我们发现富裕国家的商业新闻以提高一些国家的食品价格为焦点,而这些国家的人们却普遍遭受饥饿或者口渴之苦时便不足为奇了。《多伦多环球邮报》的一篇名为"最热门的商品就在你的碗里"的文章指出,黄豌豆,这个曾经是东印度饮食中的主食,

在短短的两个月内，每吨价格由 400 美元飞涨至 600 美元。[35] 蒙特利尔银行的唐纳德·考克斯指出，"牛奶正日益成为新的成品油。全球牛奶需求量的上涨速度已经超过了石油需求的增长速度。"[36]

美国疾病控制中心指出，富裕国家的新闻媒体在不厌其烦地关注"肥胖症的流行"。[37] 饥饿这一"流行病"主要发生在其他国家，因而对此可以置之不理，而肥胖问题却直击北美中心。据朗和希斯曼介绍，"在成熟的市场经济国家中，大约有 60%的人死于与不良饮食相关的疾病。"[38] 毫无疑问，肥胖对健康的危害正在逐渐变大，但由饥饿引发的疾病直接长期折磨着那些生存者。随着富裕国家资本主义食物体制的逐渐渗透，许多发展中国家现在既要解决肥胖问题又要解决饥饿问题。

如果乐观的话，将肥胖称作"流行病"能够使人们注意到这一广泛的、迅速蔓延的和极具威胁性的社会问题。同时，运用医学用语有助于用医疗方法解决这一问题，因此可以把重心放在治愈疾病上，而非寻找原因上。这一医学用语的运用同时还使我们意识到肥胖正像病毒一样在迅速传播，而这一切很容易

另眼看世界·当代国际热点解读

就发生在我们身上。我们亲手制造了肥胖，尽管造成肥胖的原因有很多，但我认为主要原因是我们逐渐向资本主义食物体制屈服。而我们本来是可以不屈服的。

将这一问题医学化将会导致将其转换为只有科学家才能解决的复杂问题。这是将问题非政治化并掩饰问题主要原因的一种方式。因此，寻找原因似乎就成了将一些事物和一些人妖魔化。然而，如果原因是一系列社会关系的话，那我们每个人都是其中一员；如果我们任其继续的话，有人则认为很大一部分人都已经接受这一体制了。当我解释导致现存食品体制如常运行的社会关系时，我无意指责那些罪魁祸首。从某种意义上说，我责怪资本主义，然而，正是我们所参与的社会关系造就了资本主义。当然，部分阶级和精英阶层有足够的权力来决定这一体制，然而大部分人只能选择适应。但是，大规模的动员能够改变这一状况。

人们没有充分认识到肥胖症与营养不良之间错综复杂的关系。吃垃圾食品的人可能会因为摄入过多的热量而肥胖，但他们往往营养不良。而营养不良导致的饥饿又会使他们不得不摄入更多的热量。此外，我们都知道高热量的甜味

食品通常只能使我们暂时性地免于饥饿之苦，因为随着血糖的下降，我们又将遭受下一轮饥饿之苦。然而，在这个到处充斥着甜食的世界中，人们不得不摄入过多产生饥饿感的甜食。最后，人们常常为了填补心中的空虚而摄入过多的食物，高度独立且伴随着不断增加生产和买卖商品的资本主义社会，本身就是造成人们内心空虚的主要原因。

"饥饿流行病"这一称谓可能听起来不太恰当，而这主要是由于人们之前没有将这一广泛流行且不可避免的问题称为饥饿。富裕国家那些对舆论起决定作用的精英们绝不愿意使大众关注饥饿和饿死，因为这将引发大众对精英们所主导的资本主义产生深刻而广泛的批评。此外，很多人从这一滋生肥胖的"有毒的食品环境"和许多旨在消除饥饿的行业中获利。饥饿的人只能成为公司的一种利润来源，与此同时，公司又享受着政府提供的食品补贴。由于政府对粮食援助提供的税收支持比较少，因而此领域的利润比较低。此外，每个饥饿的人并不能轻易成为这种疾病的范例并接受治疗，即便这种情况真的存在，一般穷人也担负不起。从分配公平这一角度来看，全球性大灾难——饥饿，根本不存

大对比：人类是饱的还是饿的？

在公平一说。

我从肥胖这一问题入手，并不是因为它不如饥饿问题严重，而在于我想从全球资本主义霸权中心的美国开始，尽管 1999 年约 10%的美国人口食物没有保障，2005 年 3,510 万美国人遭受饥饿，可以说，在美国，肥胖问题远比饥饿问题严重。[39]

肥胖"流行病"

挑选出一些常见的本国食品将有助于对其内容进一步了解。如前所述，"垃圾食品"是指高热量却低营养，或者高热量但基本不含营养的食物。[40] 也许垃圾食品就是加了糖、水、人工色素和香精的苏打水。[41] 大多数碳酸饮料和高果糖玉米汁中的糖都是高热量低营养的（一般每 20 盎司一瓶的玉米汁，含有 15 茶匙的果糖）。一杯 32 盎司的牛奶含有一定的营养，但这丁点的营养与其 1,110 大卡的热量相比，真是微不足道。[42]

"快餐"是指几乎可立即食用的食物。虽然美国绝大多数快餐都是垃圾食品，但它本身并非如此。快餐可包括热量较低且含高营养成分的食物，如一些

现成的沙拉（假设不含色拉酱）。快餐已与汽车密不可分，你可以在第一个窗口订餐，在第二个窗口取餐，这一切仅需不到两分钟。[43]可以一边驾驶一边吃饭，这正好符合了20世纪末21世纪初快节奏的生活特点。

最后，"加工食品"是指营养较低，但加工比较复杂的食物，虽然流失的养分或许可以重新获得。[44]加工了的白面包比全麦面包的营养要少得多。未加工的谷类早餐比经过加工的早餐营养要高很多，因为通常添加了大量的糖分。加工通常不仅降低了食物原有的营养价值，还添加了大量的糖、脂肪、盐和其他化学物质。加工食品有时甚至可能添加过多的热量而使各种营养流失掉，由此而成为垃圾食品。[45]因此，一种食品可能集加工食品、快餐和垃圾食品于一身。食品加工的程序越多，其"附加值"（不是指食物本身的营养而是指利润）就越高；因而加工食品深受食品工业的喜爱。然而，增值有时并不是指高热量而是包装。一盒12盎司谷物的成本是25美分，然而售价却是3.5美元。[46]换句话说，3.5美元主要用于加工、包装、运输、零售以及大量的利润。

人们认为，健康通常与社会阶级的生活质量而不是社会变量密切相关。[47]

另眼看世界·当代国际热点解读

毫无疑问，影响健康的原因是多方面的，但我认为，主要原因是饮食。高收入者买得起高档的食品，住在提供高档饮食的居所，担付得起提供辨别最佳饮食知识的教育费用，并拥有充足的金钱和时间来享受更好的饮食。有人说美国人摄入大量高热量却低营养的食物，因而处于"饮食过多却营养不良"的状态。[48]虽然总的来说，这种观点是正确的，然而，由于垃圾食品价格便宜、随处可见且有使人上瘾的趋势，因而，美国穷人的肥胖率比富人的肥胖率更高。随着垃圾食品的广泛普及，超市把加工过的"垃圾食品"销往贫穷国家，因此资本主义在"全球性肥胖症"中起了不可替代的作用。

公共利益科学中心营养政策主任马戈·伍坦分析了快餐连锁店对儿童的影响：麦当劳、汉堡王、肯德基等连锁店使儿童把汉堡包、炸薯条、炸鸡、比萨饼、通心粉和奶酪以及各种苏打水当做每天的午餐和晚餐……这些食物使美国儿童不可避免地患有肥胖、残疾、心脏病或糖尿病等各种疾病。[49]

在同一个新闻发布会上，公共利益科学中心指出，"通过对13家连锁快餐店进行调查之后发现，除了热量高外，通过公共利益中心的研究，45%的儿童饮食还存在饱和脂肪酸过高的问题，86%的饮食存在钠过高的问题。"[50]

鉴于高钠饮食可导致高血压且是心脏病主要的威胁因素，这些研究表明我们正在制造疾病多发的一代儿童。

当然，食用垃圾食品并不是造成肥胖的唯一原因，但绝对是主要原因。肥胖与一些诸如糖尿病、心脏病和癌症等慢性病有密切联系，因此，日益成为人们关注的话题。[51] 伊利诺伊州芝加哥大学公共健康学教授贾•奥沙斯基的一项研究表明，如果人体脂肪含量达到 30%，人的生命将会缩短 10 年。[52] 因此，随着资本主义引发的肥胖问题的加剧，严重的慢性疾病发病率也将迅速上升，而现有的医疗系统将根本无法承担疾病增加所带来的负担，而这绝非危言耸听（其实，在某些富裕国家，这种情况已经出现了）。例如，根据美国前卫生教育和福利部长约瑟夫•卡利法诺介绍，自 1980 年来，美国的卫生保健支出增加了 10 倍，[53] 鉴于 1980 年以来，青少年肥胖率增加了两倍，这一增长速度还将持续。[54] 全球粮食消费首席研究员波普金说，"因肥胖引起的疾病的医疗费用将降低中国、印度和其他许多发展中国家的经济发展速度。"[55] 据《经济学家》报道，印度和中国的糖尿病患者有很多新病例，比世界其他国家加起来还多。[56]

大对比：人类是饱的还是饿的？

此外，约 1/3 中国人口有高血压，而这将成为心脏病的主要威胁因素。[57]

美国医学协会发表的一篇论文指出，2000 年 1/3 的美国新生婴儿有可能患有糖尿病。[58] 这甚至有可能成为美国资本主义历史上第一次平均预期寿命会有所下降，而这主要是由于儿童患有如自闭症、注意力缺失症（ADD）、过敏症、糖尿病、抑郁症和哮喘等疾病，正以令人难以置信的速度增长；再加上由肥胖、吸烟和环境中的化学物质引起的成年慢性疾病，如呼吸系统疾病、抑郁症、癌症、中风和心脏病等。[59]

在近两代人中，抑郁症发生率增加了 10 倍，每年都有大约 10%的美国人患有抑郁症。[60] 与此同时，许多抗抑郁药物都有增加食欲的副作用，因而又进一步加剧了肥胖。1985 年至 1998 的 13 年间，全球糖尿病发病率增长了 5 倍。[61] 这些统计数字是令人震惊的，然而如果我们能够改变饮食结构的话，这一状况将会明显改善。[62]

一个人可能很胖但却因为吃了过多的垃圾食品而营养不良。营养不良可能是指缺乏热量，但也可能是由于微量营养素的摄入量不足，如钙、维生素 A、维生素 C、硒和铁，然而这些对人体健康发挥着重要作用。[63] 世界卫生组织预测,全球大约有30亿(或者全球人口的一半)患有营养不良症。[64] 虽然21世纪将有10多亿人死于与香烟有关的疾病,但死于与肥胖有关疾病的人数将远远高于这一数字。[65] 美国的肥胖率从1978年的14%上升至2000年的31%,到2004年时已增长至40%,几乎增长了两倍。[66] 世界卫生组织和世界粮农组织2001年发布的一份报告指出,在全球5,600万死亡人口中由不良饮食引起的慢性疾病占60%,几乎占世界患病人数的一半。[67] 最后,在美国十大威胁健康的疾病中,仅有两种疾病与饮食和酗酒无关。[68]

糖

糖对人类健康带来的威胁日益明显,将来我们可能用"甜味与黑暗"来代替"甜味与光明"。[69] 甜味似乎是最普遍的理想口味,并且使人容易上瘾。[70] 此外,一些证据表明,我们越来越依赖于糖分,以至于食物越甜我们越喜欢。新品种的水果和蔬菜比之前的品种甜得多。例如,1940年葡萄含糖量为16%,[71] 而最近新品种的葡萄中的含糖量为20%,无论是水果还是蔬菜,无论是草莓还

另眼看世界·当代国际热点解读

是玉米,含糖量都逐渐增加。确实,一些果汁含糖量要比20盎司一瓶可乐的15茶匙糖还要多。[72]

吃糖能够带来瞬间的能量,但与之相伴随的便是胰腺释放胰岛素可以降低血糖,因而使人依赖于更多的糖分。普林斯顿大学心理学系卡洛·克兰托尼和其助手的一项实验,发表在《肥胖研究》期刊中。报告中说,先给老鼠大量的糖,然后再将糖撤走。[73] 把糖撤走后,大量老鼠表现的症状就如吸食了毒品一样。伦敦大学公众健康学院名誉教授奥布里·西恩曾这样解释这一现象,"当你摄入糖分之后,你就会越喜欢甜味,随后,你的口味便发生了彻底的变化。你需要越来越多的糖分来满足自己的口味,而生产商便从中获得暴利。"[74]

如果我们用"胃纳亢进"来定义上瘾的话,糖的成瘾性便愈发明显。[75] 奥拉维奇的一篇论文表明,从世界健康这一角度来看的话,糖比香烟更具威胁性。尽管香烟通常会夺走60岁以后人的生命,但糖带给我们的疾病可能是伴随一生的,成为儿童牙齿疾患以及肥胖疾病的重要原因。其中许多人从小就嗜糖。世界上40%的人口每天收入仅为两美元,糖便成为获取热量的最廉价方式,[76] 因此,高糖确实是一个让我们头疼的问题。例如,在墨西哥,喝可乐的人要比

喝牛奶的人多,[77]美国儿童消费的饮料从1993年到2003年间翻了一倍。[78]

饮料中主要的甜味剂是果葡糖浆,自20世纪70年代以来,这种甜味剂的消费量在全球范围内迅速扩大。一些证据表明,果葡糖浆比其他糖分更容易导致糖尿病。有研究表明,果葡糖浆并没有像其他食物那样会引发人们的"厌食反应"。[79]美国哈佛大学公共卫生学院的科学家刘思闽指出,糖尿病发病率的增加正好与我们饮食中果葡糖浆使用量的增加相吻合。[80]

拥有更多的糖后,我们便更加渴望得到。这种过分的欲望使与含糖的食品成为资本家获利的好方法,同时也成为人体健康的巨大威胁。结果便可想而知,加工食品变得越来越甜,人变得越来越胖。最近美国卫生部长警告说,不久,死于肥胖的人数将与死于吸烟的人数一样。[81]

据婴儿奶粉行动小组政策主任帕蒂·兰德尔介绍,"由于人的口味是从小养成的,因而,婴儿配方奶粉中"含有的糖分比普通牛奶高60%以上"。兰德尔指出,"奶粉喂养的婴儿前8个月摄入的热量比母乳喂养的婴儿高3万多。这些热量相当于120根巧克力棒所含的热量。"[82]如果我们口味的嗜好在婴儿时期便

大对比:人类是饱的还是饿的?

形成了,那么当几份调研表明"人工喂奶与随之而来的肥胖之间的密切关系时",便不觉得奇怪了。[83]

此外,婴儿食品中糖分的含量不断增加,与我们限糖的初衷截然相反。众所周知,负责制定全球食品标准的联合国国际食品法典委员会,在很大程度上受到食品工业的影响。开始时,这种影响并非十分巨大,然而在2006年的食品标准委员会会议上,这一情形有所转变。据劳伦斯介绍,本次会议上"泰国政府曾提议将婴儿食品中含糖量由目前的30%降至10%,以配合全球性反肥胖斗争。然而,这一提议却遭到了欧盟和美国的反对。"[84]美国和欧盟是全球最大的糖业总部所在地。[85]这只是制糖业强大游说力量众多实例之一。

在另一个例子当中,美国糖业说客曾扬言,如果政府坚持将糖列入《营养,饮食与慢性病的预防》中,并建议每日摄入的糖不超过总热量的10%,他们将威胁国会切断对世界卫生组织和粮农组织的资助。[86]美国青少年每天摄入的糖分占总热量的20%,但这一标准还是被广泛接受了。

平均1/3的美国儿童天天吃快餐,[87]80%的儿童饮食习惯不合理。[88]例如,1997年,美国儿童摄入的热量中有一半来源于快餐中的糖和脂肪,[89]同时,儿

童消耗了25%的咸味零食、30%的饮料、40%的冷冻比萨饼和50%的冷冻麦片。[90]超重儿童的人数自1990年以来翻了三番。[91]这些数据主要是为了向大家证明,人的饮食偏好形成于儿童时期,而儿童是我们未来的希望。[92]尽管全球人口的一半是25岁以下的青少年,并有相当一部分人生活在食物不足的贫困之中,我们仍不能放弃希望。更可悲的是,很多并非生活在贫苦中的人一生都在与肥胖相关的疾病抗争。

对于3/4美国人而言,麦当劳离他们不足三英里,[93]对2/3的美国人而言,肯德基、必胜客或塔可贝尔快餐厅离他们也不足三英里。[94]快餐店随处可见,难怪每天大约25%的美国人吃快餐,摄入热量的1/3都来源于快餐。[95]据雀巢公司统计,[96]美国人平均每天摄入31茶匙糖,而40%的糖来源于饮料。[97]平均每人每年消耗掉的饮料约为60,612盎司。美国男性青少年每年消耗大约800罐饮料,[98]而300多万个自动售货机大部分分布于学校中,更进一步满足了青少年对饮料的需求。[99]

此外,脂肪和糖占美国青少年所摄入热量的一半,目前,2/3的美国儿童超重。[100]在1990年至2005年短短的15年间,美国肥胖率增长了一倍,达到了近40%,"极度肥胖"(至少超重100磅)人群增长最为迅速。[101]美国人所摄入的糖分中40%都来源于饮料中。事实上,在所有主要快餐食品中,汽水利润率最高,因此增加瓶装饮料的量是最有利可图的产品。[102]自动售货机中饮料的标准从8盎司上升到12盎司,最终达到20盎司。研究显示,这种标准取决于人们需求量的大小。

可口可乐和百事可乐通过在世界范围内积极推销其产品,成功地成为获利最多的企业,其销售份额占全球饮料总份额的70%。[103]目前可口可乐凭借其品牌力量成为目前发展中国家饮料增速最快的公司和对糖需求量最大的公司,在全球200多个国家拥有300多个品牌。[104]

虽然人们对糖需求量的增加以及随之而来的肥胖都是近几年才发生的事情(全球人均食糖消费量自1961年[105]以来增加了25%,美国自1983年[106]以来增加了28%),仅2002年一年,美国医疗保健体系在糖尿病方面的花费成本就高达1,320亿美元。[107]

肥胖症和糖尿病的发病率是不分性别、种族或阶级的。肥胖被认为是世界头号杀手心脏病的主要原因。癌症则是第二大杀手。调查显示，14%的男性癌症患者和20%的女性癌症患者的首要原因就是肥胖。[108]美国的肥胖率有很大的阶级差异和种族差异。年收入少于1万元的黑人家庭肥胖率是33%，拉美裔美国人为26%，白人仅为19%。[109]令人不安的是，32.4%的美国籍墨西哥男孩5年级时便遭受肥胖的困扰。[110]肥胖女性患II型糖尿病的几率是正常体重女性的5倍，而重度肥胖女性患糖尿病的几率则是普通女性的50倍。[111]

然而，发展中国家并没有能力支付肥胖所带来的高额医疗费用。例如，69.3%墨西哥人超重或者肥胖，14%的人患有II型糖尿病。[112]墨西哥是仅次于美国的第二大肥胖国家，同时也是世界第二大饮料消费国。[113]然而，墨西哥的肥胖率与离美国的距离直接相关。全美卫生组织进行的一项研究表明，生活在美国边境的拉美裔人口中，74%的男性和70%的女性超重或肥胖。[114]

20世纪80年代中期俄罗斯人均寿命为70岁，到2002年时则骤减至59岁。[115]尽管造成人均寿命骤减的原因很多，但香烟和垃圾食品的大肆传播与国家支持的医疗系统以及经济方面的不平等无疑成为最主要的原因。例如，自

大对比：人类是饱的还是饿的？

1991年以来，俄罗斯的吸烟率增加了一倍。[116]

自20世纪70年代初以来，全球范围内玉米汁的消费量增加了5倍（在美国增加了10倍），自1985年以来糖尿病发病率也增加了6倍。[117]全球范围内每6分钟便有一人死于糖尿病，除非人类饮食结构发生变化，否则这一数据还将上升。[118]国际糖尿病联合会预测，按照目前的增长率来看，到2025年时全世界将有3.8亿糖尿病人。[119]

受欧盟高度补贴的甜菜糖出口以及高果糖浆等便宜蔗糖替代品出现的影响，[120]国际蔗糖价格由1974年每公斤2.60美元下降至1985年每公斤0.06美元。糖价格的下降促使商家大量地使用糖以获得更多的利润。由此可以想象世界上糖消耗大户——可口可乐公司获得的利润是多么的丰厚。与此同时，如此低廉的蔗糖价格对发展中国家的农民和工人带来的危害更可想而知。如果没有苏联支持的话，古巴这个依靠蔗糖出口的国家必定会遭受经济解体的危机。20世纪90年代初苏联取消对古巴的支持后，面对巨大的经济灾难，古巴创造了也许是世界最充满智慧和可持续发展的粮食系统。

在美国，受政府糖价补贴政策的影响，少数大型制糖企业每年获得的补贴

金额约为 20 亿美元。这些享受政府补贴而加工的粮食,除了有大量的热量外,既没有其他的营养物质,同时又消耗了大量的电并威胁着人类健康。佛罗里达州的制糖企业使用大量廉价的水,排放大量的化学废水,从而严重威胁着湿地未来的发展。[121] 在克林顿执政期间,副总统戈尔提出每公斤糖要缴纳一美分用于治理湿地,然而,这被制糖巨头说客们否决了。[122] 出于贸易保护主义立法的原因而每年收到的大量补贴,2002 年制糖业为竞选捐了 310 万美元。[123] 这样看来,通过制造毫无营养且使人上瘾、威胁人类健康的食品来获取暴利的企业,为什么纳税者会向其提供大量补贴似乎就合乎情理了。

看来,制糖公司不会支付清理沼泽地的费用,而是将此费用转嫁到纳税人身上。2008 年 7 月,佛罗里达州宣布将支付给美国制糖公司 17.5 亿美元,用来购买 18.7 万英亩土地来保护湿地。在收回土地之前,给美国制糖业 6 个月的时间来削减其业务。当然,佛罗里达水晶城是否同意类似交易尚不明确。[124]

玉米汁自 20 世纪 60 年代问世以来,其在美国饮食当中所占的比重便迅速上升。直至今日,美国人所摄入的热量中有 10%都来源于玉米汁。因此,美国人正消耗着大量的果糖,如此大量的消费令人瞠目。越来越多的证据显示,果糖这种新物质对人体健康有危害作用。研究表明,这种物质能够导致一些诸如沙门氏菌、炭疽、兔热病、布氏杆菌病、丹毒、肺结核、破伤风和高血压以及免疫系统疾病,同时还促进了破坏细胞的自由基的形成。[125] 另外一些研究显示,玉米汁作为饮料中主要的糖分添加剂在世界范围内被广泛使用,成为日趋严重的肥胖症的主要诱因。

肉食化和脂肪消耗

当然,糖并非肥胖症的唯一元凶,脂肪是另外的重要原因之一。美国饮食结构逐渐肉食化以及日常消费中肉制品的增加也成为另一重要因素。肉是广受欢迎的食物,肉类的消耗量是中产阶级地位的象征。在中国和印度等中产阶级日益增多的国家,肉类消费量也相应地迅速增加。然而,肉类消费的另一方面则是其高昂的社会和环境代价,这些无法从其市场价格中显现出来。没有任何国家在任何历史阶段,像美国那样在过去 20 年间消费了如此多的肉类。美国人平均每人每年消耗掉 220 磅肉类,也就是每天 2/3 磅的肉。[126] 尽管这一切都是建立在对人类健康的危害,对动物的残忍以及造成肥胖和巨大的环境破坏的基础之上的,但是美国这种饮食逐渐肉食化现状正迅速地向美国以外的其他国家蔓延。尽管这些问题都与肉制品的高消费量密切相关,但肉类生产随着政府对生产饲料粮(主要是玉米和大豆)农民的补贴而日益增加。韦斯坚称,波及全球肉类生产的圈栏式动物饲养模式对于全球粮食体制非常重要,以至于它被贴上了一个特殊的标签:"工业—粮食—牲畜复合体"。[127]

1965年至2005年间,全球大豆产量翻了7倍,然而其增产的主要目的并非为了满足世界上众多营养不良人们的需要,而是为了向肉制品业提供更多廉价的饲料。[128]许多新品种大豆的培育导致了亚马逊平原的沙漠化,从而加剧了全球变暖。[129]除了肉制品行业外,养鱼业所需要的大量饲料占据了大豆总收成的1/3。[130]

正如糖和脂肪能够使食物口感更好一样,添加剂也发挥着同样的作用。美国饮食中的脂肪含量由1977年的19%增长到1995年的38%,至2005年的40%。[131] 1970年至2002年间,仅奶酪的消费量就由每人每年11磅增至30

大对比:人类是饱的还是饿的?

磅。[132] 非常有趣的是,美国人所消费的蔬菜中,有1/3是法国油炸食品(25%)、薯条(油炸马铃薯)和冰莴苣。[133] 值得一提的是,尽管早在20世纪70年代,科学实验已经表明饱和脂肪(植物油)能够导致心脏病,但直到最近,政府才开始禁止其使用。

政府对农民种植玉米和大豆这两类主要作物的补贴使得美国肉类价格低廉。一项统计表明,1996年到2005年这9年间,牲畜农场经营累计盈利350亿美元。[134]其结果便是,美国纳税人的补贴降低了肉类和奶制品的价格,使其远远低于真正的社会成本。

圈栏式动物饲养模式目前占全球肉类生产总额的逾40%。[135]这种肉类生产模式通过以最低的成本和最大限度地缩短生产时间,从而获得短期最大利益。然而,巨大的社会成本并没有包含在其价格中。圈栏式动物饲养模式将数以千计的动物挤在一起,使动物除了吃饭和长肉外没有别的运动空间。事实上,美国有半数屠宰的牛是在仅有的20个巨大饲养场中的一个中饲养的。[136]据尼壬伯格称:

农场的肉类和鱼类含有一系列非自然成分,其中包括持久性有机污染物、多氧联苯、砷、荷尔蒙和其他化学成分。同时,在牲畜和家禽身上滥用抗生素和其他抗菌素抵消了用于人类有效药物的功能。[137]

在美国,牲畜每年接受所有抗生素的 70%,总重量约合 1,300 万磅。[138] 这是人类使用抗生素的 8 倍多,而且这种趋势在近年还大幅增加。[139] 例如,根据尼壬伯格介绍,"自从 20 世纪 80 年代,在每一个家禽身上使用的抗生素,已经使产量上升 307%。"[140] 这种做法是危险的,因为它可以产生抗生素微生物,从而引发流行病。

由于制造大量的废弃物,圈栏式动物饲养模式对工人以及生活在附近和下游的居民都产生了巨大的安全隐患。废物的气味不止令人作呕,而且据加拿大农业部的调查结果,废弃物本身可能含有可传染给人类的有毒物质,如沙门氏菌、炭疽、兔热病、布氏杆菌病、丹毒、肺结核、破伤风和大肠杆菌感染。[141] 一项研究表明,25%在猪舍工作的工人患有呼吸疾病,这可能会导致肺部长期的损伤。[142]

多夫对其有自己的看法:

另眼看世界·当代国际热点解读

饲养(鸡和猪的)的工厂生产效率并不比传统的家庭农场高很多。然而,该行业以极其残忍的手段对待动物,并将数千吨有毒废物倒入水中,他们不仅有能力从容应对,还获得了传统家庭农场所不具备的巨大市场优势。事实上,该行业的商业计划是利用其政治影响力来麻痹管理机构,从而逃避生产过程所带来的真正社会成本。[143]

尽管与圈栏式动物饲养模式相关的一些行业可能获得巨大的经济效益和高利润,但我们也必须仔细权衡这一附加成本与所获得的利润是否匹配。

虽然"电视迷"并非像圈栏式动物饲养模式中的动物那样被限制在一定的空间内,但在某些情况下,他们的处境确实是相似的。食品行业代表和健康专业人士经常指出,缺乏锻炼也是导致肥胖的主要原因之一。尽管很难精确地测量其影响力,但每顿快餐的热量可能需要跑半场马拉松才能消耗掉。[144] 这也难怪,高热量生产者可口可乐公司将重心从热量的摄入转移到通过向学校提供计步器来达到锻炼的效果。

许多研究表明,食物的份量越大,人吃的就越多。明显的是,无论是饮料,还是汉堡包、炸土豆条以及影院的爆米花和小松饼,份量都逐渐变大。[145] 例如,美国松饼的平均大小在过去的 20 年间增加了 400%。[146] 2008 年夏天，必胜客开始大力推销其一磅重的 P'zone 比萨和蘸酱，而其中包含 1,560 大卡的热量，其中的钠含量为每日推荐摄入量的两倍。[147]

随着加工食品和垃圾食品的蔓延，肥胖症也开始向发展中国家扩展。拉丁美洲超市食品开支从 1990 年的 15%上升到 2000 年的 60%，[148]目前这个比例还在上升。事实上，墨西哥 30%的食品[149]消费在沃尔玛超市中。这也许并不奇怪，但低收入和中等收入国家的心脑血管疾病患者占全球的 80%，在不久的将来，仅印度患者预计将占全球总数的 60%。[150]吸烟和不良的饮食习惯是造成这一趋势的主要原因。

随着全球饮食结构逐渐肉食化趋势的加剧，越来越多的谷物用于粮食饲料，因而，食肉化成为饥饿的重要原因。在此过程中，并非仅仅是谷物热量的消耗，更使得肉类超出了穷人的支付能力之外。换句话说，肉类并非获得能量的有效方式。肉是上亿民众喜爱的食物，但我们必须考虑肉类高消费所带来的高社会成本和环境成本。

大对比：人类是饱的还是饿的？

如果世界上每个人的肉类消费量与美国相同的话，那么全球粮食只能养活目前 40%的世界人口。据罗伯茨介绍，美国 90%粮食消费都是以肉类或奶制品的形式消耗掉的，生产 1 磅牛肉就需要 20 磅粮食。[151] 单从饥饿这一角度考虑的话，我们就应该减少肉制品消费。当然，减少肉制品消费的原因还有很多。肉类生产需要大量的粮食，如大豆、玉米等饲料，因此是石油密集型产业。尤其是牛的饲养与温室气体排放有很大关系：不仅排放石油带来的二氧化碳，还有甲烷和一氧化二氮等气体。[152] 包装和制冷过程也需要大量的石油。而且肉食生产需要大量的水，圈栏式动物饲养模式会污染地下水。此外，圈栏式动物饲养模式和屠宰场这种工作场所也非常不安全。肉类位于食物链的低端，因而会有大量残留的农药杀虫剂，而高度集中的肉类生产体系则会迅速传播一些危险的微生物。最终，吃过多高脂肪、高盐的肉类会使人患多种疾病。全球饮食结构的肉食化不仅破坏了社会公平（使粮食减少且价格昂贵），还破坏了环境。适度吃肉是一件好事，但如果过度的话则是非常不可取的。

饥饿和饥荒

与目前的肥胖症相比，饥饿的起源更早，它指食物不足和营养不良。然而由于饥饿不会影响到特权阶层的人，因此长期以来并没有引起媒体的注意。全世界遭受身体或心理疾病的人数以及死亡人数每年都在增加，因为他们负担不起足够的营养的费用。虽然我们为了改变这一现状制定了一些宏伟的目标（如联合国新千年发展目标），但成效很小。因此，我们开始怀疑是一些深层次问题屡屡破坏和废止这些良好的愿望。

据估计，全球有一半的人口依靠土地谋生，农业是25万人口的主要收入来源，而世界96%的农民都在发展中国家。[153]殖民主义可以追溯至17世纪，从那时候开始了以欧洲为中心的只在乎利润而非人类福祉的殖民经济，并向世界各地传播，由于长期遭受殖民剥削，许多人都处于极度贫困状态。

正如上文提到的，让·齐格勒在2004年向联合国人权委员会提交的一份报告中称：

令人最不能容忍的是，在21世纪的今天，居然每5秒钟就有一个5岁以下儿童死于饥饿或者与饥饿相关的疾病……死于饥饿的人要远远多于今年所有死于战争的人。然而，这就是饥饿与战争之间的对抗吗？[154]

缺乏足够的食物对人类繁荣的影响是可怕的，这值得我们深思。1.46亿多的学龄前儿童患有慢性或急性饥饿，18%的饥饿人口都是5岁以下的儿童。[155]结果造成许多儿童死亡，发展中国家有31%的儿童身体和智力发育迟缓。[156]据估计，如果按目前的发展态势来看，不久全球将有10亿人口因营养不良而患有心理疾病。[157]营养不良还会降低人体免疫系统对传染病的抵抗能力，如疟疾和肺结核这些在发展中国家十分严重的疾病。[158]根据联合国粮农组织的统计，每年120万5岁以下的死亡儿童中有一半以上死于营养不良。[159]此外，每年有50万儿童由于维生素A缺乏而部分或完全失明；缺碘也对许多儿童的脑部发育带来不良影响。[160]

食物不足还有明显的性别差异。那些处于绝对贫困中的人口中女性占70%，[161]患营养不良人口中女性占60%。[162]在发展中国家，25%的男性和45%的女性贫血，而贫血对女性的危害更为严重，据统计，每天大约有300名妇女在分娩时因缺铁死亡。[163] 面对这些令人震惊的统计数字，1996年世界粮食峰会决定，到2015年将饥饿人口由8亿减少到4亿。[164] 然而直到今天，全球饥饿人口数量仍在增加，受饥荒影响导致粮食价格上涨，目前这一数字甚至超过10亿。据联合国统计，大约有12亿人口每天的生活支出不足1美元，28亿人口即世界人口的40%不足2美元。[165] 众所周知，青少年代表着我们的未来，然而，在全球10亿青少年（15—24岁之间）中，有一半生活在贫困中并可能缺乏足够的食物。[166] 仅在印度，3岁以下的儿童中就有46%营养不良，而造成这一现状的原因在于，越来越多的耕地被用来种植出口作物以及一些非粮食作物，如花卉等。[167]

在受到大量资助的全球粮食制度和"绿色革命"的影响下，发展中国家和发达国家小农场农民的利益严重受损，因此乡下的贫民不得不搬到城市中的贫民窟，而贫民窟中恶劣的卫生环境状况和高犯罪率又进一步加剧了他们的贫困。北美自由贸易协定签订后的第一个10年中，高补贴的美国农产品（主要是玉米）大量涌入墨西哥，117.5万墨西哥人被迫退出农业生产，流离失所。[168]

大对比：人类是饱的还是饿的？

在这种情况下，许多贫穷的墨西哥人为了生存越过边境到达美国，另一部分则被迫从农村迁往城市。每3个城市居民（全球共有10亿城市人口）中就有一个生活在贫民窟，到2020年将有一半的城市人口生活在贫民窟或者破旧的窝棚中。[169]

最近提高玉米乙醇产量的政策可能进一步加剧业已严重的世界饥饿问题。尽管乙醇对温室气体（主要由汽油产生）排放没有任何改进，但在作者编写此书时，美国政府正给乙醇生产商大量的补贴，以鼓励其将玉米转化为乙醇。美国的玉米产量占全球40%，过去，美国出口的玉米占全球70%。[170] 其他国家无法与享受大量政府补贴的美国玉米生产者相抗衡，大量补贴使生产者即使以低于生产成本的价格出售，仍能获得丰厚的利润。因此，世界粮食体系十分依赖美国的粮食出口。然而，正像预测的那样，2008年一半的玉米用于生产乙醇，因而粮食出口面临着减少的威胁。[171] 这种变化也是全球粮食价格飞涨的主要原因，同时它也威胁着上亿极度贫困和饥饿的人们。

由于全球粮食价格的上涨，美国自2000年至2007年间已经把粮食援助削减了一多半，这一期间恰恰是世界亟需粮食援助的时期，而这主要源于美国乙醇政策的提出。[172]应该指出的是，美国同时还要求粮食援助是以货代款且从美国购进。[173]这种方式有利于确保美国食品行业的利润，但这通常不是区域收购粮食的最佳途径，尤其是当区域生产者要求额外收入时。

根据世界银行统计，食品价格三年内上涨了83%，目前的趋势则是粮食价格每天都在上涨。世界2/3人口的主食——水稻的价格在2008年3月1日至4月15日之间上涨了近1倍。[174]结果使2,000万儿童面临饥饿和愈10亿人口面临长期饥荒的危险。[175]与此同时，投资商们在商品市场大捞了一笔，使价格进一步上涨。多伦多一家投资公司最近建议对水资源进行投资，因为目前80多个国家严重缺水，最终必然导致食品价格和水价格同时上涨。事实上，据《多伦多星报》报道，"全球水资源指数在今年前4个月将上涨9.4%"。[176]

盐

另一个值得关注的领域是食用盐的数量和饮食中各种调味盐。大多数人认为盐使食品味道更好。适当用盐并没有错，然而，加工食品和垃圾食品中的盐

却对人的身体健康构成了威胁。在美国，90%的食盐用于加工食品或快餐中，只有10%用于家庭餐桌上。[177]值得注意的是，1992年至2002年间美国食盐的使用量增加了20%。[178]盐似乎并不是导致肥胖的主要原因，但众所周知，盐会使人觉得口渴。当用于解渴的首选饮料是含糖量很高的苏打水，而且越来越成为时下年轻人喜欢的方式时，问题就由此产生了。因此盐可能会间接导致肥胖。

食盐过多的危害并非仅仅在于导致高血压（心脏病和中风的主要原因）。[179]与糖相比，盐的使用并没有统一的规定。然而据世界卫生组织统计，高血压是导致死亡的首要原因，据预测，如果美国能够将食盐的使用量降低一半，那么每年死亡人数则会降低15万。[180]

大豆

大豆和豆制品占目前加工食品的60%。[181]1990年至2005年间，全球大豆产量增加了一倍。大豆及豆制品摄入量是前所未有的。[182]即使过去在远东以发酵或者改良的方式食用大豆及豆制品这样的地区，也没有我们现在消费的量

多。此外，尽管大豆含有大量的植物性雌激素，却很少有人研究长期食用大豆所带来的影响。受市场营销和福利计划的影响，美国30%至40%的婴儿都服用豆类制成的婴儿食品。然而，按照这种配方喂养的婴儿所摄入的植物性雌激素的量，相当于一个成年人每天服用五颗避孕药。[183]

大豆所含的荷尔蒙、水中所含的药物以及农药和塑料中所含的内分泌干扰物，当我们把这些因素结合起来考虑时，就需要对其在人体健康和环境中所造成的长期影响进行更深入的调查。例如，英国1/3的公鱼长有雌性生殖组织和器官。如果鱼类没有性别区分的话，它们将面临灭绝的危险。1989年到2002年之间，英国男性的精子数量减少了1/3，目前1/6夫妇有生育困难。[184]虽然农药和塑料或药物中所含的雌激素，或者药物中所含的内分泌干扰素对生殖的影响可能远远超过了大豆雌激素，但目前我们对饮食中大豆及豆制品可能带来的长期影响的研究是远远不够的。[185]

农药

81

大对比：人类是饱的还是饿的？

化学革命第一次使人们建立乌托邦式家园的理想成为可能，从而导致第二次世界大战后农药使用量的剧增。在此情况下，这种理想表现为大量廉价食物的出现。资本家为了迅速取得短期利润，完全不考虑这种或许有毒的物质如此快速传播所带来的长期后果。今天，我们不得不开始为此付出代价，如癌症、免疫系统退化以及早就出现的各种慢性病。

农药威胁人类健康的方式有三种：食品中的残留农药、工人暴露在有毒环境中及环境和人体内毒性的增长。在这一章中，我将集中在第一种方式的探讨上。农药的种类很多，最常见的三种是杀虫剂、除草剂和杀菌剂，其中每种都含有大量的致癌物质、激素和长久的毒性。

导致某种疾病的少量农药常常在多年的积累后才显现出来，或者人类吸收至少250种合成化学物质时才会显现，因而很难证明某种农药和某种疾病的关系。[186] 据世界卫生组织统计，全球婴儿体内都发现了过高的农药含量，并发现美国人体内平均携带13种农药。[187]

如上所述，直到1962年蕾切尔·卡逊的小说《寂静的春天》出版后，人们才开始关注使用农药可能带来的危害。当时关注的重点主要是杀虫剂——滴滴涕。尽管多种证据显示滴滴涕具有很强的危险性,但直到 10 年后,美国才真正禁止使用滴滴涕(1973 年被禁止)。正如美国的香烟市场萎缩后,监管薄弱的发展中国家的香烟市场开始蓬勃发展一样,农药在美国被禁止后,又开始向发展中国家传播。例如,1990 年美国对外出口了 5,200 万磅本国已经禁止使用的农药。[188] 虽然这对生产企业有利并被资本主义所认可,但却是种族主义的表现。我们知道我们不会毒害自己,但如果是其他地方穷人毒害自己的话,我们就会变得无所谓。然而,在粮食系统日益全球化的今天,我们进口的食物可能含有已经禁止的某些农药的残留物。当然,真正支付医疗费用的是消费者和纳税人,因此,并没有对生产商带来危害。

由于微生物逐渐对农药产生了抗体,因此我们不得不使用更多的农药。在过去 20 年中,美国石油化学农药的使用量增加了 33 倍,相当于每年产生 12 亿磅的毒药,占全球总量的 20%。[189] 加利福尼亚州食品工业发达,每年消费的农药占美国总量的 25%。[190] 由于一些农药会随着食物链的延伸逐渐累积,因此,越到食物链末端,其含有的农药残存量越高。在北美饮食中,55%的农药会残留在肉类中(例如,牛肉中含有玉米和大豆的农药残留),23%的农药残留在乳制品中,其余的会残留在谷物、蔬菜和水果中。[191]

据美国农业部统计,喷洒农药最多的农作物是玉米(并非每亩,而是指总量),其次是棉花(每英亩的数额最大)。[192] 9 种棉花农药中有 5 种已被美国环境保护署列入致癌农药,其中一种因毒性特别强而被禁用。[193] 美国环境保护署同时还指出,目前使用的 60%的除草剂、90%的杀虫剂和 30%的杀菌剂均含有致癌物质。[194]

食品中农药残留物的管理主要涉及 3 个问题:
- 谁来制定残留农药的标准?
- 如果我们无法检测所有食品的残留农药,将如何保护消费者呢?一个标准可能对成人来说是安全的,但对儿童或者免疫系统受损的人而言,却并非安全。
- 农药残留物与已摄入的其他化学物质会产生怎样的反应?

现有的实践表明,美国的粮食系统在处理这些问题方面表现很差:
- 更宽的标准能使企业盈利,因此在制定标准方面的影响力过大。

- 没有拿出足够的钱建立有效的食品检验体系。[195]
- 大多数被批准的农药对于儿童和免疫系统受损的人而言毒性过高。

过去 20 年间，美国农药使用量大大增加，很大程度上是由于害虫对农药的抵抗性越来越强，这说明进行充分的研究和建立安全的标准至关重要。[196]

美国疾病控制中心 2002 年对 6 岁及以上的 2,400 名美国人进行了一项测试，在他们体内共发现 81 种有毒化学物质。该报告表明，很多是多种化学物质相互反应产生的，长期低剂量的影响是未知的。大多数人体内都发现了菊酯类农药（用于取代滴滴涕）。虽然它对环境的影响并不像滴滴涕那样能够持续多年，但使用剂量过高的话，会对神经系统产生毒性；使用剂量较低的话则导致荷尔蒙紊乱。[197] 多伦多环境保护部 2006 年曾对一些家庭成员体内的有毒化学物质进行了检测。[198] 成人体内平均含有 26 种致癌物质，儿童含有 19 种；成人含有 18 种激素干扰物，儿童有 14 种；成人有 8 种呼吸道疾病，儿童有 6 种；成人有 26 种生殖疾病，儿童有 20 种；成人有 14 种神经毒素，儿童有 11 种。[199] 由于环境中有毒化学物质的来源很多，如食物包装和烹调，如炊具中的不粘锅表

大对比：人类是饱的还是饿的？

面涂层，所以这些有毒物质并非一定来源于食物或水的农药残留物。食品包装袋、饮料容器以及塑料婴儿奶瓶中均发现了双酚 A，这是一种荷尔蒙破坏者。全氟化学物可能致癌并影响孩子发育。而有涂层的炊具、快餐包装袋和爆米花袋中均有全氟化学物质。某些食品包装中发现了会导致不孕并妨碍儿童发育的荷尔蒙干扰物邻苯二甲酸盐。多溴二苯醚可能导致癌症、激素干扰物和神经毒素。奶制品、鱼、肉以及动物脂肪中都发现了多溴二苯醚。[200] 环保协会执行主任里克·史密斯曾做过这样的比喻，"我们是人类科学实验史上最大规模的小白鼠。"[201]

当我们对化学农药和化肥对人体健康的影响做进一步研究后，得到的结果使我们更加恐惧。尽管这些结论令人毛骨悚然，但我们的调查研究并非全面，也就意味着我们目前所得知的危害只是冰山一角。例如，印度医药大学最近的一项研究发现，美国日益增长的不孕率与人们饮用水中含有硝酸盐有关。据检测，近 1/4 的井水中的硝酸盐含量超标。[202]

食品添加剂

不像农药那样，人们需要消化食品添加剂，因而，人们不得不仔细检测他们所摄入的食品添加剂对人体短期和长期的毒性，既包括添加剂本身的毒性，也包括它们与其他化学物质结合产生的毒性。然而，真正的悲哀是，许多食品添加剂并没有获得安全许可，也就是说，我们在做实验的时候可能就对自己造成了伤害。经过检测的 540 种食品添加剂中，接近 150 种安全性尚未得到检测。[203] 虽然石油衍生的人工色素的毒性一致受人们质疑，但直到"在一些学校的地区，超过 10%的儿童患有多动症"[204] 和注意力缺陷时，人们才意识到人工食用色素可能是致命因素。[205] 尽管已有证据表明人工甜味剂阿斯巴甜具有致癌性，但这一甜味剂仍获得美国政府的许可。美国流行病学教授德弗拉·戴维斯曾指出，"那些证明'阿斯巴甜是安全的'研究都是由行业赞助的，而那些质疑其安全性的大多是那些与生产行业没有关系的科学家。"[206] 我们在《经济学家》中发现了对人工甜味剂的评论：

一连串的科学研究引起了人们对人工甜味剂安全性的质疑。一些研究表明，将小白鼠体内注入人工甜味剂会致癌。另有一些人称，甜味剂通过"麻痹"大脑促进人体对甜食的渴望，从而加剧暴饮暴食。[207]

微生物

由于食物中有毒微生物会立即造成消费者的疾病，有时还会很严重，因此，备受人们关注。如果不严重的话，人们一般不会报道食源性疾病，因此，很难得到有关食物传染疾病的精确数字。据医院记录，平均每年有 32.5 万人住院，5,000 人死亡，[208] 因此，美国每年有 7,600 万人患有食源性疾病。这一数字比较保守。如果食品行业高度聚集，传染的可能性就非常大。例如，拿牛肉行业来说，一头感染疾病而死的牛的尸体可能污染 8 吨牛肉。[209] 另一个类似的例子是 1994 年冰激凌包装导致了沙门氏菌的传播，41 个州的感染人口为 22 万。[210] 1976 年至 1996 年间，美国的沙门氏菌疾病翻了 6 倍。[211] 2006 年 23 个州的 146 人因食用了加利福尼亚州被污染的菠菜而感染了大肠杆菌。[212] 2008 年，由于西红柿中有沙门氏菌事件的爆发，差点使为快餐连锁店提供西红柿的种植者破产。[213]

雀巢公司曾这样总结美国如何控制食物系统中的微生物：

21世纪，人们在努力防止食物供应中微生物的污染时，许多人仍在干扰行业，代理处忙着争夺稀缺资源，检测师固守着陈旧的工作职责，法院仍执行陈腐的法律，国会最在乎的是竞选捐款的来源而非民众的健康。[214]

雀巢公司提出的证据是，食品行业采取反对病原体控制的措施，因为这一措施可能会减少利润或干预他们认为适合管理企业的私人所有权。[215]

营养素的流失

近年来，人们培育了大量更适合先进的工业化生产且利润更高的新品种，如水果、蔬菜和肉类。例如，现在的小鸡重量达两公斤，大约是1946年[216]小鸡体重的3倍。小牛本应该用草喂养，但现在通过实验，大量的玉米、大豆、抗生素和激素的使用使其体重在14个月内便可达到544公斤。[217]绿色的西红柿被人们早早的用机器收割了，然后再将其催红。[218]此外，新培育的品种往

85

大对比：人类是饱的还是饿的？

往存储时间更长，形状和大小更加标准。同时，这些品种也失去了其原有的营养价值。例如，我们平时食用的水果和蔬菜中微量营养素的下降速度是相当惊人的，铁、锌、钙、硒等重要微量营养素正以两位数的速度减少。[219]

我相信"绿色革命"的本意并非采摘绿色的西红柿。由于机器收割、标准化、运输和更长存储时间的需求，许多水果和蔬菜在成熟之前就被采摘了，正如绿色的西红柿一样。在一定程度上，口感的变化是因为新培育的品种使蔬果在成熟前就是甜的，花青素和多酚等光合作用的营养元素也都消失了。

哈维令人信服地指出，如果只单纯地对增加产量（能够增加利润）予以关注，其带来的结果便是质量的下降（营养丢失）。例如，新品种玉米、小麦和大豆虽然产量增加，但含有的蛋白质和油就减少了；高产量的西红柿含有的维生素C、番茄红素和β-胡萝卜素较少。[220]帕里克指出，与1963年的西红柿相比，目前的西红柿中维生素A减少了30.7%，维生素C减少了16.9%，钙减少了61.5%，蛋白质减少了22.7%，而含盐量却增长了200%。[221]从每天摄入的营养来看，研究显示有30%的美国人摄入维生素C不足，42%的人维生素A不足，50%的人摄入的钙不足，55%的人摄入镁不足，94%的人维生素E不足。[222]据

统计，营养不足每年给美国人带来的医疗花销和生产力损失就达 1,200 亿美元。[223]

同样地，高产奶牛产出的牛奶中蛋白质和一些有益于身体健康的元素含量较低，而且，生产大量的牛奶带来的压力使这些奶牛更容易生病。[224] 部分压力是由于生长激素的广泛使用所产生的，研究表明，这种激素和人类的性早熟及癌症密切相关。尽管几乎大部分国家已经取缔了这种激素，但人们还是在没有标注的情况下继续使用。[225] 最后，牛本应该吃草，但在喂养过程中，我们强迫奶牛吃大量可能致病的玉米和大豆；因此，大量的抗生素不仅加速了生长，还降低了"镇定"率。[226]

服用维生素补充剂可能会对人体健康有益，但这种维生素补充剂与食物中的维生素并不一样。哈维介绍说：

补充剂一般不含纤维而且不一定具有生物相容性，因而不能够提供大量的植物营养……

《美国临床营养学》杂志[227] 的一篇文章指出，并非全谷物纤维、营养素或

另眼看世界·当代国际热点解读

植物化学物质能够预防心脏病，而是这3种物质的"协调合作"使我们所食用的食物能够预防心脏病。[228]

急于扩大数量、忽视质量是资本主义的典型特征，而对产量的过度追求必然导致养分含量的降低。这种趋势发展到极致的结果，便是我们每天都在食用高热量、低营养的垃圾食品。一般情况下，食品加工会降低食物中的营养，对自然过程的人工处理也是如此。1900年每头奶牛一年大约产5,000磅牛奶，而今天，每头奶牛每年需产奶22,000磅。[229]1930年，母鸡平均每年产93枚鸡蛋，现在已增至每年252枚。[230] 与此同时，肉牛的饲料喂养模式也大大提高了屠宰速度，这主要是由于通过多种饲料，用大量的大豆、玉米、激素和抗生素来喂养食草的肉牛，以使肉牛在短短的一个季度就达到成熟标准。[231] 这种肉牛的类饱和脂肪含量较高，微量营养素和脂肪酸较少。[232] 英国一项研究表明，从1940年至今，牛肉中铁含量下降54%。[233] 虽然几乎所有的工业研究员都希望对立刻增加利润有新的发现，但哈维指出，"目前美国的育种方式几乎都无法提高主要食物的营养素含量。"[234]

工业化养殖主要依靠氮、钾、磷、天然气、肥料、石油和灌溉，而这些可

能不会将有机物质还回土壤，从而导致土壤中营养元素枯竭。

有机农业系统能使大量的有机物质返回土壤，从而产生更健康、利用率更高的种子、更高水平的可利用微量营养元素、水资源的渗透和保留，并能够提高地下微生物作物营养浓度。[235]

通过适合的有机物质来改良土壤是增加食物营养密度的一个重要环节。同时对营养丰富食物的生长也是必不可少的，根系的健康（通常因化肥、农药和灌溉的使用而减弱）可以充分改良土壤。

正如先前所讲的，绿色革命并非如此绿色。诚然，粮食产量大幅度增长，但这主要是粮食作物杂交的新品种。这些新品种用单一栽培的方式取代了植物多样性，并导致了化学投入的增加。因此，不仅是作物营养减少了，整个人类的饮食都发生了改变。例如，过去的 40 年中，东南亚地区的人均粮食消费量上升了 15%，而人均消费豆类下跌了 50% 以上。[236]

转基因生物

大对比：人类是饱的还是饿的？

转基因生物在农业方面的应用引发了许多关于环境影响和大企业权力过于集中的争论，在本章中，我所关注的仅仅是食品对消费者健康的影响。转基因生物的广泛用途只有两种：一种是使农作物对农达除草剂产生免疫；另一种是 β 基因使作物对多种昆虫产生毒性。

有证据表明，许多以前对大豆不过敏的人对转基因大豆过敏。[237] 引进转基因大豆后，英国的大豆过敏率增加了 50%。具有讽刺意味的是，美国政府没有要求生物科技企业对其过敏性进行测试。[238] 由于大豆和大豆副食品占所有加工食品的 60%，大豆过敏成为非常棘手的问题。[239]

抗农达转基因种子的广泛使用使孟山都公司农达除草剂的销售额迅速增长。唯一的问题是农达除草剂中草甘膦的成分对以下 4 种主要毒性疾病均有不良影响：亚慢性疾病，慢性致癌，基因突变疾病和生殖系统疾病。[240] 虽然农达除草剂在环境中的持久性千差万别，但美国环保署认为其持续性很强，半衰期为 100 天。[241] 因为抗农达转基因作物能够提高农民收入，因此使用十分广泛。1998 年美国环保署就预计每年用量将会达到 3,800 到 4,800 万磅，并以每年 20% 的速度增长。[242] 1997 年，农达杀虫剂是加利福尼亚州因杀虫剂引发疾病的首要原因。243 由于与农达杀虫剂接触,许多农妇流产、早产以及患有淋巴瘤。244 这并不奇怪。一项独立的科学研究表明,农达杀虫剂是一种内分泌干扰物。245 它对鱼具有很强的毒性并能杀死益虫。现在有证据表明,杂草能对其产生抗药性。246 尽管有上述各种不良影响,但主要因为孟山都公司对政府的影响力巨大,因此含抗农达杀虫剂的转基因生物和β转基因生物没有经过任何检测就被批准了,农达杀虫剂不在政府监督的农药残留物范围之内。247 由于孟山都公司竭力使政府官员认为转基因种子与非转基因种子实质上是"等同"的,而没有达到食品药品管理局的要求:

在美国,食品和药物管理局对批准的新转基因作物声明中认为,他们相信这些公司已经完成了所有符合现有安全法律必要的测试。248

超市

美国超市给人印象最深的便是有成千上万种物品,但大多数食品都是按照加工时的少量主要成分而排列的。249 例如,在各种食物中,薯片、谷物、早餐

另眼看世界·当代国际热点解读

零食、糖果实际上在成分上相差甚少。它们都是一些高度加工的粮食,如油脂、糖、盐、人工香料和各种化学添加剂的组合,其在颜色、保质期和纤维含量上都具有相同之处。它们的共同之处便是高热量、低营养和易上瘾性。25%的超市食品中都含有玉米,60%的加工食品含有大豆(极有可能是转基因大豆,因为转基因大豆在美国的种植面积占93%)。250

超市中的食品占食品总额的 40%,因而在美国食品体系中发挥着重要作用。251 超市通常出售大量经过深加工、精包装和长途运输的食物。换言之,超市是不可持续的石油品和不健康加工食品的代理商。252 因为超市里的物品一般经过至少1500英里的运输,而这一过程消耗了大量的化工燃料。253

谷物早餐对儿童饮食极为重要,但仅仅四家公司就控制了谷物早餐83%的市场份额。254 这一行业正朝着谷物食品深加工的方向发展,尽管商家们声称这类早餐富含营养,但经过深加工的谷物大多添加过量的糖而成为垃圾食品。到20世纪80年代末,92%超市食品销售是加工食品,加工则往往意味着养分的流失。255 此外,尽管很多人对转基因大豆过敏,但由于没有明确的标注,我们无法知道哪些食物含有转基因生物,但据统计,80%的加工食品含有转基因生

物。[256]

随着沃尔玛成为领衔的连锁超市，超市行业越来越朝着高度集中的方向发展。美国的五家公司控制着杂货销售额的42%，而这样的大公司通常与位于加州、佛罗里达州、墨西哥和智利的大型工业农场签订水果和蔬菜合同。[257] 毫无疑问，这成为美国平均每年约两万家小农场倒闭的主要原因之一。而小农场的倒闭对发展中国家带来的冲击更为巨大，因为除了农业之外，他们鲜有其他的谋生手段。

快餐连锁店

许多快餐连锁店供应的食物几乎是高糖、高脂肪和高盐垃圾食品的代名词。[258] 20世纪50年代，汽车、郊区化以及电视行业的发展共同推动了快餐连锁店的发展。其中，处于领先地位的大多都是汉堡包连锁店（三个连锁店分别是麦当劳、汉堡王和温迪汉堡），主要经营汉堡、薯条和汽水。味道好极了！快餐品牌包括肯德基、必胜客、A&W、隆·约翰·希尔夫和塔克·贝尔快餐连

大对比：人类是饱的还是饿的？

锁店的财团，这些大型的连锁快餐店使它们成为世界最大的餐饮公司，在100多个国家拥有3.4万家餐馆。[259] 麦当劳在100多个国家有3.1万家分店，汉堡王在66个国家有1.12万家分店，温迪在全球有6,700家分店。[260]

快餐增加的不仅仅是高热量，与20世纪50到60年代快餐刚起步时相比，目前快餐的份量增加了5倍。[261] 基本的原因是由于食物的成本只占快餐店经营成本的1/3，因此，更大的份量也就意味着更大的利润。薯片和汽水的成本相对低，因此也就带来了利润的增加。例如，每磅薯条的成本仅为30美分，但出售时大约为6美元[262]。通过最近的一份声明，已经达到"超级汉堡"的汉堡王还会有太空人的"三倍大汉堡王"步其后尘，因为汉堡王已经表明超大汉堡能够增加其利润。令人更为惊讶的是，如今的美国人每天摄入的热量要比20世纪80年代高出12%，在德克萨斯州掀起的大份量潮流是"什么都大一号"。[263]

有趣的是，政府却给予快餐店大量的补助。餐馆在反对增加最低工资方面发挥了重要作用，从而成功地降低了成本。更为重要的是，由于受政府的补贴的影响，它们的粮食成本也大大地降低了。斯塔摩认为，鸡屠宰加工行业受补贴后每年利润高达12.5亿美元。[264] 快餐加盟商还收到来自美国联邦政府每年

10亿美元的小企业贷款。[265]

改变饮食习惯的后果之一便是烹饪技术的逐渐消失。越来越多的人们选择外出就餐，在家时也是依赖诸如比萨之类的方便食品，很少有人把时间和精力花费在烹饪上。例如，1980年英国人平均每天花费60分钟做饭，但2002年急剧下降到仅13分钟。[266]

拥有13亿人口的中国目前正成为快餐连锁店的投资对象。真是太妙了！许多品牌在中国已经拥有2,600家分店，美国本土外的中国平均每天开张三家餐馆。

结论

本章的重点是，现有的全球粮食制度造成了两大相互关联的全球性健康危机，即肥胖与饥饿。相反，我们希望人们都能拥有足够的有营养食物，并生活在一个鼓励健康饮食以及以可持续的方式生产食物的世界。联合国指出，食物应当是一项基本人权，但这目前也仅仅是一种理论而已。[267]

90 另眼看世界·当代国际热点解读

资本家不断地向人们展示不断创新的科学技术和创造巨大财富的资本主义制度，却从未指出自己在分配公平和民主方面的失败。食物是人类生命和健康的基础，因而带来的后果也最具有破坏性。由于粮食系统与自然环境密切相关且以石油化工产品为基础，从而污染了环境并加剧了全球变暖。由于石油是不可再生资源，目前正逐渐枯竭，因此给子孙后代带来的问题就更加严重。

资本主义以短期利润为目标，因此我认为资本主义与人类食物权利和农业可持续发展是不相符的。我们不应该再自欺欺人了，在目前的经济体制下，我们无法保证自己能够拥有优质且充足的食物。当然，我并不是说我们能够或者应当自上而下地全部改变经济体制，但我们需要进行激进的改革，在世界范围内进行财富和食物的再分配。如果没有充分的民主动员，这种改革是不可能取得成功的。我这样说，并不意味着贬低有利于民主进程的、哪怕是最小的进步，只要是有利于人类健康、社会正义和可持续发展就是正确的。即使短时期内前进的道路可能充满困难，但随着时间的推移，这种小小的进步能够逐渐积累并逐渐动员越来越多的人行动起来。

我们举这样一个例子。美国父母曾试图让垃圾食品远离学校，但由于受到食品公司巨头的影响，他们的努力往往部分甚至全部失败。为了减少公众因大量向儿童推销和宣传垃圾食品产生的不满，一些公司已经宣布不再将十二岁以下的儿童作为电视广告的主要对象，问题是，即使公司没有将儿童作为宣传对象，但儿童不可避免地会受到各种宣传垃圾食品的电视广告的影响。除了在儿童节目时间播放电视广告外，向儿童宣传垃圾食品的方式多种多样。正如香烟一样，公众不满在限制垃圾食品广告方面或许会取得成功，但我猜想，一定是经过各种艰苦斗争之后。

在下一章，我想说明的是我们的食品体系不仅给消费者带来了危害，更危害了那些辛勤劳作的食品行业的工人。美国乃至世界的很多家庭农场最终都破产了，农民最终受聘于资本主义农场。失败的两个主要原因是：中小型家庭农场收入过低；农民收入低，工作环境恶劣，包括暴露在化学农药中。

5. 农业与食品行业工人的健康问题

大对比：人类是饱的还是饿的？

此外，劳动经济学家指出，加州农业不需要稳定的劳动力供应，而依赖的是一次性且可再生的劳动力体系。外籍劳工则是他们的最佳选择，因为这意味着劳动力永不枯竭。这源源不断的劳动力保证了工人们"一边卖命，一边还提心吊胆"，这是资本家经典的措辞，因为资本家深知非法的底线或堂而皇之地承认这些人并非免费劳工。[1]

富裕国家花费万亿美元来支持农民，却最终导致更高的税收、更糟糕的饮食、作物单一化、生产过剩和国际市场价格飙升，这些都严重损害了新兴市场贫苦农民的生活。[2]

在资本主义高度发达的国家，工人们为了争取与工作环境相符的可接受最低工资，始终进行着长期艰难的斗争，而目前，只在极少数的部门取得了成功。在一些国家，资本主义以殖民主义而非工业革命的方式向一些国家逐渐渗透，强制劳动、种族主义和外来统治使很多工人几乎不可能有可接受的最低工资和工作环境。目前，新殖民主义被美国向世界范围内宣扬的"绿色革命"所掩盖，产量增加使农民变得富裕，但我们付出的代价却是巨大的：农业并非以生态可持续的方式发展，粮食出口为主取代了满足本国粮食需求，这加剧了大多数农民的贫困,许多农民仍生活在贫民窟里。

尽管与"二战"(1946—1970年)后的黄金时代相比,美国的霸权主义有所减弱,但在21世纪第一个10年末期,我们发现美国仍然是最强大、最有影响力的国家。因此,我开始重点分析美国的食品工人。

由于食物对消费者而言是最基本也是最重要的消费品,我们处在消费主义时代,资本主义大肆宣传其商品,因此大部分关于食品的书籍也很少关注食品工人。在研究中我发现,很难找到有关食品工人的详细介绍,因此本章较之前几章要简短。同时我也希望给予本章足够的重视以强调其广泛性。例如,1/3的工人在田地里劳作,[3] 全球有25亿多人口的主要收入来源于农业,使农业成为目前最大的经济活动部门。[4] 如果将渔民、食品运输工人、食品加工工人、食品零售工人和食品服务业工人都包括在内的话,这一数字还将上涨。如果我们要实现分配正义和造福人类的话,就必须改善农业和食品行业工人的工作环境。

92

另眼看世界·当代国际热点解读

美国农业和粮食体系的工人

第二次世界大战后的25年间,美国工人的实际收入增幅较大,但自那以后,尽管5%的美国人实际收入大大增加,但大部分人工资增幅很小。[5] 20世纪50年代至60年代之间的工作保障问题似乎相当特殊。或许是由于企业将工厂迁移到近海低工资的地区,或许是由于制造业的自动化程度越来越高,许多工资较高的制造行业工作岗位都消失了。[6] 据斯克拉斯介绍,[7] 自1973年以来,美国普通工人的实际工资没有增加。自2000年以来,新的就业岗位主要集中在卫生保健、食品/酒店领域、警务/军事/监狱/安全部门/或零售行业,而这些行业通常都是工资最低、且最不安全的行业。[8] 农业领域的工人工资最低,快餐连锁店工人的工资位于倒数第二。[9] 目前的趋势是与食物链相关的整个行业,无论是农业还是快餐连锁店,工人的工资都普遍很低,一些非法外籍劳工的工资甚至低于每小时5.15美元的最低工资标准,直到1997年9月1日后,工资才有小幅增长。[10] 《商业周刊》2004年发表的一篇文章显示,24%的美国工人收入低于2001年的贫困线水平,[11] 年收入仅为1.8万美元。[12]

我曾解释过为什么资本家给工人支付那么低的工资，然而，如果我们把食物和饮料不仅是人类生活的必需品还对人类生活有巨大的影响认为是合理的话，那么就不仅仅是具有讽刺意义了。在合理的经济体制当中，食品行业的工人应该为做出相当有价值的工作而获得丰厚的工资。然而，目前美国以及全球许多食品行业工人的待遇似乎倒退到了工人没有任何权利的资本主义初期。对于非法外籍工人而言，尤为如此。

现场工作人员

据估计，美国非法移民与合法移民共有 1,200 多万，由于缺乏法律地位，这些移民的公民权利常常被唯利是图的雇主所忽视。[13] 如果这些工人抱怨工资低、工作条件不安全、工作时间过长或工作速度过快的话，他们就会被驱逐出境。

加州的水果、蔬菜和坚果产量占美国总产量的一半以上。这些产品都是劳动力密集型的，2005 年 90% 以上的加州农田工人都是非法的。[14] 工人们长时间

大对比：人类是饱的还是饿的？

在烈日下辛苦地工作，最终却换来每年仅 7,500 美元的回报，[15] 这一收入远低于最低贫困线要求的每人 10,488 美元。[16] 比中暑更危险的是长时间接触有毒农药，美国每年约有 30 万起农药中毒事件。[17] 农业领域的工作是最危险的一种工作，总的来看，加州农民的死亡率是其他行业的 5 倍。[18] 农业目前接触农药的不仅是农民，还有那些居住在农村附近的人，喷洒的有毒农药有可能会随风吹到家中。例如，北卡莱罗纳州 60 名拉丁美洲的童工中，90% 的童工尿液中含有农药的代谢物，这将长期对其健康构成威胁。[19]

雇主非常乐意雇佣非法工人，这样一来，他们对工资和安全工作环境方面的投资将大大减少，从而比雇佣合法工人的雇主能够获得更多的竞争优势。非法工人意味着更高的利润，因此，无论从田间到屠宰场，还是快餐连锁店，都开始大规模地雇佣非法工人。为了阻止大量"无签证"的墨西哥人口到美国，乔治·W. 布什总统进一步扩大 H-2A 计划，规定让这些越境的"合同"工人或者"游客"在特定的时间为特定的雇主工作。[20] 但是，这些工人不能改变雇主，不可以集体为工资讨价还价，不然的话将会被驱逐出境或者被列入黑名单，且没有其他的补救措施。[21] 简言之，由于工人不得不依赖雇主来获得入境的权

利，这项计划将使工人处于一种特定的奴役状态。[22] 这种招聘工人的模式越来越受欢迎，到1998年时，仅北卡莱罗纳州就有1.05万名这种游客工人。[23]

多米尼加共和国制糖企业工人的工作条件与17世纪到19世纪同行业的非洲奴隶相比好不到哪里去。制糖业主要集中在佛罗里达州，其中4个公司占主导地位。由于该行业受到外国竞争的保护，跟国际糖价相比上升了3倍，每年获得1到3亿美元的补贴来种植这种除了高热量外几乎不含其他营养物质的作物。[24]

20世纪80年代，佛罗里达州甘蔗种植园的工作条件如奴隶制般残忍，因此公众的强烈抗议愈演愈烈。[25] 制糖业的回应便是进行机械化收割。然而，在多米尼加共和国投资的美国制糖业却并没有朝着昂贵的机械化方向发展，因为2004年，在那里工作的工人们顶着烈日工作12个小时的工资仅为2美元。[26] 多米尼加共和国大约有65万工人在种植园工作，其中大部分来自海地。极度贫困的海地人跨国界寻找工作。然而，一旦被雇佣的话，他们的护照就会被没收，不得回国，被囚禁在破旧的小城里。[27] 他们缺乏良好的供水和医疗保健，并不

另眼看世界·当代国际热点解读

得不从企业内部的商店购买昂贵的食物。[28] 只有海地极端贫困的人才能接受这种奴隶般的工作条件，因为只要能够生存，他们就可以接受任何条件。

家庭农场

美国农业补贴主要流入了最强大最富裕的农民手中，较小的家庭农场最终必然破产。由于小规模的家庭农场无法与大型工业农场竞争，美国每年大约有2万个农场蚀本。[29] 较大的农场可以轻松地支付并利用最新的高科技联合收割机（这可能会耗资80万美元）和其他昂贵的机械设备、昂贵的化学品投入、昂贵的种子和最新的灌溉设备。此外，奖励高产量的补贴制度也对大型农场十分有益。例如，2005年联邦政府用于农业的补贴超过了200亿美元，[30] 其中，46%用于玉米、23%用于棉花、10%用于小麦、6%用于大豆。10%的大农场获得了72%的补贴，60%的农场没有得到任何补贴。[31] 工业化大农场获得了大量补贴，能够以低于生产成本的价格出售粮食，因此使小农场难以生存。

美国的棉花产业也毫不羞愧地享受联邦政府资助，导致了生产过剩和价格低于生产成本。2005年，美国国会将对棉农的最低补贴由每年36万美元降低

到 25 万美元。[32] 从 1996 年到 2006 年，世界棉花价格下降了 50%，2002 年美国棉花以低于生产成本 61%的价格倾销，[33] 破坏了许多发展中国家的小生产者。据估计，美国的棉花补贴迫使非洲国家在降低国际棉花价格上每年损失 2.5 亿美元。[34]

美国棉农的平均市值约为 80 万美元，然而 1995 年至 2003 年之间，棉农共收到 140 亿美元的补贴，其中 75%的补贴都流入仅占 12%的富裕棉农口袋。[35] 美国约有 2.5 万个棉农，只有 12%的棉农获得高额补贴；[36] 而在西非 1100 万棉农没有任何补贴，并且不得不降低国际价格，使得美国种植商能够以低于成本的价格出售棉花，但由于政府补贴，尽管以低价出售，他们仍有很大的盈利空间。[37] 据估计，马里极度贫困的棉农因受美国补贴政策的影响，每年损失 3,000 万美元。[38] 受棉花低价格和债务的影响，18 个月内，印度 1,200 名棉花商自杀。[39] 1993 年至 2003 年，10 万名棉农自杀的主要原因也是债务。[40] 可悲的是低于成本销售的不仅仅是棉花。产在美国的主要粮食作物都有类似的情况。例如，2002 年小麦以低于生产成本 40%的价格出口。[41] 事实上，即使像美国这样大型农场

大对比：人类是饱的还是饿的？

获得补贴的国家，农民的债务问题仍是全球性问题。[42]

由于每英亩作物中棉花种植需要的化学农药量最大，因此对棉花的补贴也就意味着对农药的补贴。棉花只占用 2.5%的世界农业用地，却使用了 8% 至 10%的化肥和 22.5%的农药。[43] 制造一件 T 恤需要 1/3 磅的化学品，棉花种植中所使用农药的 5/9 具有致癌性。[44] 此外，制造一件 T 恤所产生的二氧化碳的重量是 T 恤本身的 12 倍。[45]

到 1990 年，20%的美国农民收入水平处在贫困线下。[46] 50 年前，北美农民能从向消费者售出的食物中获得 40%～60%的利润，而今天，仅为 3.5%，这与第三世界的农民大致相同。[47] 许多有关薯条典型的例子，在每份 1.50 美元的薯条中，[48] 土豆种植者获得的利润仅为 2 美分。毫无疑问，逐渐减少的收入和巨额债务是美国农民自杀的首要原因，而农民的自杀率是普通人的 3 倍。[49] 这同时也是导致衣阿华州农民的平均年龄仅为 52 岁并有逐年下降趋势的主要原因。[50]

资本主义农场

越来越多的农业正在成为一个"流通"系统，公司将各种生产设备以高价卖给农民，而无论是加工还是销售农产品上，农民则必须满足大公司的要求来进行农业生产。这在很大程度上削弱了农民对农业的控制。例如，一家工业化的西红柿农场必须生产符合快餐店质量和价格的西红柿，为此，农场不得不扩大规模以购买昂贵的生产设备，包括杂交种子、农药、化肥、灌溉系统和各种拖拉机及机械生产设备。农民的工作仅仅是通过利用生产设备，以使生产出来的西红柿达到快餐公司合约的要求。工人们承受各种化学物质可能带来的危害，努力工作只换来一点可怜的工资，而公司高管则坐在空调办公室里就能获得巨额利润。签署了预先购买协议后，农民唯一能够降低的就是劳动力成本，从而将工人的工资降到最低点。农民只是简单地利用生产设备，最为重要的是，安排田间的工人们来生产合约中的产品。

快餐业巨头真是太爽了！所有品牌公司都是从同一家美国公司（统一餐饮采购公司）采购，所有的西红柿都来自于 6 家种植园。[51] 由于只有大型的农场才能签订这样的合同，小农场往往靠边站。1992 年到 1997 年之间，佛罗里达州是大型种植商的所在地，在这 5 年中，种植西红柿的农场数量减少了 38%。[52]

屠宰场的工人

泰森食品公司是世界上最大的肉类加工厂，尽管泰森不需要政府的直接补贴，但却能从政府对动物饲料的补贴中获利。然而，很多工人都是非法员工，他们的地位都非常低下，年均营业额是 75%，这些工人们工资却很低，工作要求很高且屠宰场的工作环境也十分危险。[53] 1980 年至 2000 年，养鸡业的利润增加了两倍，但美国 25 万家禽业工人的工资却一直没有提高，工作强度却一直在增加。[54] 集约化也就意味着使本来已经十分危险的工作流水线更加危险。

一线工人可以在一分钟内宰杀 40 只家禽……整个环节中,他们始终站在同一个地方，重复同样的动作。如果长期做这样工作的话，工人们注定会因此而得病。[55]

据 2005 年美国肉类和家禽业的人权观察报告表明：

几乎每名受访者都有长期在肉场和家禽场中工作而受到严重损伤的身体特征。携带宰杀的动物及各部分器官的自动化生产线由于移动太快而威胁到了工人们的安全。在每次工作中重复同样的切割动作，对工人的手、手腕、手臂、肩膀和背部都产生了巨大的压力。他们工作空间太狭小，这又增加了自己和同事的危险。他们很少接受职业培训且缺少安全的生产设备。他们常常被迫加班，如果拒绝加班的话，就有可能被解雇。肉类和家禽业雇主建立的工作场所和制度给工人带来了各种危险，但他们却把此看作生产过程中一种自然的正常的现象，而并没有把它看做违反国际人权法标准的行为。[56]

为了增加利润，资本家便提高生产线的速度，从而进一步恶化了工人的工作环境。一些牛肉拆卸生产线每小时可屠宰 400 头牛，在这样的速度下，很多工人不得不服用安非他命以维持这种工作状态。[57] 据尼壬伯格介绍：

每年，都有 1/3 的肉类包装工人在工作中受伤。然而，由于很多工人都是非法移民或挣扎在生活最底层，他们一般不上报受伤情况，因此实际数字应远高于此。[58]

大对比：人类是饱的还是饿的？

超市工作人员

尽管超市行业的健康和安全问题没有那么严重，但工人的实际工资相当低，而且受这一领域巨头沃尔玛的影响，工资可能更低。沃尔玛的销售额占美国零售行业的 20%，并且，目前这一份额正在不断增加。这家最大超市反工会、低工资的政策可能会影响到大部分超市企业。为了与沃尔玛竞争，其他超市不得不竭力降低劳动成本。假设美国共有 4,000 家超市，沃尔玛的反工会政策便会极大地影响其他超市加入工会的权利。[59] 在这种情况下，这一行业的工人很难维持工会并享受到工会为他们赢得工资改善和安全工作环境的权利。需要强调的是，即使有工会的协助，这一行业的工资水平和工作环境也远不及其他行业。[60]

快餐工人

除了移民的田间工人外，美国 350 万快餐工人的平均工资比任何群体的工资都要低。[61] 麦当劳每年聘用约 100 万工人（仅次于沃尔玛），然而我们必须意识到，每年的员工流动率为300%至400%。高流动性与兼职性的工作特点使2/3快餐业工人的年龄都在20岁以下，这样一来，便免除了工会的干预。[62]因此，快餐业支付给拥有最大比例工人的工资最低，这对于1968年和1990年间最低工资的实际价值下跌了近40%具有很重要的意义。[63]难怪全国餐饮协会坚决反对任何旨在提高最低工资的行为，这或许能够解释，虽然在1997年至2007年间通货膨胀日趋严重的情况下，为什么全国最低工资仍为每小时5.15美元的原因。[64]

过去，快餐连锁店得到了联邦计划中每个工人2,400美元的培训费用。[65] 1996年国会更新"工作机会的税收抵免计划"后，1997年的补贴费用高达3.85亿美元。[66] 据斯克拉斯介绍，"快餐店一般雇佣工人约400个小时以上，才能得到联邦政府的资助，当上一批工人辞职或被解聘后，快餐店立刻就会得到联邦政府的补贴。"[67] 难怪快餐店的工人一般只工作3到4个月就辞职或被解雇了。[68] 快餐店通常使工人的工作时间保持在4个小时以内，这样就不需要休息时间，并可以向工人发放很少的补贴了。[69]

另眼看世界·当代国际热点解读

发展中国家的农业和食品行业的工人

96%的农民生活在发展中国家，其中70%是妇女。[70]尽管全球有一半人口依靠土地谋生而且工作异常辛苦，但目前的全球粮食系统还是使大部分人生活在极端贫困中。更可笑的是，发展中国家生产粮食的人往往买不起充足的食物。事实上，1990年到2003年之间，80%世界人口所在的国家，富人与穷人的差距不断增加。[71] 鉴于这些基本事实，真正令人震惊的是，近些年国际农业援助的资金非常少。事实上，自1986年以来，美国对发展中国家农业少量的一揽子援助计划已经减少近一半，1988年到1996年间，全球对发展中国家的农业援助削减了57%。[72] 帕特尔说，几乎世界上所有的农民都背负债务，有的甚至是相当沉重的债务。[73]

全球粮食体系与发展中国家

在关注发展中国家的工人之前，我们必须先弄清资本主义全球粮食系统的动力问题。结构调整的政策对发展中国家的影响是一个良好的开端。20世纪

70年代末，世界银行和国际货币基金组织不断推出干涉调整政策的措施，为促进发展中国家获得更多的贷款，或者为现存债务的优惠还款期限创造了很多条件，以应对当前的"债务危机"。在前一阶段，发展中国家受金融机构的鼓噪，使债务负担进一步加剧，他们需要用巨额的石油来还款，这相当于20世纪70年代石油价格的4倍。然而，愈趋明显的是，许多发展中国家甚至无力偿还利息，世界银行和国际货币基金组织要求发展中国家发展出口型农业（首选）以赚取外汇来偿清债务。许多发展中国家通过扩大热带商品的出口能力来偿还债务，但诸如咖啡等作物"供大于求"使作物价格逐渐下降，因此，这些发展中国家偿还债务的问题变得越来越棘手。由于对80多个发展中国家而言，农业是最重要的经济活动，其灾难性后果是显而易见的。[74] 事实上，据罗宾斯分析，"热带商品价格的崩溃，也就意味着现在最大的困难就是使大量人口摆脱贫困，然而，奇怪的是这一问题至今尚未受到世界主流媒体的关注。"[75]

对于负债累累的发展中国家而言，便意味着外汇收入的减少，为了还清债务，这些国家不得不采取紧缩财政政策，削减卫生、教育、福利和基础设施的

大对比：人类是饱的还是饿的？

支出。[76] 例如，2002年咖啡价格是1980年价格的14%，可可为19%，棉花为21%。

发展中国家无法与美国玉米和小麦等主要粮食作物种植竞争，因为他们享受大量的政府补贴（农民50%的收入来源于政府补贴）。[77] 补贴的结果就是生产过剩，产品以低于成本的价格销往国外，从而降低了这些商品的国际价格。例如，2002年美国生产1蒲式耳*（（英文BUSHEL，缩写BU）是一个计量单位。它是一种定量容器，好像我国旧时的斗、升等计量容器。1蒲式耳在英国等于8加仑，相当于36.268升（公制）。）玉米的成本是2.66美元，但国际市场的价格仅为1.74美元。[78]

20世纪90年代末，30%美国农业收入来自于出口。[79] 因此，许多发展中国家越来越依赖美国的进口食品。由于美国目前正朝着用大量玉米来生产乙醇的方向发展，必然导致国际粮食价格的上涨，因此这些国家将面临更为严重的饥荒。如果主要粮食作物——玉米价格上涨的话，其他谷物的价格也必然随之

---

* 英美计量干散颗粒的容量单位。1蒲式耳=8加仑，1美蒲式耳≈35.24升——译者注。

上涨。例如，玉米价格上涨的话，农民们会更倾向于种植玉米而减少小麦的生产，最终也将导致小麦价格的上涨。

受"绿色革命"的影响，即使是在生产热带商品方面，发展中国家也必须将大量资金投入农业种子、机械和化学品，最终，只有富裕的大农场才能支付得起这笔开销。此外，"绿色革命"成为许多发展中国家土地亟待改革的替代品。最终，大量的人被驱逐了，只有少量的富农获益。戴维斯说：

> 第三世界国家现有很多资金密集型农村和劳动力密集型非工业化城市。[80] 由于大量小农户被迫离开农村，世界上居住在城市贫民窟的人口占城市总人口的1/3，在不久的将来，这一数字还将持续上升。[81]

正如结构调整政策对许多发展中国家产生冲击一样，北美自由贸易协定对墨西哥的冲击也相当大。如前所述，北美自由贸易协定是由加拿大、墨西哥和美国共同签署的，协议签署后，美国玉米大量涌入没有补贴优惠的墨西哥，短时期内墨西哥从美国进口的玉米量翻了3倍。因此，由于美国向墨西哥提供了25%的玉米，短短10年间，170多万墨西哥农民破产。[82] 许多农民越过边境到美国，据统计，在自由贸易协定签订之前，90万名流动农场工人中的7%是非法移民，然而10年以后，是美国200万移民的一半。[83] 自由贸易协定签署之前，墨西哥的粮食基本自给自足，然而，自协议签订后，墨西哥主要从美国进口40%粮食，且80%的墨西哥农民依旧生活在贫困中。[84]

只有少数的墨西哥农民是富裕的，绝大多数农民难以维持生活甚至背井离乡。尽管从短期看，出口导向型石油农业对少数农民十分有益，但从长远看来，这种趋势根本是难以维持的。从另一个角度看，该系统有助于美国改善贸易逆差，而墨西哥必须不断出口以支付从美国进口食物的费用。

香蕉工人

许多中美洲国家大量种植香蕉。由于香蕉公司为了他们自身的利益，大量从政治上干预这些国家，因此这些国家有时又被称作"香蕉共和国"。都乐、德尔蒙特和奇基塔三大品牌控制了北美的主要香蕉市场，在此香蕉是最畅销的水果。香蕉是世界第四大农产品，前三位分别是小麦、水稻和玉米，都乐和奇基塔控制了50%的香蕉市场。[85] 这种种植园大多根据规模来雇佣劳动者，他们大部分来自于种植园附近的小村庄。这些工人的工作需要消耗大量体力且十分危险，但工人的工资却极其低。例如，厄瓜多尔香蕉工人的工资仅是一个4口之家开支的一半。[86]

同许多其他植物一样，香蕉树有时发育迟缓且发育不良，有时甚至被线虫——咬噬树根的小蠕虫吃掉。因此，陶氏化学和壳牌石油公司研发了一种可以杀死线虫的农药后，他们会大捞一笔。尽管在20世纪50年代中期对小白鼠实验时，发现小白鼠发育迟缓，睾丸变小，甚至致癌，但农业部仍于1961年批准了这种农药的使用。[87] 美国公共卫生协会前任主席巴里·利维说，绝不应该批准此农药。[88]

然而，从20世纪60年代到80年代，尼加拉瓜、哥斯达黎加、巴拿马、厄瓜多尔、危地马拉、多米尼加共和国、圣·露西亚、圣文森特、布吉纳法索、象牙海岸和菲律宾[89]的种植园都大规模地使用二溴氯丙烷。1975年美国环保署证实了二溴氯丙烷具有致癌性。[90] 1977年，美国生产二溴氯丙烷的114名工人中，35人患有不育症，但直到1979年美国才禁止使用二溴氯丙烷。[91] 工人状

大对比：人类是饱的还是饿的？

告他们的雇主西方石油公司，最终西方石油公司被迫赔偿工人们上百万美元。[92]

正如其他剧毒农药一样，二溴氯丙烷在美国被禁止后，仍在美国以外的地方继续使用。据估计，全世界共有约6.5万人受到此种农药的危害，例如，67%尼加拉瓜香蕉工人患有不育症和一系列致命性疾病。[93] 在使用二溴氯丙烷的种植园中，33%的女性患有子宫癌或乳腺癌，幸免的这些妇女生出的孩子大量患有先天严重畸形。[94] 伯鲁比称，自2002年尼加拉瓜发生历史上耗时最长的民事诉讼案后，法院要求壳牌、都乐和陶乐赔偿因接触二溴氯丙烷而遭受疾病和致残的香蕉工人4.89亿美元。[95] 三家公司拒绝和解，并称尼加拉瓜法院是不称职的。[96] 在此期间，2,000多名香蕉工人因接触二溴氯丙烷而死亡。截至今天，这一数字仍在上升。[97]

美国和欧盟消费的1/4香蕉都来自厄瓜多尔，它是世界上最大的香蕉出口国。人权观察小组[98] 2001年访问了厄瓜多尔。观察小组发现大量儿童（最小的只有8岁，大部分是11岁或12岁）在香蕉种植园工作。儿童经常一天工作12个小时，并不断接触香蕉上使用的农药。

这种情况并非仅仅存在于尼加拉瓜和厄瓜多尔。哥斯达黎加2万人因接触在美国被禁用的农药而患不孕症。[99]据世界卫生组织统计,每年全世界约有300万人农药中毒,其中造成25万人死亡。[100]一项研究发现,91%的印度棉花工人因受农药毒害而身体失调。[101]

可可工人

可可是西非地区1,100万人的谋生手段,然而由于受雀巢、吉百利、火星和好时等咖啡行业巨头对咖啡市场的控制,西非人最终获得的利润仅为商品价格的3.9%。事实上,对于象牙海岸(生产全球45%的可可)的人来说,这种利润相当微小甚至不存在,他们不得不依靠雇佣儿童在田间工作,包括播撒种植可可所需的30种农药。[102]当然,结束这种悲剧的做法就是给种植可可的农民们一个公正合理的价格,这样他们就有钱雇佣成年劳动力了。[103]

象牙海岸共有约60万家种植可可的农场,其中大部分都是小型的家庭经营,大多由儿童来充当劳动力。[104]这或许是合情合理的,但当孩子们做播撒农

药这种高危险的工作时,他们基本没有做任何防护措施。一项最新的研究显示,21%的农药是由10岁以下的儿童播撒的,另外50%由10至14岁的儿童播撒。[105]如果给可可豆种植者支付足够工资的话,他们就会有钱雇佣成年人来做这些工作。因为农民十分贫穷,需要家庭成员来充当劳动力,因此很多儿童上不了学。然而,最让人痛心的是,像马里这样极端贫穷的国家每年都有1.5万名12岁左右的儿童(估计从1万到1.5万)被卖到可可农场充当奴隶。[106]由于许多农民出售的可可价格都低于生产成本,因此这种寻求廉价劳动力的方式也愈演愈烈。[107]

主要巧克力生产商被迫接受的协议将要证明,巧克力并非对童工最有害的,并将于2005年正式生效。截至2007年没有这样的认证体系运作,正像由英国广播公司题为《复活节巧克力背后的奴隶制》的新闻报告所表明的那样。[108]虽然可可行业的情况令人不安,但还有许多发展中国家童工被剥削的实例。据人权观察报道,有多达3万名8岁的儿童在萨尔瓦多种植园工作,巴西的情况跟此差不多。[109]

烟草工人

20世纪50年代和60年代，烟草是美国获得资助的主要作物之一，当时美国烟草农民种植了世界上77%的烟草。[110] 对烟草农民的资助一直持续到2004年，然而令人不可思议的是，自2005年起，虽然没有资助，但是烟草种植面积却扩展了20%。究其原因，是因为种植烟草获得的利润是种植玉米利润的5倍。[111]

大烟草公司为提升利润不断努力，不仅成功地将市场推广到发展中国家的年轻人，而且将烟草这种劳动密集型的作物转移到低收入发展中国家种植。这次营销进攻战略是在20世纪80年代中期由里根总统发起的。如果有国家不开放对美国烟草的市场，那么这些国家将会受到美国经济制裁的威胁。[112] 相反，当时的卫生局局长则宣称，"作为市民，我不认为继续出口烟草能导致疾病、残疾，甚至死亡。"[113] 然而，面对这样一个高利润和容易让人上瘾的商品，以及最具权力的公司游说集团，他的话没有起到任何作用。

大对比：人类是饱的还是饿的？

过去20年里，烟草种植不断地被转移到发展中国家，这就意味着非洲的产量翻番，其中以马拉维、津巴布韦和坦桑尼亚的增长为主。马拉维出口收入的50%到70%来自于烟草的种植。[114] 但是，正如前面提到的，种植烟草和为加工烟草提供木材，已经导致了滥伐森林。[115] 一次烟草的种植需要长达9个月的密集劳动。因为烟草的叶子在不同时期成熟，所以需要手工摘取。并且，因为烟草需要大量的杀虫剂，烟草工人又要和叶子接触，他们不得不承受有毒杀虫剂和尼古丁毒物的双重危害。这就是美国大多数烟草工人都在雇主严格监管下流动的原因，也是烟草种植转移到工人很少受到法律保护的低收入地区的原因。

在大多数发展中国家，香烟的销售仍然持续不衰，超过50%的男性吸烟。在俄罗斯、印度尼西亚、菲律宾、玻利维亚和智利，30%的13岁到15岁的儿童吸烟。[116] 香烟最终会害死50%不能戒烟的人们。[117]

咖啡工人

咖啡的国际贸易是农产品中最有价值的。[118] 如可可粉主要是在小家庭农场里种植，2,500万家庭的主要收入来源是咖啡。[119] 尽管巴西和越南咖啡产量最大,但咖啡的种植遍布世界各个热带和亚热带地区。结构调整计划在20世纪80年代早期以侵略的方式广泛传播,很多发展中国家(如越南)受到鼓励(被迫?)来发展出口导向型的农业,以偿还债务。工业化国家对主要粮食和糖类作物有大量补贴,因此发展中国家无法与之竞争,从而他们只能选择热带农产品。咖啡就是其中一种。咖啡种植的扩张导致了价格的衰退,从而诱使其借贷,并且暴露出结构调整计划的破坏性。世界咖啡价格在1954年达到高峰,但是1954年建立了一个国际配额体系,来尽力限制价格浮动。[120] 当1989年该体系瓦解时,生咖啡豆的全球价格下降了50%,[121] 最终在2002年达到30年以来的最低值,以至于很多生产咖啡的家庭以低于成本的价格卖出咖啡。[122] 数以百万计的家庭陷入极度贫困,一些人被迫离开自己的土地,搬到日益扩张的城市贫民窟里。为了生存,有一些人转而从事更具诱惑力的非法毒品交易。拥有巨大利润的大型企业,如卡夫、雀巢、莎莉、宝洁和奇堡,控制了咖啡市场50%的份额,却并未采取任何措施减轻咖啡生产家庭的困难。[123] 少数进口商和咖啡烘焙商占据了78%的销售利润,如卡夫和雀巢控制了49%的咖啡焙烘。

另眼看世界·当代国际热点解读

咖啡的原产地埃塞俄比亚是依赖咖啡种植的国家之一,咖啡的收入是其总出口收入的67%。[124] 埃塞俄比亚有严重的饥荒,因此该国"用最好的土地来种植咖啡以出口"这个事实多少有点不合乎逻辑,但这正是当今国际债务制度逼迫所致。确实,假如种植咖啡的农民可以从1拿铁*咖啡成本里有超过1%的收入,或者咖啡豆分类工每天能多赚96美分,抑或卡车装载工每天可以多收入2美元的话,那么埃塞俄比亚就不会那么贫穷了。[125]

埃塞俄比亚是80个依赖农业的国家之一,然而农业对发展的重要性却总被经济学家们所忽略。埃塞俄比亚经济发展的命运深受咖啡期货市场投机性波动的影响。[126] 很多情况下,假如直接生产者能得到零售价的公平分配(譬如30%而不只是3%),世界会有很大的变化。事实上,发展中国家种植的热带商品给控制食物链消费终端的跨国公司带来了巨大的利润,而生产商的利润则少得可怜。例如,1989年至1991年生咖啡豆价格下跌50%时,消费者购买商品的价

---

* 拿铁是意大利文"Latte"的译音,拿铁咖啡是花式咖啡的一种,拿铁咖啡是意大利浓缩咖啡与牛奶的经典混合。

格只便宜了1%，多得的利润都进了跨国公司的腰包。[127]

茶工人

英国人19世纪中叶在印度开发了大面积的茶叶种植园，在这之前，几乎全部的茶叶产自中国。从全球范围来看，饮茶的人数远远多于其他饮品的人数，现在超过一半的茶叶产自印度、孟加拉国和斯里兰卡，而这里的茶工人每天辛苦劳动，日收入却不足2美元。[128] 采茶人员多为妇女，她们背着重重的茶篓，背带系在额头上以分担重量。她们极易受到杀虫剂危害，患肢体重复性劳损和呼吸道疾病。茶分类人员经常接触茶叶末，尤其易患呼吸道疾病。并且，在大多数茶叶种植园，工人的生活环境很恶劣，从而进一步导致工人们营养不良、环境卫生差并患呼吸道疾病。

棕榈油工人

最近棕榈油种植园迅速扩张，其中印度尼西亚和马来西亚提供世界85%的棕榈油。[129] 棕榈油已取代豆油成为世界第一植物油。这一突然的扩张可能导致森林滥伐或种植玉米等粮食作物的土地被占用。多数棕榈油计划用来转化为生物柴油燃料，"尽管生物柴油燃料比标准柴油燃料的碳排放量多2至8倍。"[130] 毫无疑问，种植棕榈油有利可图，但考虑到所导致的全球饥荒和全球变暖，破坏热带森林来种植棕榈油的行为是可耻的。

种植园里工人的工资很低，但他们却长期暴露于有毒的杀虫剂之中，不断引起疾病甚至死亡。例如，马来西亚多达3万的妇女每天在田地里喷洒一系列的化学药品，包括有可能致命的百草枯。[131]

热带环境里杀虫剂的使用

生产每公顷工业咖啡所使用的杀虫剂密度位列棉花和烟草之后的第3位，香蕉生产紧随其后。值得注意的是，除棉花是在美国或其他非热带发展中国家使用机械化种植之外，其他三种均在发展中国家种植，并且属于劳动力密集型。劳动力密集意味着工人们受到大量有毒杀虫剂的影响，将这些土地变成疾病和死亡之地。事情这样发展有以下原因：

- 有毒杀虫剂在美国和其他一些原产地国家被禁止很久之后,有些国家仍然没有禁止有毒杀虫剂的营销或者减少控制。
- 发展中国家的工人对于他们使用的化学药品的毒性并不知情。
- 即便有些工人能够担负得起或者有人向他们提供保护性衣服和面具,热带田间的高温也使得穿保护性衣物不切实际。
- 空气中和地下水里的杀虫剂成分污染着工人和他们家人居住的周边村落。
- 鉴于作物的低价,农民不能承受作物被害虫毁掉,从而诱使他们使用他们自己也不想使用的杀虫剂。
- 有些时候,对杀虫剂没有抵抗力的儿童也不得不暴露在杀虫剂这样的环境里,因为贫穷的家庭需要全家人的劳动来维持生计,或者因为家离使用杀虫剂的田间太近,抑或儿童在不同程度上遭受奴役。

结论

　　食品不仅将人类与环境健康联系起来,而且也是所有商品中劳动力最为密集的领域。大多数情况下,消费者并不清楚从田间到餐桌食物链的每一步中劳动者所遭受的剥削。食品对人类繁荣起着基础性的作用,因此人们期待在文明社会里,所有参与食品链条的人都可以获得满意的工资,来回报他们对这份苛刻并十分重要工作的贡献。而事实却相反,在技术发达的资本主义经济,工人们却受到最多剥削,生活最贫困,并最多地接触危险的化学品。在我看来,这一不合常情的结果正充分说明我们的经济体系所滋生的社会不公平。

　　本书最后一章,我将讨论食品供给中一些可能的新方向。不过现在我先阐述一个基本观点。单纯依赖市场来解决食品供给问题是愚蠢的,毕竟市场调节已经引起了很多问题。稍后,我会详细阐述我们应将大量财富从私营部门转移到公共部门,从富人转移到穷人的观点。政府需增大在提升食品供给研究方面的支出。我们需在全球范围内促进农业推广服务的有效发展,帮助发展农民之间、农民和消费者之间的合作关系,并结合最新科学知识和传统知识,尽可能开发有机的、可持续的耕作技巧。我们需要一个强大、独立的公共部门来投资检测食品业和农业使用化学品的长期影响。必要时,我们需确保家庭农场年收入高于当地衣食住行、教育、交通、健康、娱乐等基本需求的花费。也就是说,需确保工人的工资可使他们和家人过一个体面的生活。但假如他们的生活标准仍依赖于纽约或芝加哥商品交易所里商品价格,或者是依赖于企业巨头强大的议价能力的话,这些不可能实现。

6. 农业、食物供给和环境

除非温室气体排放在未来 10 年内能减少,否则世界气候将有失控性破坏的风险,而且将持续几个世纪,连我们的后代也无能为力……二氧化碳、甲烷和其他罕见气体的浓度的变化会以令人惊愕的比例引发生态灾难。[1]

大对比:人类是饱的还是饿的?

土地是我们长期的公有财产,是人类一代代延续和再生产不可分割的要素,而我们没有清醒理智地对待土地,我们在剥削着、浪费着地球的能量。[2]

20 世纪 70 年代面对的一个巨大问题是,我们是屈服于周边环境还是和自然和平相处、并开始做出补偿?因为我们仍将空气视为无偿使用。但是干净的空气并非无偿,水也是如此。污染控制付出的成本很高。多年的疏忽导致我们亏欠自然太多,而现在,还债的时候到了。[3]

以上所摘的尼克松总统 1970 年的国情咨文讲话表明,主要的环境担忧是污染。话好说,事难办。尼克松或继任的总统很少真正付诸行动来解决污染问题,因为即使在 20 世纪 70 年代,解决污染问题上取得进展的代价仍很大。38 年后,污染问题只是我们所面对的诸多生态灾难的一种,我们不得不面对全球变暖、不可再生资源消耗、土地退化、物种灭绝、淡水减少、环境中的有毒化学品和未得到充分检测的新技术（如转基因生物）等问题。这些年并非没有人提出反对意见并表达良好的意愿，而是正如我之前所提到的，资本的主要驱动力是激烈竞争以最大化短期利润，除非有很强的力量来对抗这一驱动力，否则它就会压倒一切。

尽管短期利润重于环境保护是资本主义的普遍特征，但石化革命加剧了它的恶化，利润越发依赖于商品生产和引进新商品的速度上。这意味着广泛使用的1000到8万种化学品没有得到应有的毒性检测，单个的化学品和其他化学品结合后的毒性检测更少。[4] 大多数情况下，毒性只有在对人类健康产生巨大危害时才能引起人们警醒。甚至像转基因生物这样根本性的创新，也在针对其可能引起的严重危害和不可逆转的后果进行充分检测前，就大量投入使用，很大程度上是因为公司开发这一技术已经投入很多，他们不能忍受放缓追逐利润的脚步，况且这些公司对政府部门还拥有巨大的影响。[5]

现存食品体系的一个重点问题是其对石油的依赖，而石油价格因供给减少仍将持续增长，同时，燃烧化石燃料也会加剧全球变暖。打破食品体系对石油的依赖是必要而艰难的。

石油峰值和生物燃料

在过去的40年里，美国化石燃料消费增长了20倍。[6] 考虑到美国经济，包括农业和食品业与石油化学产品的紧密联系，以及达到全球石油峰值点的可能性，将导致石油化学产品价格大幅度长久上涨，因此如果没有巨大的变革，美国经济前景会很暗淡。在20世纪40年代，每耗费1桶石油来勘探石油，能生产100桶石油，而现在，则只能生产10桶。[7] 当达到"石油峰值点"时，扩大生产所耗费的石油与新石油供给互相抵消。例如，从阿尔伯塔油砂提取石油造成的生态破坏，以及从沥青砂里生产一桶石油所耗费的能源，造成对整个项目的需求和可行性产生严重质疑。[8]

加拿大油砂以付出长远环境为代价使很多人富裕起来。现在每从油砂中获得3桶油，需要耗费1桶油，从而比传统石油多产生3倍的温室气体。[9] 并且，因为每从油砂获得1桶油，需要消耗高达4.5桶的水，从而蓄水层被排干，也产生了巨大的有毒尾矿池。[10]

尽管早已意识到石油峰值和随之带来的全球变暖问题，在摆脱美国经济，特别是农业，对石油依赖的努力上，石油、化工和汽车工业游说集团使其滞后了至少20年。现在采取的措施要么是把问题转移（乙醇替代石油），要么就是我们考虑问题严重性时，我们的努力远远不够或已经太迟。

美国农业用来生产和运输食品所用的化石燃料全部加起来约占美国化石燃料消费的20%。[11] 考虑到只拥有世界5%人口的美国却每年消耗世界20%的化石燃料，用在农业的化石燃料可真不少。[12] 现在美国农业在利用石油产品方面主要采用以下4种方式：

● 化学肥料和杀虫剂。
● 拖拉机等农用设备的运行。
● 将作物运到储藏、加工（包括肉制品）或者批发市场。
● 将食品运输到消费终端。

我想在此重申康奈尔大学大卫·皮门特尔教授的观点：假如全世界都采纳美国农业体系的话，那么所有化石燃料7年内就会被耗尽。[13] 美国农业食品管

大对比：人类是饱的还是饿的？

理体制依赖于石油（和天然气），但令人关注的是，世界石油消耗最大的是美国军队。它2004年消耗8,500万桶油，毫无疑问，这和布什政府2004年在墨西哥湾投资10亿美元补贴石油开采有很大关系。[14]

绿色革命导致1945年到1994年期间农业能源输入增长4倍，从而使美国食品体系使用了大量的石油，以至于准确地讲我们所吃的食品是"石油食品"。[15] 库克2004年估计美国农业每年使用1,500万吨石油为原料的肥料，但是因数量每年都倾向于增长，毫无疑问到2008年这个数值会更大。[16] 1990年，平均每公顷作物需要1,000升石油，[17] 平均每年需要400加仑石油来养活美国人。[18] 每制造一罐百事可乐竟然需要耗费2,200卡路里的油气能源。[19] 美国食品从田间到餐桌，平均需要1,500到2,000英里的运输，大多数是通过卡车，[20] 这不仅意味着耗费了很多石油，而且产生了很多柴油烟雾。这现已成为引起哮喘病的原因之一。[21] 通常情况下，加工食品要耗费大量能量。例如，生产一磅早餐麦片比一磅面粉需要的能量多32倍。[22] 肉类和奶制品冷藏最后还需要大量的化石燃料能源。

就化石燃料而言，肉制品特别昂贵。生产1卡路里牛肉需耗费35卡路里化

石燃料，1卡路里猪肉需耗费68卡路里。[23] 生产1千克牛肉产生36.4千克二氧化碳，生产4卡路里牛肉需要100卡路里粮食。[24] 据雀巢公司介绍，饲养场饲养1只1,200磅的被阉割的牛需要200加仑的石油。[25] 确实，圈栏式动物饲养模式为美国提供了大多数的肉类，由此耗费了巨大的能源，其中最严重的是他们每年产生6亿吨废品，这些废品需要以一种对环境污染相对较少的方式处理。[26] 韦尔斯恰当地总结了美国饮食肉食化的影响：

例如，在美国，牲畜消费了大约70%的家用粮食，消费玉米的比例更高，玉米占用了美国作物空间的1/3，消耗了40%的氮肥，比其他任何作物消耗的除草剂和杀虫剂都要多。[27] 密集的水资源消费、工业化农场及屠宰场产生的污染、工业化农场的温度控制及屠宰过程耗费的能源，导致资源需求进一步扩大。依据这些工业体系里追加的粮食和资源预算，每从工业化农场制作的肉里获得一单位可食的蛋白质，比从粮食里获得一单位可食的蛋白质要多用100倍的淡水（生产1千克牛肉需要3,000升水）[28] 和8倍多的化石燃料能源。[29]

所以当很多人支持改变美国饮食结构，少吃肉食而更多地选择当地食物，这一点也不稀奇。

但是石油峰值的现实和对石油进口的依赖，酝酿了另一种更有危害的解决方案——生产生物燃料，如乙醇。正如前面提到的，到目前为止，美国减轻经济对石油依赖的主要策略是把乙醇作为替代物，尽管乙醇对环境很不利，但还是得到很多政府的补贴，因此转而种植非食品类作物，从而推高了食品的价格，且使乙醇比石油对全球变暖产生的影响更大。[30] 美国生产的乙醇占世界的一半，2007年世界生物燃料上升了20%，连续六年两位数增长。[31] 换句话说，世界已经面临更严重的威胁。

乙醇生产造成的危害是多层面的：
- 柴油乙醇使用的棕榈油和大豆已导致热带地区滥伐森林，这是全球变暖的重要原因之一。[32]
- 美国生产乙醇的主要作物玉米使用大量的化石燃料和水。[33] 玉米比美国其他作物消耗更多的化肥和杀虫剂。平均每种植 1 公顷玉米需要 230 磅氮肥，其中有 50 磅氮肥通常遗留在环境中，从而转化为硝酸盐，实验证明，这会引发流产和癌症，或者转化为温室气体一氧化二氮。70%的一氧化二氮都是来自农业。[34] 更干旱地区的玉米种植，如美国俄克拉何马州，平均每蒲式耳需要 2,900 加仑水。[35]

- 乙醇生产本身是有问题的。依据全球森林联盟报告，"很多乙醇提炼厂用煤来供电，排放了很多水银、其他毒素及温室气体。[36] 2007 年 4 月，美国环境保护署放松了关于乙醇燃料提炼厂气体排放的管理，这些提炼厂排放很多悬浮颗粒，如乙醇蒸汽、一氧化碳、挥发性有机物和一些致癌物质……提炼厂对水供给也有巨大的需求。"[37]

- 使用肥料释放的温室气体一氧化二氮"比二氧化碳强 296 倍，并平均持续 100 年……一项研究报告显示，试图通过使用农业燃料

大对比：人类是饱的还是饿的？

减少二氧化碳的释放从而降低全球温度的方法行不通，因为释放的一氧化二氮，对全球变暖的影响反而增加了 70%"。[38]

- 巴西生物燃料的生产，主要使用甘蔗和大豆，这不仅造成森林滥伐，而且扩大了单一栽培，并将穷人的土地剥夺，从而加剧了土地分配的问题，3%的人口控制了 2/3 的庄稼地。[39]

- 马上使人类受到影响的是，将种植食物作物改为种植农业燃料作物，这是食品价格上升的重要原因，而这会引发全球性的饥荒。因此，"联合国食品权特别报告员吉恩·齐格勒称，将粮食作物改为种植农业燃料是'违背人性的犯罪'"。[40]

美国生物燃料的生产，每获得相当于 1 加仑天然气的能量就可以得到 7.14 美元的补贴。假如没有获得补贴，汽车消费者则不得不在每加仑燃料上增加花费。美国政府希望生物燃料产量到 2017 年增加 5 倍。[41] 乙醇生产有一定的政治意义，可以减轻美国政府对中东石油的依赖，但从社会公平或者环境角度看，则毫无意义。正如前面叙述的那样，美国过去对玉米产量大的富裕农民给予大量补贴，这导致了大量廉价玉米的剩余。剩下的 25%美国玉米出口国外，达到

了世界玉米贸易的70%。[42] 因此，有些国家部分依赖从美国进口食品。现在突然变成了33%的玉米用来生产乙醇（2008年的计划这一比例上涨到50%），这意味着出口大幅度下降、玉米储存减少（目前是全球粮食储备下降的一半）及食品价格大幅上涨。[43]

布什总统试图淡化生物燃料对全球食品价格的影响，宣称其对价格上涨的影响只占3%。难怪美国政府向世界银行施压，阻止其披露生物燃料对全球食品价格上涨的影响为75%。这份报告2008年4月份准备好对外公开，但是一直保密，或许没有2008年7月媒体的披露，这份报告就永远不会公开了。[44]

当看到这些发展趋势时，投机商很实际地哄抬了芝加哥交易所和其他商品期货市场的粮食价格。依据《经济学家》[45]的食品价格指数，价格自2005年以来增长了75%（把通货膨胀考虑进去）。全球65亿人中有28亿人每天仅靠不足2美元生存，任何食品价格的大幅提高都会导致饥饿和全球饥荒。据联合国粮食与农业组织统计，2007年一年食品价格指数就上涨了40%（当然不只因为生产乙醇），37个国家面临食物短缺。[46]并且因石油价格上涨，导致了运输费上涨80%，这进一步使情况恶化。[47]

增加乙醇生产的压力也提高了美国食品价格，16%的家庭已经无食品保障。[48]因为玉米不仅是圈栏式饲养模式动物的主要粮食，而且超市里超过25%的物品以这样或那样的方式含有玉米或者玉米副食品。石油价格因美国政府对生产乙醇的补贴而上涨，不仅增加了石油食品的花费，而且使得种植非食品作物更有利可图。资本主义追逐利润率。如果任其自行发展下去的话，就会引发更多的饥荒。[49]当全球食品价格还没上涨时，法伊弗就在2006年出版的一本书中预测，"接下来的10年里，全球就会遭受人类前所未有的大饥荒。"[50]

尽管食品价格上涨的主要原因是石油价格上涨和用玉米来生产乙醇，但是还有其他的原因。例如，非洲的艾滋病，过去因医药行业不能向非洲人提供足够的药品而使病情加剧，这对很多农业劳动力是一个重大的打击。并且，因武器交易、石油、钻石、贫穷和边境争端等问题而引起的地区冲突充分体现在殖民主义和新殖民主义体制中，这也严重影响了农业种植。其他原因还包括城市化、饮食结构肉食化导致的粮食用做动物饲料、商品市场的投机及和气候变化相关的极端恶劣天气。[51]

鉴于以上原因，乙醇对全球变暖起到了推波助澜的作用。[52] 若不是每年都有接近 100 亿美元的补贴给种植玉米的农民，从而使价格低于生产成本，那么食品价格将上涨得更多。[53]

全球变暖

人类历史上对生活质量最大的威胁是全球变暖，并且再前进一步就会造成灾难。据记载，9/10 最热的年份发生在 1990 年以后。[54] 自从 1990 年，尽管已经签订了《京都议定书》，但二氧化碳排放量还是成倍增长，并且仍在加速增长。[55] 我们应每年减少 5%～10% 的排放量，但实际上排放却在加速。[56]

因有太多可变因素和可能的临界点（反馈回路，以越来越快的速率交互递增），因此很难预测时间和全球变暖的精确后果。例如，吸收二氧化碳巨大的"海绵"是海洋，但随着全球变暖，它们的吸收也在减少，因此环境中增加的二氧化碳又会导致更严重的全球变暖，因为增加了海洋的热度，吸收肯定更少了。有很多这样的恶性循环互相影响，从而使全球变暖更加恶化。

大对比：人类是饱的还是饿的？

极地融化的冰盖会使海洋温度上升，反过来又使融化加快、范围更广。格陵兰岛的冰盖正以超过预期的速度融化，若全部融化，海洋就会上涨 7 米或者 23 英尺。[57] 本世纪海平面上升的预测少则几米多则灾难性的 25 米。[58] 很多专家认为，全球变暖超过 2 摄氏度就会引发气候和海平面极度危险的变化，因此我们只有不到 10 年的时间来大幅度减少温室气体的排放。[59] 我们应该了解的是，即使现在就停止所有温室气体的排放，现有大气层里温室气体的影响也要持续到 2050 年。[60]

美国在减少温室气体排放上应做出表率，因为它释放的温室气体占世界的 20%，并且其仍为世界上处于主导地位的资本主义大国。公平地讲，目前美国仍是逆转全球变暖局面的一个重要阻碍。[61] 大量排放温室气体的国家依次是中国、美国、印度尼西亚和巴西 [62]。考虑到中国的快速增长依赖化石燃料，不难理解在总排放量上中国位居第一，但是其在人均排放量上仍远远少于美国。然而，印尼和巴西紧随其后的主要原因不是规模或者经济快速增长，而是森林滥伐，这降低了地球的可居住性。依据联合国一项最新报告，在婆罗洲和苏门答腊岛等地区森林滥伐速度太快，以至于大面积的热带森林 15 年内就将消失。[63]

肉类生产是温室气体排放的另一个重要原因,而美国是世界上饮食结构以肉食为主的主要国家。全球范围内,家畜排放了18%的温室气体,这是由森林滥伐、密集石油粮食作物的生产、圈栏式动物饲养模式的高能量以及乙醇气体的排放所造成的(家畜产生的乙醇气体占全球16%,也就是说,1年需求1亿吨)。[64] 乙醇气体对全球变暖的影响比二氧化碳大23倍,而1头母牛平均每天产生500升乙醇。[65] 令人欣慰的是,1头在草地上有机饲养的牛少排放40%的温室气体,从出生到被屠宰,少需要85%的能源。[66] 正像前面所述,一氧化二氮这一重要的温室气体最终是由生产动物饲料时的氮肥产生的。[67]

全球变暖必将严重影响主要的粮食作物小麦、大米和玉米,因为它们在高温下无法生长。当白天平均最高温度超过36摄氏度时,这些作物产量就会下降,40摄氏度时光合作用就会全部终止。[68] 其他重要作物也会受到高温的影响。比如,温度每上升1摄氏度,茶和咖啡的产量就会下降10%,本身温度已经很高的热带国家会深受全球变暖的危害。[69] 据预测,到2020年,全球变暖将造成非洲粮食作物产量降低50%。[70]

另眼看世界·当代国际热点解读

全球变暖已引发越来越多极端的天气事件,一些地区遭受干旱灾害,一些地区则遭受洪涝灾害。例如,自1974年,4级和5级飓风数量几乎翻倍。[71] 200多名全球变暖领域主要研究人员签署了一份声明,声称我们有"10年时间来避免气候灾难"。[72] 声明如下:

> 数以百万计的人们面临极端事件的风险,如热浪、干旱、洪水和暴风雨;海岸和城市受到海平面上升的威胁;很多生态系统、植被和植物物种有灭绝的危险。[73]

土地和森林滥伐

肥沃的农业用地会通过多种方式消失,其中之一是用水泥和柏油路覆盖。例如,1947至1978年期间,美国被柏油路覆盖的土地面积是俄亥俄州和宾夕法尼亚州面积之和。[74] 肥沃的土地也会因有毒废弃物而消失。据估计,百万亿磅有毒废弃物分布于美国各地。[75] 因为以下原因,表层土壤被侵蚀或者不能作为农业用地:

- 变化的天气。

- 水资源枯竭。
- 土壤夯实。
- 灌溉导致的盐碱化。

表层土壤的消失，导致土地吸水特性的丧失，需要更多的灌溉和化肥，也会有更多的化肥流失。最终进入河流、海洋，导致藻类繁衍，把氧气吸走，产生"死亡区"。通过这种方式，土地化学化导致死亡之地，最终加剧海洋的消失。

世界 67%的农业用地退化，40%严重退化，而在非洲，高达 80%的农业用地退化。[76] 总之，全球 25%的灌溉用地退化，20%的灌溉用地用于生产世界上 40%的食物。[77] 北美大草原，这个世界的粮食篮子，已失去表层土壤的 50%，主要是因为农耕方式没能恢复土壤里足够的有机物质，反而使用了更多不含有机物的化肥，使其消失得越来越快。[78] 土壤里的有机物质像海绵一样，吸收、保持水分，抵挡风蚀。没有它，水就会迅速流失，从而侵蚀土壤，有机物越少，侵蚀得越快。人们很少意识到土壤侵蚀对粮食产量下降和水资源可利用性减少的严重性。全球的沙漠化导致每年农业用地减少 10 万平方公里。[79]

大对比：人类是饱的还是饿的？

在某些情况下，森林滥伐是沙漠化的第一步，而森林滥伐的主要原因是我们现有的资本主义食品体制。因雨林在调控全球气候方面起到至关重要的作用，故它们常被称作地球的"自动调温器"。[80] 根据斯特恩报告，[81] 体制的短期利润导向性已造成每年滥伐森林 5,000 万英亩，这相当于英格兰、威尔士和苏格兰面积的总和。若 70%滥伐的森林用来饲养牛或者种植牛饲料（主要是黄豆），每生产 1/4 磅牛肉，就会损失 55 平方英尺雨林，释放 500 磅二氧化碳。[82] 据估计，25%的温室气体起因于滥伐森林。[83]

耕地也会被非食物作物所占据。其中之一是烟草，也有诸如前面已经讨论过的，将外来粮食作物用地转为生产乙醇，将耕地转化为种植人工林以为造纸业服务。造纸业，作为世界第五大能源消费产业（使用世界上 20%砍伐的木头），是最具污染性的产业之一。大规模种植人工林并建设造纸厂，主要是在南半球，因为南半球对污染的控制相对较松（巴西、乌拉圭、智利、澳大利亚、南非、越南、印度尼西亚、印度和老挝）。[84] 工业化人工林需要大量的化肥、杀虫剂和除草剂。自 1990 年以来美国南部大规模发展的人工林所使用的化肥已增长 800%。[85]

淡水资源

农业消耗了全球 70%的水资源，在美国则为 85%。随着全球饮食结构肉食化，食品生产的水资源消费急剧增加。

生产肉类比生产粮食需要更多的水。例如，每生产 1 公斤牛肉需要 3,000 升水，[86] 生产 1 个汉堡包需要超过 1 万升的水。[87] 工业化为主农场生产的肉食是全球现在的趋势；但是现在有 23 亿人没有足够的淡水，超过 10 亿的人遭受饥饿。1/3 的农田用来种植动物饲料，美国这一用途的年均比例高达 70%。[88] 每从工业化农场的肉制品中获得一卡路里蛋白质，比从粮食里获取相同蛋白质多耗费 100 倍的水和 8 倍的化石燃料。[89] 考虑到生产 1 千克肉所需要的粮食，生产 1 吨粮食所消耗的 1,000 吨水并没有得到充分利用。[90]

淡水供给日益成为全球各国关注的焦点，全球变暖能导致干旱是关注原因之一。例如，印度洋温度上升快，导致非洲撒哈拉地区降雨量减少，引发东非和撒哈拉沙漠附近地区的饥荒。[91] 非洲部分地区的干旱导致全球大气中沙尘增长 1/3，这是全球呼吸道疾病增多的原因之一。[92]

世界各地的干旱引发地下蓄水层的耗尽，农业使用的河水也导致了大湖泊的剧烈缩减，比如乍得湖和咸海。按照这一速度，巨大的奥加拉拉地下蓄水层也只能提供 30 年淡水，而这是地球上最大的地下湖，为美国中西部提供了大部分水资源。[93] 鉴于美国 1/5 灌溉土地都是从奥加拉拉地下蓄水层获得水源，这一蓄水层的干涸对美国农业会产生巨大的影响。[94]

拉斯维加斯 90%的水源依赖米德湖和因全球变暖而水流量持久减少的科罗拉多河，然而现在米德湖已经消失了一半。[95] 同样的情况也发生在加州，城市和农民也在争夺有限的水供给。一些区域得到农业用水补贴，每加仑水，农民只需要支付家庭用水费用的 1%。[96] 的确，若没有补贴，加州的农业利润会受到损害。

环境保护署认为，美国被化学品污染的河流数量在 1993 至 2003 年期间增加了 10 倍。[97] 最大的污染源是圈栏式动物饲养模式，每年会产生 14 亿吨肥料。[98] 河流也受到农业化学径流的污染。氮肥的流失导致了严重的藻类繁衍问题。[99]

海洋资源

《自然》杂志[100]的一篇文章指出,气候变化正在使浮游生物,即构成海洋食物链、吸收二氧化碳的基础微生物,产量减少。另一个衡量海洋健康度的指标是珊瑚,其中40%的珊瑚已经死亡或者即将死亡。[101] 珊瑚不能在太热或者受过污染的水里茁壮成长,所以,即便是全球变暖再稍微加重一些也会导致大多数珊瑚死亡。据预测,海洋温度升高1摄氏度,82%的大堡礁就会死亡。[102] 珊瑚也正在被繁衍的藻类破坏。藻类产生是由氮肥流失和向海洋中乱扔废物造成的。藻类繁衍将海洋里的氧气耗尽,导致死亡区的产生。和新泽西州面积一样大的藻类繁衍区在加勒比海湾沿岸,[103] 主要是由密西西比河冲过来的化肥导致的。仅2004年到2006年两年期间,世界海洋低氧死亡区就从149个上升为200个。[104]

根据世界观察报告,2003年捕捞的海洋物种到2006年衰减了29%(衰减是指10%以下的最大捕捞量)。而且,1950年时海洋里的大鱼现在只有10%仍

大对比:人类是饱的还是饿的?

然存活,[105] 2/3的渔业资源得到了充分开发。[106] 一些传统渔场因过度捕捞已经倒闭,据《科学》杂志一篇文章预测,[107] 到2048年,鱼和海产品物种会彻底灭绝。尽管已经得到警告,但联合国还是没有通过针对极度浪费和破坏性的底拖网捕鱼法的禁令。底拖网捕鱼法捕捞1千克虾平均会导致10到20千克其他物种(包括一年15万只海龟)被丢弃。[108]

但不凑巧的是,肉和海鲜是饮食结构里需求增速最快的种类,[109] 而且只有7个国家提供全球2/3的海鲜产品。[110] 现存的捕捞方法并不能充分使用能源,捕鱼船只耗费的能量是捕上来的鱼所产生能量的12.5倍。[111] 鉴于现存工业化捕鱼业的本质,海洋中大的野生鱼类很快将会灭绝。

人工饲养鱼也污染海洋,从而影响野生物种。据预测,不列颠哥伦比亚海岸野生三文鱼会因饲养三文鱼产生的海洋寄生虫而灭绝。工业化养鱼可以大批量生产,从而降低成本,但会污染周边的水域,产生杀虫剂、粪肥、寄生虫和疾病。饲养食肉动物的渔民所消费的鱼比他们饲养的鱼还多,导致现在37%捕来的鱼用来饲养鱼和动物。比如,1吨人工饲养的三文鱼需要5吨野生鱼饲料。[112] 环保型的人工饲养有可能做到,但到目前为止还很罕见。

物种减少

鉴于农业与滥伐森林、全球变暖的密切关系,这些因素共同造成了物种的减少。例如,6,000种著名的两栖动物中1/3面临灭绝,[113] 20%的鸟类也是如此。[114] 据统计,每年有6,700万只鸟因鸟巢消失、杀虫剂、全球变暖和环境中的其他毒素而死亡。[115] 在很多地方,鸟类吃掉大量毁坏庄稼的害虫。因此它们的减少会影响到农业。

前面提到过,资本主义有同质化的倾向,为达到标准化,会大规模加速生产;但是同质化应用到农业上,会造成物种减少和单一种植。除了野生物种减少外,人工种植或饲养物种基因的多样性也会减少,使我们不能通过转为具有抵抗力的基因来有效地抵抗疾病。例如,现在全世界只有一种香蕉,不久的将来,它可能也会被红菌毁掉。[116] 因小麦在世界饮食结构中的重要性,从乌干达向其他地方传播的小麦真菌可能要更严重,这可以摧毁世界3/4的小麦。[117]

另眼看世界·当代国际热点解读

转基因生物

转基因生物有时被称作"基因转殖生物",以强调将一个物种的基因注入另一个物种。第4章讨论了对转基因生物过敏特性的担心,但对其长期的生态影响会产生更大的担忧。例如,更具抵抗性的新型超级病菌或超级杂草的危害不仅有可能抵消转基因生物的好处,而且会推迟非转基因生物的耕种。β棉花植物就是这样,它在整个生长季对许多昆虫都会产生毒素。β棉花植物是1997年引进中国的,但是到2004年,农民又重新喷洒大量的杀虫剂,因为β棉花杀死的棉铃虫地里又有了新的昆虫。[118] 在印度,大量种植棉花的农民被说服,认为种植β棉花增加的产量可以帮助他们付清巨大的债务。但当他们发现β棉花更易导致疾病,并且产量更低时,很多人不得不面对更严重的债务问题。结果导致许多棉农自杀,后来发现"安得拉邦和维达巴地区90%自杀的农民曾经种植过转基因棉花"。[119]

由于转基因种子的发展受利润驱动,因此重点集中在4种温和气候作物的种植上,即玉米、油菜、棉花和大豆;且只具有两种特性:抗虫性和抗药性。

把重点放在其他作物上可能对发展中国家更有利,但他们通常缺乏资金,向那些方向发展转基因生物可能无利可图。[120] 譬如,我们近期不太可能开发抗旱性和高产量的高粱。或许贫困反而保护了发展中国家,他们不必因使用转基因生物而产生长远的破坏性后果。

孟山都公司拥有全球90%的转基因所有权,因此该企业拥有巨大的权力和巨额利润。作为资本主义公司,它会重点发展工业化农业种植的作物,因为其有利可图。另外,它成功将生产的除虫剂与转基因生物种子结合,已经大大提高了利润。农达除草剂*对转基因种子无效,迫使农民购买昂贵的除草剂组合装。到目前为止,转基因作物是用来内化有机物抵抗(农达毒滴混剂)或显示(β)石油化学毒素的,尽管最近研究显示,合理种植有机作物不仅能恢复土地的质量、分解环境中的毒素,而且比传统耕作产量增加3倍。[121]

一些问卷显示,90%到95%的美国人希望转基因食物能够标注出来,但目前似乎还是公司巨大的权力战胜了民意。[122] 更进一步的后果是,如果有人对转基因大豆过敏,那么他们不得不避免食用所有大豆,因为无法知道哪种产品含

大对比:人类是饱的还是饿的?

有转基因大豆、哪些是非转基因大豆(现在北美几乎所有大豆都是转基因产品)。

尽管不是专家,但我对整个转基因生物计划的恰当性还是有所怀疑,因为将新基因生物快速投入环境中有太多的未知性,大部分的基因特性需要几个世纪的缓慢进化。我更大的疑虑是,这项计划是由追求利润最大化的公司引导的,它们并非从人类整体繁荣发展的角度考虑的。

浪费

已经提到过,现存的食品体系不仅浪费地球资源,而且浪费食物。每年在零售业就有超过50亿磅的食物损失,[123] 910亿磅被消费者和餐饮业损失。在美国100万家饭店里,每年平均浪费5万磅。[124]

另一种浪费是包装,特别是不容易被生物降解的塑料包装。在一些领域循环利用已经有进展,因为在这些领域已经有足够利润吸引资本投资。另外,消费者很容易因浪费而自责,不浪费对他们而言是种美德。如果容易操作或者法

---

* 农达除草剂是美国孟山都公司研制并全球性开发的一种非选择性、无残留的苗后除草剂。

律有所规定，他们就会循环利用，比如一些辖区里，消费者购物时必须自带可循环使用的购物袋。然而，如果从环境影响大多数商品的生命周期来看，大多数情况下循环利用很难取得进展。

到2004年，圈栏式动物饲养模式生产了世界上40%的肉类，毫无疑问，现在的比例更高。[125]这种模式不仅耗费了大量的粮食、抗生素、水和能源，而且由于圈栏式动物饲养模式规模越来越大，处理其产生的废物变得越来越困难。到21世纪早期，美国一半的肉牛在20个饲养场饲养，正如前所述，会造成严重的污染问题。[126]

浪费是极普遍的问题，现有的农业体制会以多种方式浪费石油、水、土地和人类能源。

结论

本章我简单、精炼地介绍了我们现存食品体制不可持续性的几个方面。资本主义农业不仅是全球变暖的重要因素，而且也是温度升高、全球变暖所导致的频繁干旱和洪涝的受害者。这意味着今后要给农民特别的帮助，石油为基础的食品供给体系也需要改革。尽管全球变暖会引起最严重的、长期灾难性的后果，但是食品体系也会衍生很多其他迫在眉睫的生态问题。

政治领导人重置资源以解决健康、社会公平和环境问题所表现出的优柔寡断很令人沮丧。例如，承诺到2050年温室气体减少一半只是一种托辞。与此同时，政治家做出各种微小的"环保姿态"，而让政府对21世纪40年代是否能够实现这一目标感到担忧。尽管不能准确预测海洋上升5米需要几年，但因为全球气温平均上升2摄氏度，或者因天气确实变差，目前专家已就全球变暖给出足够多的警告，若理智的话，应该立刻采取行动。

我们与环境最密切的联系及对环境的影响源于食品供给体系。如果希望子孙后代继续在地球上繁荣发展，这就必须成为我们经济发展重点考虑的问题。我们的农业不能继续以非再生资源的损耗或者减少为基础了，无论是化石燃料、热带雨林、淡水、土地、海洋还是大气。我们也不能依赖转基因生物来解决食物供给的全部问题。到目前为止，转基因生物弊大于利。确实，它们有巨大的风险和未知的危险，除非我们能解决将转基因生物投入环境中带来的问题，否则的话,环境进化平衡可因转基因生物的存在而遭到严重破坏。

7. 美国的食品、营销和选择

自由放任或者置之不顾几乎是消费者政策的标准通用准则。依据这种不干涉的观念,人们有权购买自己喜欢的东西,并决定何时何地购买,且只要是喜欢,不需要在乎别人的眼光。消费堪称我们社会里最私人的事情,它与社会或者政府的合法利益无关。具有讽刺意义的是,人们认为消费比性行为更私人化。[1]

加利福尼亚淘金热让人们学会了对竞争的关注,因此企业竞相把消费目标定位为儿童。以前只是一些娱乐和玩具公司定位于儿童,而现在已扩展为大型的、多层面的公司,其每年的综合营销预算超过 150 亿美元,大致相当于 1992 年的 2.5 倍。儿童是美国公司眼中的宝贝,他们是从汉堡包到小汽车等各种物品的销售目标。这对儿童没有丝毫益处。[2]

大对比:人类是饱的还是饿的?

少数大公司控制着儿童吃什么、喝什么、穿什么、读什么和玩什么。[3]

主流经济理论里一个貌似神圣但空洞无物的概念是"消费者选择"或者"消费者主权"。并不是说消费者的选择有什么不好或者根本不存在,而是说至少从原则上遵循个人对商品全部了解后流露出来的内在喜好是一种极度夸张。这样,消费者纯粹个人和内在的需求得以神圣化,并且"消费者主权"将其解释为资本主义的驱动力,从而确保个人需求最大化。这又有什么错呢?因为这一观点彻底歪曲了实际情况,导致了幼稚的占有性个人主义的极端作为。也就是说,个人得到一种虚假的授权,因建立在牺牲公共福利基础上的个人主义被神圣化了。此外,这只是资本主义看似更加民主的谎言。

消费者的需求和欲望几乎是在历史特定时期的社会中确立起来的。它们是通过一系列可以买到的商品、价格、消费者社会经济地位、营销或者构成欲望的社会文化习俗形成的。1870 年时的美国消费者不会把汽车列在偏好的名单中,在电脑时代,人们也不会对一台机械打字机有任何需求。如果可能,人们可能会选择乘坐公共交通工具上班,但在缺乏适当的公共交通情况下,人们别无选择,只能自己开车,每天不得不在瘫痪的交通中挣扎。贫穷的女士购买豹纹大衣的欲望不会高。营销可能会说服年轻的男孩吸烟耍酷,年轻的女孩可能会为追求美而节食。

个人需求也与婴儿期需求相关。儿童从小受到营销操控,来确立自己的消费模式或品牌忠实度,这甚至成为一生的选择。拥有某件商品意味着一定的社会地位,比如服饰或者其他和地位相关的商品。糖、烟等容易上瘾的商品,也构成了需求。消费者受到诱惑,认为购买特定的商品会带来愉悦,而实际上并没有这种效果。

消费者很少对他们消费的商品了如指掌。即使消费者希望以符合社会公平和环境健康的方式消费,但是要做到这一点,他们需要了解商品的整个生命周期和其对环境及人类发展的影响。在充斥着石油化工产品的年代,消费者了解商品的生命周期和影响特别困难。化学品对健康的长远影响很少得到充分检测,以至于我们并不了解商品的化学组成,而很多化学品或多或少都有毒性。另外,即便我们不满意某种商品的生命周期,也因没有更好的替代品而被迫消费这种商品。

表面上,消费者可以在不同品牌间做出选择,但实际上这些产品并没有多少差别。为树立品牌忠诚度,广告会竭力表现出明显的区别,因此有些消费者会喜欢百事可乐而讨厌可口可乐。这种方式甚至会促使消费者误以为自己有自主选择权。

消费者可能倾向于选择有机食品,但却嫌它们太贵。"偏好名单"上不会包含超越消费者能力的东西,埃塞俄比亚的农民不太可能存钱购买私人飞机。他们几乎没有选择的机会,因为他们每天想的是如何填饱肚子。28亿人只能靠每天2美元以下的收入度日,他们没有足够的食物、衣服和栖身之地,因而他们的"偏好名单"只局限于对生存的需求。他们几乎没有选择的机会,也没有足够的经济条件来满足需求。

选择和烟草案例

毫无疑问,选择权对我们很重要。比如,消费者会把等离子电视和液晶电视之间的选择权看得很重。但是我们需要意识到,做出这种有条件的选择是由社会经济地位决定的,而社会经济地位又依赖于自身出生的地点和时期。勃兰特提到"香烟概括了消费者文化这一重要的方面,广告商操控了吸烟的意义和体验,创造了消费者的需求和客户忠诚度",并且"香烟品牌和它们强势的推广是'创造选择'的典型"。[4] 爱德华·伯纳斯,作为20世纪40年代美国烟草公司的营销开拓专家,创造了"工程许可"的概念,用来描述营销中编造消费者主权概念的惯用手法。勃兰特这样描述:

> 伯纳斯用"工程"一词指明了他对仪器精确性的掌控;"许可"一词意味着,尽管有大公司操控,但是个人有自主权……对代理制的错觉是消费者文化里重要的组成部分。[5]

对选择这一问题的讨论有两方面原因。一是我想强调广告和营销影响及对选择进行操纵的程度;二是强调大公司可以多大程度上为保护自己不受政府规定限制,而将消费者个人选择转化为对其的坚信不疑。譬如,烟草公司常用的

大对比:人类是饱的还是饿的?

宣传策略是"个人自由",包括吸烟的自由,从而使任何对吸烟的约束都属于干涉个人自由。政府以任何方式干涉消费者的消费行为都会被描述为集权主义,却不考虑消费者个人或者社会要付出多大代价。因此,尽管戴维斯提到"1/2男士和1/3女士会患癌症",吸烟是患癌症最重要的诱因,美国依然存在对香烟的推销。[6]

我再次提到烟草,一方面是因为它属于农作物;另一方面是由于这一行业开创了广告和营销的模式,成功地规避了大众和政府在降低烟草危害方面做出的努力。[7] 烟草行业展示了大企业如何维护它们的利润,即便它们所生产的商品需要付出巨大的社会成本。确实,从资本主义角度出发,烟草行业的行为是相当合理的。

在讨论这些策略前,必须指出烟草行业开创性地使用了很多现代广告和营销的技巧。例如,鉴于不同香烟差别不大,烟草公司很早以前就制作了旨在创造品牌忠实度的广告,主要方式是聘请名人代言,设计广告语("吸好烟,中头彩")或者与特定生活方式建立联系(走乡村风格的万宝路)。它们不会提及以前吸万宝路烟死于肺癌的人。

当烟草公司因生产导致肺癌的商品而受到诟病时，[8] 它们多方努力减少批评或者做出表面性的改变（过滤烟）以造成一种假象，使人们误以为已经把以往存在的危险去除了。为掩盖吸烟与癌症之间关系的科学发现，他们向一些科学家支付大笔钱，使他们话锋一转，宣称吸烟与癌症关系确定前还需要更多的研究。[9] 他们辩驳说，不能简单地将烟草视为主要起因，癌症是一生中各种因素综合导致的结果。起因可能是环境中的致癌化学品，而并不是烟。以至于我们几乎都忘记了，一天吸25根香烟的人比不吸烟的人患癌症的概率大50倍。[10]

第一个策略是让人们相信难以实现因果之间的高标准，从而对已经证明的可能性结论提出质疑。

第二个策略是将人们对烟的注意力转移到其他可能的起因上。所有这些策略都因大企业对媒体的操纵而更易实施。[11]

第三个策略是高薪聘请律师来协助公司以应对诉讼，立法的目的是起诉生产危害健康商品的企业。律师成功说服法庭接受高标准的因果关系，从而让吸烟和癌症之间关系的证明是不可能的。律师还声称，吸烟者个人需要为他们最初选择吸烟、不戒烟承担全部责任。菲利普·莫里斯甚至动员爱国主义者，并动用美国宪法的神圣性来起草吸烟者的人权法案。

第四个策略是贿赂政治家为烟草行业说好话，支持消费者吸烟的权利，并反对可能影响烟草销量的立法，比如反对更高的烟草税。勃兰特提到，1996年总统竞选中共和党的候选人，鲍勃·多尔，从烟草行业获得47.7万美元的赞助，并乘坐其公司飞机38次。当被问及吸烟对健康的影响时，他回答说："我们知道这对儿童不好，但是很多东西都不好……有些人认为牛奶也不好。"[12] 卡特执政时期的前卫生、教育和福利部部长约瑟夫·卡利法诺指出：

> 1995年6月末，约翰·博纳，当时的俄亥俄州共和党议员，后来成为众议院多数派领袖，走进众议院，将菲利普·莫里斯的支票交给议员们，当时他们正商讨对烟草公司不利的立法。[13]

第五个策略是通过慈善活动获得正面的公众形象，特别是通过赞助大众娱乐活动，如运动会或者文化活动。通过这种手段使吸烟和娱乐产生关联，人们可能视烟草公司为向善的企业公民。再有，他们可以通过资助家庭活动以此来接近儿童，从而使他们在向儿童做广告时不会受到指责。

这些策略成功地延续了美国香烟销售的繁荣。香烟销售在 1975 年达到顶峰，此时距 1964 年由卫生局局长披露的吸烟引发癌症的报告已经 10 多年了。[14] 直到 2004 年，烟草种植一直享受联邦政府的大量补贴。[15] 当第一次探讨是否在烟盒包装上标注健康警告时，管理农民烟草价格支持体系的美国农业部对此强烈反对。[16] 最终通过的健康警告，由"注意：吸烟有害健康"，变成了烟草公司支持的"可能有害健康"，大大削弱了其效果。最终，里根政府利用其巨大的经济势力强迫其他国家开放对美国烟草的市场，这减轻了当时美国不断增长的巨额贸易赤字。[17]

卡通人物骆驼乔最早在 1986 年由雷诺公司推出，以吸引未来的潜在吸烟者——年轻人。借助于万宝路牛仔这一卡通形象，骆驼乔市场份额从 1986 年的 3%上升到 1993 年的 13%。[18] 随着公众愤怒的增强，雷诺公司最终被迫将骆驼乔的巨型雕塑从时代广场拆除，抗议的浪潮导致在 1999 年之前废除了所有香烟

大对比：人类是饱的还是饿的？

的广告牌。[19]

烟草行业成功地通过各种手段和市民、政府周旋来保护自己的利益，其他领域的大型企业，包括农业和食品行业，当它们的利益受到威胁时，也会采用类似的方式。之前提到过的一个明显实例是糖果行业，它们成功地阻止设定全球性的标准，该标准旨在使婴儿食品中糖含量低于 10%，添加糖的日吸取量限制在总热量的 10%以内。糖果行业也阻挠了关于每卖一磅糖支付 1 美分，用来弥补糖果业对佛罗里达州沼泽地造成伤害提案的通过。

营销

鉴于营销和广告的花费可扣除税款，并且这两种方式可有效地提高利润，大企业在这两方面投资力度很大。

食品是占美国广告业最多的商品，食品公司平均每年在营销和广告上花费 360 亿美元。[20] 其中 70%的广告是方便食品、糖和零食、饮料、甜点和酒。[21] 可口可乐和麦当劳属于世界上花费最高的十大广告公司。并且，最有利可图的垃圾食品如苏打汽水，也是美国饮食中糖的重要来源，从而在很大程度上导致

肥胖。糖的供货商，如可口可乐，试图使人们相信造成肥胖的主要原因是缺乏锻炼而不是吃垃圾食品。正如前面提到的，可口可乐竟然已经向学校捐赠了计步器。[22]

普特南[23]认为，电视和垃圾食品一样令人上瘾，美国人平均40%的业余时间在看电视，也就是说每天平均看4小时电视。美国人一年内就会看到超过4万条商业广告，42%有儿童的家庭大多数时间开着电视，60%的家庭吃饭时也开着电视。[24]

向儿童推销

里根总统时期两个重要的变革政策使儿童的生活充斥着商业气息——这两项政策是取消对儿童电视广告的限制和缩减学校支出。[25]第一项政策的潜在影响显而易见，第二项政策则让学校允许公司在教学设施上做广告和营销以筹措资金。

在超级营销领域，将儿童视为商业广告和家庭支出之间的通道，[26]或者说他们成为"食品行业的利润中心"。[27]最新统计显示，14岁以下的儿童对美国家庭支出的影响程度高达47%。[28]琳恩认为：

> 现在的孩子生长在营销的漩涡中。事实上，儿童一年能为美国企业带来6,000亿美元的收入，企业试图建立"从出生到死亡"的品牌忠实度……儿童生活的各个方面，他们的身心健康、教育、创造性、价值观，都因其非自主的消费者身份受到影响。[29]

食品环境被描述成为"有毒的"，商业文化对儿童的影响亦如此；将其描述为有毒的"商业化童年"一点也不夸张。[30]从飙升的肥胖率（自1980年已经增长了3倍）到高比例的注意力缺损症（部分学校比例高达10%），都能说明儿童受到的毒害。或许最具说服力的是肖尔的发现："现在9到17岁普通年轻人（正常人）的焦虑程度与1957年去医院治疗精神疾病儿童的焦虑程度不相上下。"[31]

市场研究表明,幼童从开始说话就追求品牌,"从出生到死亡的品牌忠实度"抓住了市场研究的意图。调查显示，两岁以下美国儿童看电视的比例高达60%，孩子拥有自己的电视的比例则为26%。[32]从儿童会说话开始，他们每年平均需要 3,000 个产品。[33] 他们开始购物的年龄也越来越小,数据显示,4 到 12 岁儿童的购买量在 1989 年至 2002 年期间增加了 400%。[34] 一项估测表明,营销人员和广告商 2004 年在儿童广告上投入了 150 亿美元,而在 1983 年仅为 1 亿美元。[35] 5 到 12 岁左右的儿童是最新、最重要的市场方向。据营销领域优秀专家马汀·林斯特隆讲,"到 2003 年,为增强竞争力,80%的世界品牌需要采用针对十来岁儿童的营销策略"。[36]

食品营销尤其看重儿童市场,因为食品口味和饮食习惯在早期就会形成,且很难改变并具持久性。显然,最早能使人们追求脂肪、糖类和盐的食品品牌会是最大的赢家,孩子消费最多的种类(1/3)是甜品、零食和饮料。[37] 1999 年的一项研究发现,周六早上 63%的儿童电视广告是关于食品的。[38] 8 至 18 岁美国儿童接触媒体的最新研究发现,过去 5 年时间里,接触媒体的时间增加了 1 小时,平均每天 8.5 小时。[39]

这种密集的广告宣传,不仅在媒体上很成功,在任何能想象得出的公共空间内都是成功的。苏打汽水的销量在 1993 年到 2003 年期间翻倍,[40] 并且过去

大对比:人类是饱的还是饿的?

20 年里,儿童从零食中获取的热量增长了 30%。[41] 美国儿童广告成功地使儿童消费越来越多的垃圾食品,因此只有 12%的 6 至 12 岁儿童的饮食是健康的。[42] 依据公共利益科学中心统计,"5 到 10 岁儿童中,1/4 有心脏病的早期症状,比如低密度胆固醇高,或者是血压高"。[43]

尽管烟草公司直接面向儿童做广告违法(比如以前的骆驼乔广告),但是不久前却允许其在电影中合法植入广告。例如,有人向席尔维斯特·史泰龙支付 50 万美元,使其在五部电影中塑造吸烟的角色。[44] 1990 年,烟草行业"自愿"同意禁止在电影中植入广告。尽管明令禁止,1988 至 1997 年期间,实际植入量仍然翻倍,在排名前 250 名的电影中,85%的电影有吸烟镜头。[45]

现在,7%的美国 8 年级学生(13 到 14 岁)经常吸烟。[46] 在电影和电视中,产品植入已成为营销的重要手段。例如,在特别火爆的电视剧《美国偶像》中,有法官坐着喝可口可乐的场景。全国橄榄球联赛试图要求记者在比赛期间穿印有该公司名字和标识的衣服。到 2003 年,媒体领域产品植入代理机构已超过 100 个。[47]

雪茄和嚼用烟草受到的约束较少,因此烟草公司利用这一机会瞄准儿童市

场。现在不同口味的嚼用烟草和小雪茄烟在儿童中很受欢迎，他们一旦对尼古丁上瘾，长大成人时就会改为吸烟。[48] 尽管向儿童销售烟草受到限制，但是通过这种方式，新一代潜在的吸烟者又被培育出来了。

可笑的是，快餐公司发现中国儿童制造的玩具对美国儿童很有吸引力。例如，麦当劳每年销售或者分发15亿件玩具，这些玩具主要是中国儿童制造的，而这些中国儿童每小时只能挣20美分。[49] 部分地区通过对儿童的极度剥削来满足其他地区儿童的超商业化需求。

随着财富从公有向私有部门转移，学校面临着资金不足。由于私有部门拥有资金量的增加，学校不得不转向私有部门融资，市场营销人员借机利用各种方式使学校全面商业化。学校为获得资金，允许公司在校车、体育场、学校建筑内部、厕所和教室内做广告。"箱顶教育"项目鼓励孩子们将产品包装盒拿到学校换取现金。[50] 甚至有些时候，老师可以通过公司在自驾车上做食品广告而增加收入。[51]

学校也通过向可口可乐或百事可乐授权来挣钱；反过来，它们也获得在学校销售饮料的垄断权。于是，学校遍布饮料自动售货机，最繁盛时94%的美国高中都是这种情况。[52] 零食和快餐食品公司也在自动售货机或者学校餐馆里找到商机，据报告，学校每年从这些食品供货商身上赚取7.5亿美元。[53] 直到最近，对肥胖的担忧开始促使情况发生转变，加利福尼亚95%的高中撤走了快餐和饮料的自动售货机。[54] 父母也发起运动，要求美国从学校中去除垃圾食品。20个国家的消费者群体也敦促可口可乐和百事可乐限制对儿童的销售。[55] 鉴于垃圾食品公司巨大的权力及教育资金不足的政策，这些斗争还需假以时日才能取得成功。

公司品牌还充分利用学校对教学资源的需求，向他们免费提供一些良好的教学资源，但在推广公司品牌或者利益时却是收费的。肖尔曾指出，艾克森石油公司提供的课程"暗示化石燃料造成的环境问题很少，替代性的能源则又贵又难以获得"，[56] "凯洛格的早餐课程提出，脂肪是选择早餐食品时唯一需要关心的因素"，[57] 并且"一年级的阅读课让孩子们识别廉价超市、必胜客、M&M巧克力糖、吉露果子冻和塔吉特的标识"。[58] 企业通过提供教学资源获利，因为通过向儿童灌输品牌概念，提供教学资源的花费是可以扣除税款的。

美国第一频道将电视接收的产品送给学校,作为交换,在学校90%的上课时间里,学生需观看10分钟的新闻和2分钟的广告。据第一频道介绍,40%的少年收看这些节目。很大一批广告是垃圾食品的广告,甚至向这些被俘获的观众传递征兵信息。[59]

正如一位营销专家所言,企业"努力通过每天或每周的课程或者他们每天习惯去的任何一个地方,创造一个使孩子们尽可能多地暴露在它们品牌中的环境。"[60]

年轻的女孩子觉得很矛盾,因为她们既想追求漂亮形象而保持苗条的身材,又遭受多种垃圾食品的信息轰炸。结果造成美国40%的9到10岁的女孩在节食,[61] 另外造成有些女孩产生难以控制的感觉,这容易造成厌食症和暴食症。当1990年斐济群岛引进美国电视时,当地不存在厌食症和暴食症。3年之后,11.9%的斐济女孩患暴食症。[62]

大对比:人类是饱的还是饿的?

美国9到17岁的儿童中,21%的儿童患上精神失调或者上瘾,虽然伤害不大,消费主义和情感问题之间的高度关联可能部分地解释这一让人困惑的数据。[63]

选择垃圾食品

本章我强调了食品和烟草对儿童的营销,主要有两个原因。第一,世界一半的人口在25岁以下,这些年轻人是未来的希望;[64] 第二,目标群体越年轻,他们越容易受到操纵而终生恪守一些品牌。

但是我们不得不问,既然垃圾食品那么不健康,为什么还有那么多美国人食用呢?这是了解详情的消费者行使他们的权利而做出的理智选择吗?或者由于他们不关心自己的健康,抑或潜意识里有死亡的愿望?显然这些都解释不通。我提供8点原因。

- 垃圾食品便宜,因为大多数美国人需要仔细考虑他们的开支。
- 婴儿配方和婴儿食品中的高含糖量使得人们一生都喜欢含糖量高的食品。
- 通常食品里的糖、脂肪和盐起到调味的功能,以至于我们喜欢吃这些食品或者倾向于对它们上瘾。
- 从小到大都受到广告和营销的"袭击",除了圣诞老人,麦当劳叔叔是世界上最有名的人了,麦当劳的黄金拱门商标比基督十字架还有名。[65] 当快餐食品连锁店提供的玩具快要收集齐全时,家长通常会向唠叨不停的孩子屈服。[66]
- 美国人没有时间去买食物回家自己做。奔波的生活意味着人们甚至没有足够的时间满足睡眠和饮食等基本需求。很多人没有充足的睡眠,花费在饮食上的时间也被缩减。而人们可以从一项任务奔向另一项任务的途中坐在车里吃快餐。
- 快餐食品无处不在。快餐可能是唯一可以随时随地吃的东西。在体育馆、机场、火车站、高速公路服务中心、百货大楼甚至是学校,垃圾食品可能是主要的或者唯一可以吃到的食物。
- 一些广泛开出的药方,如抗抑郁剂,刺激了人们的胃口和对食物的欲望。
- 内在的空虚和无意义(我认为,资本主义的商业化是导致这种情况的部分

原因)促使人们从食物中寻求安慰,通过吃东西来获得满足感。

消费者主权

为显示自己对顾客的热情,销售者常说"顾客是上帝"。如果这样可以使消费者得到更好的服务,那么即便起到误导作用,或许也是个不错的宣传语。资本主义中的消费主义由于人们的信仰而神圣化,因为人们相信私有资本和市场结合是使所有人经济富有的路径。在本章简介部分曾经提到过,一个最基本的信仰和新经济信仰里最神奇的就是"消费者主权"。依据这一概念,资本家可以通过满足消费者偏好获得利润,因此,这样的偏好驱动着这一体系。尽管关于"消费者主权"的批评分散在本章不同部分,这里,我还是想更系统地强调这一概念。

消费者只对正在销售并能支付得起的商品上拥有"美元投票权";他们对生产和使用这一商品过程中,人类或者环境需要付出的代价并不知情。毫无疑问,非洲感染艾滋病的人想要购买能够减缓或者阻止晚期艾滋病恶化的药品,但是大多数情况下他们没有钱购买。"二战"后涌现出成千上万的新化学药品生产,

然而只有大约1%的化学品得到充分的毒性检测。[67] 很多致癌物质在多年以后或者和其他化学药品结合后才能显示其效果，因此未检测的化学药品直接应用在人类身上。直到接触某一化学药品的人生病或者死亡，这一化学药品才受到质疑，人们才进行相关的检测。鉴于每天损失的生产量相当于永远损失这一产品的利润，潜在的高利润化学药品被匆忙投入生产。问题是在这些石油化学产品里，有些是剧毒的物质。有消费权的人一定不会主动宽恕给很多人带来疾病甚至死亡的有毒化学品的传播。

很少有消费者既完全知情，又有能力来关注商品的社会和环境代价。纯棉T恤的购买者可能不知道棉花产自尼加拉瓜，那里的棉花工人遭受着杀虫剂的毒害。购买巧克力的客户可能不知道巧克力产自象牙海岸一个雇佣童工的农场。因长期食用垃圾食品而肥胖的人们可能没有钱或时间准备更有营养的食物。很难了解快餐连锁店里汉堡的牛肉是否来自于边远草原饲养的牛，而那里曾经是热带雨林。高油耗400马力跑车的车主可能因为速度和动力而感到愉悦，对于他们来说，与快乐相比，其对长期全球变暖的危害就不那么重要了。消费

大对比：人类是饱的还是饿的？

者可能并不知道中国玩具生产企业的工资和工作环境很差，因为中国毕竟很遥远且又有不同的文化。很多消费者现在意识到全球变暖发生了，但是海洋在本世纪末可能会上升15~20米则会不让人那么担忧，因为到那时，他们早就死了。相反，车主可能对全球变暖很关心，但是他们必须开车去上班，除非有特别便捷的公共交通。再有，一些烟民可能知道吸烟会导致疼痛和过早死亡，但是他们已经上瘾而无法戒除。

将尽可能多的责任转嫁给个体消费者符合资本家的价值观。的确，极端个人主义的理念是资本家转嫁责任时喜欢采用的方式之一。消费者主权的神话假定消费者应为自己的行为负责。但在现存的"消费主义的毒文化"，[68] 以及持续将人们推向对人和环境健康不利消费选择的、令人恐惧的全球不平等条件下，认为只通过教育个人来改变消费模式就可以大幅减缓全球变暖是不明智的。要使变革策略更有效，应该是寻找加强企业和市场民主责任的方式。

结论

尽管有些消费者在使生活变得更加环保上做出了很多努力，但是资本家知

道，他们巨大的市场营销能力和现存大范围的贫困，决定了大多数人生活方式不会有巨大的变化。非垃圾食品从短期来看花费更多，节能高效的电器也是如此。如果个人是改变的重点，那么改变不太可能产生效果，因为这不仅会给个人带来很大的负担，而且这样做是让个人与依然存在的问题做斗争。

肥胖的代价促使医疗费用的增加，一些国家一部分或者全部由政府补贴，或者说是"社会化的"。从资本角度来看，花费越社会化，利润就越高。资本家可以从公费教育或接受培训的工人身上获利，或者从便宜的投入，比如从土地、水或者电等政府资助的方面获利，或者从公共出资建的公路、废物处理或完全政府补贴中获利。因此越是社会化，资本家就越有利，利润也就越私有化。生产和营销垃圾食品的公司不必为肥胖导致的医疗支出买单。

肥胖不仅对垃圾食品的供货商有利，而且对构成整个减肥行业的公司和职业都有利。简而言之，资本家生产造成肥胖的垃圾食品并从中获利，且当人们用自己辛苦挣来的钱设法避免肥胖所带来的最坏结果时，资本家再次从中获利。显然，我们需要寻求使公司和市场加强民主责任的方法，并找到更强的民主决策方式，这些改变尤其需要在国际化层面上进行，因为我们现在面临的很多问题是全球性的，需要全球性的解决方案。

8. 公司权力、食品与自由民主

当有人询问潘兴将军在战争中国家可以做什么时，他提出了对后方众所周知的诉求："你问我需要什么来赢取战争，我的答案是烟草及子弹。"[1] 公牛达拉谟烟草公司因此提出宣传语，"我们的战士点亮香烟之时，便是少数族裔溃败之日。"[2]

可口可乐在"二战"时首次登上美国的舞台。可口可乐在战争时期非但没有遭到抛弃，相反，马歇尔将军却尽力确保凡是美国军队驻扎的地方都可以买得到可口可乐。可口可乐公司的糖不受定量供应的限制，因此它可以为美国战士生产让他们充满活力的饮料。[3]

香烟在"一战"的堑壕战中成为快销品,可口可乐在"二战"中成为快销品。战争时二者都是很重要的刺激品,尽管短期来说能起到提神的作用,但都对健康有害。此外,它们都是具有传染性的消费品。当大众面对巨大压力时,它们能够提供慰藉。由此导致世界上很多大型、高利润公司的出现,它们也成功展示了政治和这种爱国主义理念是如何创造市场的。

在资本主义历史上,政府和资本家的权力一直在不断转换,但是在30年左右的新自由主义和公司权力持续性全球增长之后,相对于政府,公司的权力从未如此巨大。美国自由民主机构很快丧失了它们曾经拥有的自主权。法律规则愈发符合公司利益;推动科技进步的研究逐渐被以推动公司利润提高为目标的研究所取代;并且法律制定机构越来越对公司负责,而不是为公共利益服务。

从资本主义角度看,集权主义让人畏惧、厌恶,但如果公司巨头通过一种提炼过的、暗含的、操纵的方式,是人们不易发现进而予以反击的董事会权力操纵的呢?这就是已经发生并仍将持续的情况。"二战"后的一段时间里,美国政府有权限制和规范公司的一些活动。有人会说国家在一定程度上脱离了资本

大对比:人类是饱的还是饿的?

主义。但是情况已经发生了改变,最近国家权力消失了,成为资本主义发展的障碍。与此同时,当与许多短期利润方式密切相关的社会和环境成本飙升时,为何对灾难性代价急需有力而强烈的政治干涉的原因。尽管促使公司承担民主责任是重要的第一步,但是从长远来看,公司结构需要重组。这是促使人类繁荣发展的必经之路。与此相矛盾的是,公司对我们的经济和思想有如此强大的控制力,以至于很少有官员梦想着改变触及公司权力利益的政策,更不要说真正提出让公司承担民主责任了。

并非只有政府的自主权被削弱,科学的、法制的及媒体的自主权都遭到了相同的命运。自由民主在自由和民主概念之间一直存在着内部矛盾,因为自由主义的概念包含着强硬的不干涉个人自由,而民主的概念则强调平等的重要性,而这可能暗含着对资本主义导致的极端不平等适度地予以干涉。例如,在一个理想化的资本主义市场,很容易对占有式个人主义下定义,因为它可能会对自由主义至关重要的个人权利和自由予以支持。然而,如果资本主义市场导致经济和政治权力上极度不平等,那么对没有权利的人而言,个人权利和自由就愈发变得没有意义了。

然而大多数人会认同，一些自由民主的理念是需要加强的，比如：
- 法律规则。
- 个人和社会权利。
- 政教分离。
- 承诺发展科学的客观性。
- 媒体的质疑和探究态度。
- 对人民负责的集权。

尽管这些理念一直和资本主义发生冲突，但我认为，资本主义现在正拼命地削弱这些以往的理念所取得的进步成果，对美国更是如此。本书虽然不能系统地、详细地讲述这一问题，但是在本章，我想对公司权力是如何削弱一些有前景的自由民主理念的，做一个大体的描述。

以下4种制度对削弱自由民主的资本主义方式很重要：
- 美国大选的花费如此巨大，以至于参选的政治家直接依附于向他们提供大多数竞选资金的公司。
- 大公司有足够的资金起诉，来打赢针对它们的官司，因此它们已部分削弱了民事和刑事法律。
- 财富从公共部门向私营部门的大幅转移，意味着科学家越发依赖公司资助从事研究，它们的研究为了公司利益而远远偏离了理智。
- 美国媒体的评论性特征被大幅度削弱。由于媒体从公司广告中获得资金，它时常会通过公司内部制度来取悦这些赞助商，同时也避免了由于某种程度媒体的负面效应而导致昂贵的法律诉讼对公司利益的威胁。

自由民主理念经常遭到左翼的批评，但大多数是因为自由民主很少达到这一标准。这些破灭的理念与资本主义放任发展导致的极度不平衡有关，公司巨大的权力彻底腐蚀了自由民主。

公司与政府

首先我想明确一些术语概念。整本书中，我将一些非食品的农业，比如烟草和棉花，和食品农业一并提出，因为农业在大多数方面是一致的。这也是菲利普·莫里斯利用其巨大利润收购食品公司并使其成为美国最大食品公司，并保留着烟草分公司的原因。还有一些辅助案例,比如糖,既含有热量并像食品一样食用,又像香烟一样使人上瘾,且不健康,同时还提供不了热量以外的任何营养价值。我有时提到古柯(通用英文为 Coca,生长于南美洲安第斯山区的古柯科植物的叶子,主产地位于秘鲁、玻利维亚、巴西、智利和哥伦比亚等国。古柯叶中含可卡因。可以入药,主要成分为多种生物碱,入药功效为补肾助阳,镇痛。也是可口可乐的重要配方),因为它们是农作物,而且当粮食种植难以维生时,贫穷的农民有时会转而种植它们,因此它们的非法性使其在全球和美国监狱工业复合体中扮演着一个特殊的角色。这使它们成为一个单独的种类,需要单独进行详细的分析。[4]

美国越来越屈服于公司意愿的原因如下:

- 众所周知,大多数美国监管机构是为支持公司利益而非对它们进行监管而组建的。更常见的情况是,它们受到公司监管,而不是它们监管公司。[5]
- 大选的成本很高,以至于政治家过度地依赖公司捐赠以赢得大选。财务的依赖迫使其和对他们给予支持的公司保持一致,即便是公司利益明显与国

大对比:人类是饱的还是饿的?

家长期发展相违背。

- 强有力的公司游说集团不仅指导国会成员以特定方式投票,而且也参与提案和立法。
- 大公司有足够的权力,不惜耗费巨资通过法律诉讼来威胁它们的批评者,它们有足够的钱收买律师以形成对公司有利的法律。公司成功地拓展了法律条文中"诽谤法"的含义,造成连批评它们都是危险的局面,从而削弱了言论自由。[6]
- 媒体有可能受到大公司的诉讼威胁,因此对大公司提出批评言论时如履薄冰并进行自我审查。[7]
- 公司可以轻易地借助媒体传递信息,并对公众意见进行干预。[8]
- 公司组织了科学家小组和智囊团来影响公众意见,并向国会提供所谓的"权威"信息,从而推动它们短期利润的提升,从长期来看这需要付出巨大的社会成本。[9]

农业或者食品领域的公司规模越来越大。例如,孟山都公司、阿彻•丹尼尔斯•米德兰、康尼格拉和嘉吉公司是囊括从种子到零售各环节的食品公司巨

头。1996年，康尼格拉控制了美国25%的饲料和肥料市场，53%的冷冻食品，以及22%的杂货品。[10] 在全球农业商品贸易中，60%到90%的小麦、玉米和大米贸易由这五家公司控制；80%的香蕉贸易、83%的可可豆贸易和85%的茶叶贸易分别受三家公司控制。[11] 公司的集中性赋予了公司很大的权力，因此它们向初级生产商支付很低的价格，剥夺了他们的全部利润。并且，这赋予公司足够大的权力为消费者定价，正如我们在咖啡案例中提到过的，当生咖啡豆价格急剧下降时，消费者最终需要支付的价格却没有随之下降。我们最终已经看到生产这些农产品时，农业的工业化程度越高，得到的补贴就越多。补贴对玉米、大豆、小麦、棉花和糖特别重要；而水果和蔬菜几乎没有补贴。[12] 沃尔玛甚至通过其工资过低的员工从社会服务机构间接得到补贴。据估计，沃尔玛员工每年从加利福尼亚公共帮助项目中得到8,600万美元，其中包括很多使用食品券的员工。[13]

为阻止吸烟导致的灾难性、全球性、传染性的疾病，世界卫生组织制定了《烟草控制框架公约》，明确表达了签署国根据各国实际情况应该执行的原则和政策。烟草行业坚决反对这一公约，反对失效后，它们努力削减其效力。烟草行业的管理咨询师乔治·达利，在1984年的辩论时说，"民族主义、发展的欲望及更高的生活水平，会使第三世界国家政府抵抗世界卫生组织努力使它们成为无烟社会的改良做法。"[14] 英美烟草公司则用不同的辞藻描述了《烟草控制框架公约》："道德和文化帝国主义的一种形式……强制实施西方优先权"，并且缺乏"对文化多样性的尊重"。[15] 尽管有这些辩解，还是有150个国家签署了这一公约，但鉴于美国烟草行业的巨大影响力，发觉不加入公约对其不利以后，美国才签署的公约。[16]

正如第4章中所提到的，糖业也有类似的政治操纵。世界卫生组织和联合国粮农组织准备了一项报告[17]，建议制定国际指导方针，将糖的日摄取量限定在总热量的10%以内。美国糖业协会因此威胁说，如果不将这一标准上调至25%，它们就会游说美国国会从世界卫生组织和联合国粮农组织中撤资。[18] 与此类似，当泰国向联合国食品法典委员会提议，婴儿食品中糖含量最大值应该从现在的30%减少至10%时，这一提案受到欧洲和美国糖业的阻挠。[19] 在这一案例中，该行业对联合国食品法典委员会的影响如此之大，甚至不需要威胁撤出资金。尽管婴儿会因此一生喜欢甜食，特别容易导致肥胖，但这些事情还是发生了。

《纽约时报》2004年的一篇文章中提到了食品金字塔，旨在以"食品金字塔计划"指导健康饮食。[20] 文章指出，负责构建金字塔的委员会有13个成员，其中有7个成员和食品、药品或者饮食附属行业有关。伴随金字塔计划而提出的九个健康饮食之一是"为了身体健康，请理智选择糖类"。《纽约》时报的这篇文章建议将这一软弱无力的声明修改成更为直接的口号，如"减少糖的摄入"。

肖尔认为：

餐馆和饮料公司也建立了一线政治小组——消费者权益中心，以支持极端右翼的观点。该中心负责印刷和在电台做广告，意在嘲弄公众健康日志及想要帮助美国人养成健康饮食习惯的科学家和医疗专家。[21]

大对比：人类是饱的还是饿的？

公司常辩解它们不需要为个人健康负责，个人应为他们的食品消费负全责，但是它们历来就反对更有效的食品标签法。[22] 它们也反对更有效地监管屠宰场或者整体上更严格地监管食品安全。[23] 肖尔认为，"生物科技巨人孟山都公司一直在起诉小乳品店，因为这些乳品店告诉消费者它们的牛奶没有注射牛生长激素"。出于某些原因，该公司在反对标签法上非常谨慎。1994年，孟山都公司重新组合的牛生长激素获得了批准，其他工业化国家都认为这并不合法，它与牛身上的有毒效果、被脓和抗生素污染的牛奶、致癌的胰岛素生长因子密切相关。[24]

美国25%的乙醇由大型农业公司阿彻·丹尼尔斯·米德兰生产，该公司在说服国会资助建立乙醇工厂和利用玉米生产乙醇替代石化燃料中扮演了重要角色。[25] 汽车公司也强烈赞成这一举动，因为这意味着每加仑转化为更快速度所需的压力减小了，它们从而有更多机会销售高耗油的越野车和高性能的跑车，因为过去它们从这些车型中获利最多。

公司与法律体系

1996年,德克萨斯州牧牛场场主因奥普拉·温弗瑞关于疯牛病的言论而提起诉讼。他们依据德克萨斯州"食品诽谤法",认为奥普拉展现问题的方式对美国牛肉市场不利,也就是诽谤了他们饲养的牛。在耗时35个月的诉讼、75卷法庭记录和数以百万计美元的律师费后,奥普拉赢得了诉讼,但牧场主仍然选择了向上诉法院起诉。最终奥普拉还是赢得了诉讼。考虑到很少有人像奥普拉一样有足够的资源打赢这样的官司,人们对美国食品行业予以批评的自由言论自然形成了"寒蝉效应"。毫无疑问,牧场主对牛受到诽谤很敏感,最终法庭认为他们过度敏感,从而在诉讼中失败。无论如何,这一问题影响了人们对自由言论的信心。即使13个州有食品诽谤法也于事无补。[26]

现在需再次提及之前提到的致命杀虫剂二溴氯丙烷(第5章),据统计,其已影响到全球6.5万名工人。我们应该能回想起,尼加拉瓜法庭曾判令都乐、美国陶氏和壳牌赔偿幸存者(成千上万的人已经死亡)总数为4.89亿美元的损失费,然而这些公司宣称不接受尼加拉瓜法庭的裁决。作为回应,一些激进的律师代表13名原来的香蕉工人在洛杉矶法庭提起了损害赔偿诉讼。陪审团判定公司向工人赔偿320万美元,但是这些公司依然打算上诉。其中一家公司还依据《反犯罪组织侵蚀合法组织法》以示反对,针对总额170亿美元的官司,与贫穷的尼加拉瓜工人对簿公堂。[27]

公司与科学

科学的统一性依赖于竭力地并无私地寻求真理,而资本主义为了自己的利益已经极大地控制了科学研究,这就削弱了科学的可信度。从与癌症的抗争中可以清晰地表明,科学经常为提高利润而受到操纵,而不是用来促进人类的繁荣发展。[28] 治疗癌症可以获得巨大利润,阻止癌症产生则不会产生利润。与此相同的是,能够预防疾病的举措一般不会带来利润,治疗疾病才能带来利润。资本家创造导致肥胖的有害食品环境是有利可图的并符合逻辑的,这样可以使饮食业、健身业、制药业和医疗业在解决这些问题时获得利润。

除非科学研究有获得利润的可能,否则通常不会致力于促进人类发展的研究。当人类健康和环境健康越来越紧密地联系在一起时，我们再也不能承担错误的科学研究方向所导致的后果。我们需要大量的研究来解决"环境问题"，并且重组农业食品体系以提升营养水平。为达到这一目的，我们需要把财富从私营部门转移到公共部门，若想成功，这样重要的研究不应该以有利可图为标准。越来越明确的一点是，对健康最为重要的是饮食，同样要明确的是，不可持续的农业惯例和垃圾食品正不断地降低健康饮食的可能性。[29]

问题不仅限于科学研究的错误方向，公司也付钱给科学家，使其利用自己的权威提升公司利益。历史上如此公然操作的案例当属烟草业，但是也有其他例子说明金钱和权力将科学家俘获和腐蚀了。例如，威廉·休珀，是一名对工作场所的致癌物很了解的德国移民，他在1934年受聘于杜邦公司，研究工业染料与膀胱癌之间的关系，当时工厂里23名染料工人患上了癌症。当他发现这两者之间有直接的因果关系时，"如果他向公众谈论或者发表任何和工人健康威胁相关的研究发现，他将面临法律诉讼"。[30] 直到1980年，"在杜邦公司一家染料工厂里就有364名膀胱癌患者"[31]。证据确实表明，100%"接触化工染料

大对比：人类是饱的还是饿的？

长达20年或更久的人易患膀胱癌"[32]。

另一案例则来自于烟草业。1954年1月4日，烟草行业在美国各大报纸上发表了整版的《坦率声明》。声明的目的是说服公众，说明香烟对人的健康无害，并表明它们很关心香烟是否对健康有害，因此成立了由知名科学家组成的烟草行业研究委员会，这些科学家会得到数百万美元的资金支持以从事进一步的研究对其予以证实。这一声明可在美国加州大学戴维斯分校找到，[33] 但是下面所引内容则表明了烟草行业表面上将承担多大的社会责任："我们承认保证人民的健康是最基本的责任，其重要性超过我们要考虑的任何其他因素。"罗伯特·普洛克特，一位斯坦福大学科学历史学家，针对这一声明提出：

> 从历史学家的角度，《坦率声明》标志着史上最大规模活动的开始，即故意扭曲事实、转移问题、欺骗世界……这一行业成为欺骗的巨大引擎，主要是通过媒体的欺骗性发布、"引诱研究"、把欺骗性的宣传册邮寄给医生、记者和股东，以及许多其他策略。进一步的策略包括误导性的言语、双重质疑（比如研究结果）、对消费者的虚假承诺并（最

终）雇用历史学家来篡改历史。[34]

　　环境保护署声称吸烟是一级肺癌致癌物，二手烟造成20%的不吸烟人群得肺癌，烟草行业对此的回应是另一个典型实例。作为回应，菲利普·莫里斯发布了以下的内部备忘录："对环境保护署日益增长的看法和敌意为公司的进攻提供了借口，作为一个中介机构，环境保护署受到了误导并具有攻击性，最为严重的是，甚至受到了环境恐怖主义者的腐蚀和控制。"[35] 菲利普·莫里斯继续组织与"可靠科学"的联盟，为的是修改流行病学的证据，以此来证明二手烟和肺癌之间没有联系。[36] 从此案例中我们可以感受到，公司权力为实现短期利润最大化，对科学本身的流行病学和方法论标准的影响，这完全符合资本主义的逻辑。

　　随着公共部门的减少，科学家越来越依靠私营部门获得资金。这意味着公司日益增长的短期利益驱动力不仅决定了研究的内容，而且决定了什么研究结果可以公布，什么结果需要保密。在食品业，这意味着杀虫剂、食品添加剂和转基因种子在没有得到充分验证之前就大量投入生产。正如上面提到的，显示二溴氯丙烷毒性的测试结果没有公布，接下来他们承认了从来就不应该将其投入生产。[37] 但这一结论是在生产过杀虫剂的大批工人发现自己不孕之后才得知的。二溴氯丙烷在美国禁止数年后，发展中国家仍然在使用，成千上万的一线工人由于受尽折磨正在渐渐地死去。所有这一切都是源于得到人们信任的科学家宣称二溴氯丙烷可以安全使用。

　　问题的核心是，本应监管公司的监管机构和向机构提交报告的科学家，却受到公司的严重影响。假如香烟现在由无经验的行业作为新产品引进，并且我们已经知道它的严重后果，那么毫无疑问，我们就不会批准生产烟草了。但是，即便我们已经有了相关的知识，令人吃惊的是，烟草还是得到了广泛的、有力的营销。在此，我们有一个令人震惊的实例，即公司权力成功颠覆了我们与这一致命商品50年来的艰苦斗争。甚至在禁止向年轻人营销烟草的当代北美，我们还是可以发现烟草公司营销多口味的小雪茄和嚼用烟草，为的是使年轻人对尼古丁上瘾。

　　时间就是金钱，监管机构在尽快批准新产品上市上面对巨大的压力。可以想象，当大公司投入巨大的资金开发新的转基因种子时压力有多大。鉴于它们在投资得到回报前禁不起长期的检测，因此这推动了公司坚持立即让产品上市。但对于可能有巨大危险、不可逆转后果的转基因种子而言，问题就出现了。我们是否能承担由利益驱动的转基因种子由私营部门控制所造成的后果呢？转基因种子得到美国政府批准，主要的依据是由想要营销这种种子的公司资助而从事的研究，它并没有通过独立的政府检测。[38]

最近报纸的标题经常是这样的内容，比如"令人敬重的科学家在何方？"（《多伦多星报》）或者"科学的希波克拉底誓言"（《环球邮报》），因为很多公众已经不再信任科学家了。英国政府首席科学顾问大卫·金爵士，为重建公众对科学的信任，提倡科学家通用的伦理道德，比如医生的希波克拉底誓言。[39] 但只要科学家依赖公司的资助，那么这样的誓言就不太可能达到应有的效果。2005 年对 3,000 位美国科学家的调查显示，1/3 参与过伦理上受到质疑的事件。[40] 我认为这主要是因为公共部门资金的缺乏，导致其对科学家产生的影响。

政治家对我敦促强化公共部门的回应可能是声称减税是全球趋势，但实际

大对比：人类是饱的还是饿的？

上，只有富人才从中获利。问题不是简单地减税或增税，而是税收的负担落在谁身上。在美国，有意义的应该是至少 50% 收入者不用缴纳所得税，累进所得税主要落在 20% 富人的收入和利润上。因资本主义倾向于严重不平等，征税应用在提高公平分配以及在研究、农业、教育、卫生保健、福利、住房、交通和文化能力上给予大量资助，以服务于公众利益。

1979 年，世界卫生组织依据该领域顶级专家的研究发表了一份报告，报告声称"氯乙烯是人类的致癌物……没有证据显示低于某一接触水平，人类就没有得癌症的风险"。[41] 作为回应，化工业雇用了世界上最受尊重、最富盛名的流行病学家之一，牛津大学的理查·多尔爵士，开展关于氯乙烯安全性的研究。他的结论是氯乙烯对人类健康的威胁被以前的研究夸大了。多尔的结论无疑使因接触氯乙烯而长瘤的工人们获得抚恤金的难度加大。2005 年多尔去世以后，人们发现至少从 1979 年起，多尔每天从孟山都公司（一家氯乙烯生产商）得到 1,500 美元的咨询费。[42] 最近，代表美国化工公司利益、试图获得生产许可的科学检测公司受到了严格的监督。工业生物检测实验室犯有"惯例性篡改数据"的罪行，并且在为 262 家杀虫剂公司做实验的克雷文实验室，人们发现其犯有

"篡改实验室笔记本条目"和"为产生错误结果而操纵科学仪器"的罪行。[43] 孟山都公司也犯有对毒滴混剂绝对安全性进行虚假宣传的过错。[44]

越来越多的证据显示，如果有决定人类健康的基本元素，那么它就是好的营养素，但是没有足够的资金进行营养素的研究：

> 美国国家卫生研究院负责资助至少 80%～90%发布在科学文献上的生物医学和营养素的相关研究……2004 年提出的国家卫生研究所的 280 亿美元预算中，只有 3.6%是针对营养素相关项目的。[45]

考虑到公司权力的本质，这是可以理解的。但是考虑到营养素对人类健康的作用，这看上去就完全不合逻辑了。

美国科学与健康委员会创立于 1978 年，明确指出它的目标是"履行消费者教育财团的作用，关注与食品、营养素、化学品、制药、生活方式、环境与健康相关的问题"。[46] 美国科学与健康委员会"宣称要变成一个'独立的、非营利的、免税的组织'，但它们 76%的资金来自于公司与公司捐赠者"。[47] 它们在报告中提到，"胆固醇与冠心病无关……内分泌干扰素不是人类健康面临的问题……不应该实施化石燃料限制来控制全球变暖"。[48] 有太多的例子是"从公司角度看是'错误的'结论，尽管一流的科学会对你的职业生涯造成损害。从公众健康考虑，试图向大众宣传这些'错误的'结论，会毁掉你的职业生涯。"[49]

当政府试图使用法律手段干涉公司向个人销售的时候，公司惯用的策略是对宪法中提到的个人权利的诉求。菲利普·莫里斯为吸烟者提供了如下的《人权法案》：

> 作为吸烟者，我拥有一定的不可剥夺的权利：
> 追求快乐的权利；
> 选择吸烟的权利；
> 得到礼遇的权利；
> 在工作场所中的权利；
> 在公共场所的权利；

不受限制地拥有产品商业信息的权利；
不支付过多产品税的权利；
不受政府不必要干涉自由的权利。[50]

消费者权益中心在美国领先的新闻杂志上登了整版的广告，包括以下内容：

自己选择食品……太傻了。至少提出食品"脂肪税"的"食品监督局"和政府官员不想让你吃……我们认为他们做得太过分了。这是你的食品。这是你的饮料。这是你的自由。[51]

消费者权益中心在一些其他场合提出了以下声明：

多亏了自封的"保姆"——"食品督查"、卫生保健执行人员和"知道什么对我们最好"的素食主义者对食物不断的跟踪，人们现在觉得公

大对比：人类是饱的还是饿的？

开为成人饮料、高热量食品或者吸烟的乐趣辩护很尴尬。受多年"保姆文化"的影响，可憎的、煽动性的说辞已经妖魔化了一些产品，使公众开始将其视为产品滥用。[52]

上述这些话语预示了公司在公众演讲时怎样活跃地推广它们的理念。这也预示了它们通过使用严厉的、妖魔化的修辞来不断降低演讲的水平。这些修辞的目的是吸引无权却想拥有个人选择权的人们，即便是这种选择和不健康的上瘾行为有关。准确地讲，这可描述为右翼平民主义修辞，一种误导性的修辞，其本身包含了许多具有极度破坏性的历史传统。

结论

我们可以既维持现有的资本主义经济，又实施联合国文件所提倡的人类食物权吗？我对此深感怀疑，毕竟这样的权利只能在比资本主义更平等的社会里才能拥有。例如，大多数咖啡由农民、他们的家人和相关的工人生产出来，但是作为劳动的回报，他们通常只得到产品销售最终价格的5%。

尽管发动了大量试图改变资本主义食品体制的活动，但它们总是会受到大食品公司权力和支持它们的政府的阻挠。对公司而言，现存的态势是公司要表现出对"社会负有责任"，而它们确实在做出一些改变，但只要其中心任务围绕着盈利，这些改变就于事无补，只是做做表面文章而已。公司重要的责任是实现股东利益最大化，但这可能会和社会责任感相抵触。

本章只是浅显地探讨了公司权力逐渐削弱民主的方式。我想强调的是农业和食品领域公司的权力，但有权力公司控制的所有领域里都存在着问题。更大的问题和我们的经济体系怎么削弱我们政治体系里的进步理念有关。我们的经济体系不是促进民主进步，而是在破坏民主；不是丰富我们的民主理念、寻求推动这些理念进步的方式，而是对可能的进步变化冷嘲热讽。

第四部分 结 论

9. 农业、食品与为民主、社会公平、健康及可持续发展而战

当今社会，社会和私人收益之间存在着失调。除非它们一致起来，否则市场体制不会正常运作。[1]

为什么我们必须忍受这样的全球食品体制？它毁坏了全球的城市经济，将家庭和农民集体地驱逐到贫民窟和国际移民大潮中……它使农业破坏了土壤，污染了地下水，砍伐了农村地区的树木，产生了对杀虫剂有抗药性的害虫，并且使未来的农业产量充满了未知数……食品里到处都是糖、盐、脂肪、淀粉、致癌的色素和防腐剂、农药残留及转基因生物，而这些可能导致全球肥胖的流行（同时导致有些人的饥饿）、心脏病、糖尿病和癌症。现在的食品体制成了没有社会负责感公司的保险箱，腐蚀了政府，伤害了农民与消费者并破坏了环境。[2]

即使是整个社会、一个国家，以及所有的社会加在一起，也不能称其为地球的主人。它们只是地球的占有者、受益者，必须把一个更美好的国家传承给自己的后代。[3]

我们生活在不平衡的社会里。通信技术革命性的发明似乎非常先进，令人瞠目结舌，但我们却还没学会养活自己。想把我们的高科技运用到农业和食品领域，这看来是大错特错了。我曾在前文讲过，造成这种情况的主要原因是资本主义试图又快又高地从大自然中得到利润，但实际上，大自然需要我们的悉心照料才能方便我们更深入地研究它，并在我们改变自然模式和节奏前尽可能多地了解它。换句话说，资本家对利润的锁定形成了一个危险的、不可持续的

食品供给体系，对公平分配和人类、环境健康而言，它彻底地失败了。

我时常认为，作为个人来说，在变革上宣传力度太大很唐突，因为这需要所有相关人士民主参与并对其进行仔细的研究。并且，在我们现存复杂的社会里，所有事情都互相关联，如果对一件事情的变革予以支持，那么与其相关的很多事情都会受到影响并会衍生各种问题。有鉴于此，本章篇幅不长，并且只对一小部分非常泛泛的变革提出建议。由于我们面对问题的深度和宽度，很明显，我们需通过变革才能解决这些问题，但在现有的环境里，用民主、和平的方式来进行更大范围和更深入的变革并不现实。尽管缺乏大规模的国际运动，但我们可以从事小幅度的变革，这也值得尝试。

资本主义食品业的失败

或许本书与其他批评食品供给体系文献的最大区别是，本书强调的食品供给体系是深深地根植于资本主义经济内部。我确信这点很重要，因为资本主义在塑造这一体系上扮演着重要的角色。例如，人类现在面临的最基本问题是，资本主义造成了愈25%的人挨饿。当咖啡公司扩大利润时，埃塞俄比亚咖啡工人却没钱吃饭。巧克力公司的股价因上涨的利润而提高，而象牙海岸种植可可豆的农民工资微薄，他们迫不得已而让儿童干这项成人的活，假如他们有钱雇佣工人的话就不会这样做了。

为帮助读者了解资本主义及其对我们农业和食品体系的影响，我采用了政治经济体系的方法，从3个层面分析。在最抽象的层面，说明了即使我们假设资本主义以最完美的竞争方式和市场规则运行，但当涉及到农业和食品供给时，资本主义只能以不合理的方式运行。在第二层面进行分析时，我展示了资本积累的阶段，即"二战"后美国最典型的运行模式是怎样依赖化学进步和机械化，使农业越来越屈从于资本主义的运行方式，以至于我们现在就开始为此付出昂贵的代价。从历史层面来看，我探讨了化石燃料为基础的工业化农业已经不同程度地在全球推广，这简直是一场生态噩梦。更糟的是，它还以极度不公平的方式来分配粮食，有时对食品的生产者和消费者身体造成伤害和毒害。

我曾经提到过，现存的资本主义体系很接近经济学家提到的"指令性经济"。通常经济学家将令人满意的"自由市场经济"与令人不满意的"指令性经济"

进行对比。有人或许认为资本主义是自由市场经济,而社会主义是指令性经济。我认为现在这种区别已经不复存在,我们更像生活在资本主义指令性经济中。只不过不是国家发出指令,而是由大公司发出指令。因此,并非通过大众辩论和公众参与来管理民主,而是由公司精英来操纵和指挥更多的公众生活。考虑到在美国甚至全球农业或食品行业的规模和重要性,可以得知食品公司属于主要的指挥者之一。

变革运动

一些读者可能淹没在我无休止地对食品体系失败的关注中。为打破这一感觉,需要指出,有很多组织和运动采取行动来改变我强调的失败现状,在网络上可以很轻松地找到它们的网页。[4] 再者,我们现在先进的通信技术,至少从原则上可以成为有效组织和宣传的工具。因有更多的人了解我们资本主义经济的失败,改革的小溪很有可能汇聚成强大的变革洪流,继而形成国际性热潮。

在南半球已经有很多重要的大规模变革运动。最典型的是1993年的"农民

大对比:人类是饱的还是饿的?

之路",这是一个国际联盟,到2004年,它已经囊括了56个国家的149个组织。随着第五次国家会议2008年在莫桑比克召开,其成员数量还会大幅增长。这是目前世界上最大规模的民众运动。超过150万成员的巴西无土地工人运动采用占用土地的策略安置了35万个家庭,并成为南半球其他国家兴起的类似运动的榜样。[5]

通常,这些基层运动的目的是创造一个耕地环境,这样农民就可以通过种植在本地消费富含营养的粮食,从而过上好日子。这种环境在过去触手可及,而现在出口导向型的工业化农业单一栽培模式正逐渐地改变这一情况。因此,发展中国家日益依赖食品进口,这愈发影响到小规模家庭农场,导致了大众更依赖日趋昂贵的进口食品。20世纪80年代,自从实行严厉的结构调整政策以来,与资本家要将人们驱逐出土地、任其挨饿相对抗的自我保护运动变得更加重要。由于目前全球食品价格上涨,因此这些运动更有必要,这也是"农民之路"和"无土地工人运动"取得成功的原因。"农民之路"对"食品主权"的要求,本质上是通过重建健康的农村社区,至少是自足的社区,使农村的贫民远离资本主义的贪婪。与此同时,考虑到历史上殖民主义和帝国主义的残暴和剥

削及这段历史对南半球造成的毁灭，寻求更长期的重新分配财富的方式仍是必要的，只有通过更进一步的国际合作，重新分配才能得以实现并更加高效。

一般情况下，全世界会团结起来帮助因突发自然灾害而挨饿的人们，但大多数忍受饥饿的人们没有这种权利。这种权利的缺乏是由资本主义经济体系造成的。他们的饥饿是由于工作收入低所造成的，尽管这份工作通常要求苛刻并具危险性，或者因为他们根本找不到工作。为解决这一问题，有必要向贫穷的农民提供土地、其他的农业投入及资金。我们还应该寻找方法来确保直接生产者（家庭式农户和一线工人）获得更高比例的最终商品价格，至少是30%，而不是现在的3%。首先，"公平交易"产品可以朝这个方向发展，尽管这种产品的高价格使得工人很难支付得起。但如果他们得到补贴的话，事情会有所改变，前提是国家情愿并有能力这样做。

向更高效和负责的公共部门发展

从本地到全球各级公共部门，很多的变革都需要其全力赞助并承担责任。

资金主要有两个来源：第一，想办法阻止每年大约5,000亿美元的逃税；第二，全球各行业排名前20%到30%的富人缴纳收入和利润累进税。

本地到全球各级复苏的公共部门，可以重新配置社会和金融资源，使经济生活各个方面的发展更加公平、健康和可持续。从长远角度来看，我们可以想象有一个世界性的政府来征收累进税，用来保证世界上每个人都有高于贫困线的年收入，并使最低工资至少达到现在的两倍。尽管长远的考虑有时对指导努力方向有所帮助，尽管看似有些理想化，但是从短期和本书的背景来看，我们应该寻求直接向家庭式农场的农民和一线工人提供财政、物质和社会支持的途径。随着我们逐渐从以石油为基础的农业向有机农业发展，农业和食品供给应该成为整个生命活动的中心。最终，所有的农业都会是有机的，市场本地化成为导向，并且更具可持续性，毕竟目前的现实是石油投入和交通费用上涨，与实现工业化农业相关的社会成本也在攀升。

在寻求积极变革的出路时，我们也需要考虑抛弃一些陈规。其中之一是，富裕国家以低于成本的价格售出农业剩余产品的国家补贴，对发展中国家的农业没有丝毫利处。的确，将农产品以低于成本的价格在国际市场上"倾销"应属于非法行为。

为偿还债务而促进出口导向型工业化农业所进行的结构性调整政策也要和它们需偿还的债务一并取消。

更具责任感的公司

近期公司表现出对"社会责任"更加关注，或许可以假定它们的行为越来越与社会公平及生态可持续性一致了。但是公司不会自愿做缩减利润的事。因此它们需要刺激性或新的规定，来帮助它们承担社会责任，毕竟变革可能会导致利润的损失：这其中包括支付更高的工资、创造更民主的工作环境、开发更生态的生产过程或者为而促进人类繁荣与其他公司之间的合作。鉴于这种改变通常意味着利润减少，公共部门需要征收足够的税收，以便从财政上奖励那些减少社会代价、实现社会利益最大化的公司。换句话说，新的利润体系可与现行的利润私有化和支出社会化对抗。如果我们考虑一下公司获得的国家补贴，那么这根本不过分。的确，如果有人对公司利润在国家补贴上的依赖性进行研

大对比：人类是饱的还是饿的？

究，那将非常有意义。问题是现在给予公司的补贴不是因为它们对人类和经济繁荣做出了贡献。相反，补贴更像是某些行政区域用来贿赂公司在当地投入生产设备以创造就业的工具，它们多少还是希望创造更多的工作岗位，即便工作不那么令人满意。

我经常提到公司应该承担更多的民主责任。虽然它们已经朝着这个方向努力，但是进步很慢。大多数情况下，这些努力只是通过法律条文和监管机构从外部来限制公司行为，并不十分有效。这种监管的有效性依赖于监管机构执法时的独立性和高效性。我们已经了解了，应该出资检测杀虫剂毒性的化工公司是如何歪曲检测结果的。同样，在有"大量美金"的诱惑下，不禁令人怀疑环境评估是否也有很大的主观性。例如，阿尔伯塔油砂公司。

有时自下而上的压力可以使公司更具社会责任感。联合抵制和它的威慑性曾成功地挑战过公司的低工资和恶劣的工作环境。比如针对服装零售商的反血汗工人运动，以及强迫快餐连锁店来提高佛罗里达州西红柿采摘工人薪水的联合抵制运动。

创造一个更具责任意识公司的最根本的障碍是，从法律上来说，公司是独

立的法人。和其他法人一样,在它们内部发生的事情不在大众干涉的范围之内。

公司的隐私意味着它们的内部工作是秘密的,不对公众开放。因此,寻求方法促使公司透明化是大幅度提升公众责任感的前提。这样,公司需要朝着类似于公共机构的方向发展,为推动人类长期发展而不是短期利润而得到回报。透明度也会促进公共投入,从而提升生态实践、劳动力关系和投资决策等。如果没有大规模群众运动的推动,那么这些变化不太可能发生。

据保守估计,全球公司和个人通过各种形式的避税港、税收漏洞和逃税计划,每年逃税多达 5,000 亿美元。[6]加强公共部门和增加公司透明度可以减少公司逃税。至少,这需要关闭避税港、匿名银行账户和空壳公司,并且将全部金融交易向公众曝光以方便监督。必须承认,这很难做到,因为有效地控制逃税需要更多的国际合作。

鉴于公司拥有的权力及它们对现在及后代的后续影响,只对股东负责很不合理,因为股东只对短期利益感兴趣,对其造成的社会代价并不关心。斯蒂格里茨提到的"社会回报与私人回报的不匹配"不是仅通过政府熟练的技巧就可以进行调节的经济不平衡。[7]这简直不能让人接受,因为实质上这是将巨大的社会代价抛给后代,使后代因处于受污染的环境而寿命缩短、疾病缠身;没钱购买食品或食品质量很差;频繁面对极端天气;缺少足够的淡水;不可再生资源的严重短缺;并且面临海平面上升从而淹没家园的威胁。所有人的生活都将特别艰难,尤其是穷人。

促使市场承担民主责任

除了使公共部门和公司部门承担更多的民主责任之外,我们也要促使市场这样做。这就意味着不同的市场导向。我们需要改变市场价格,而不是一味地接受。这样做会使社会公平与人类繁荣取得进步。例如,产生巨大社会成本的商品或服务周期需缴纳附加税,创造巨大社会效益的则得到政府资助。通过这种方式,社会成本和效益不应被视为"外部因素",而应内化为市场价格。市场价格也可以由此反映真正的社会代价,而不是现存的利润私有化与成本社会化。

这个目标已经部分得到了实现。由于教育可以产生巨大的社会效益,因此得到了资助,而吸烟需要付出巨大的社会成本,因此需要缴纳附加税。这些方面的力度都可以继续加强。最近几年，因缺少资金，教育质量下滑，学校不得不从父母和私营部门获得资金支持。尽管美国的烟草需缴纳附加税，但附加税还不足以显示吸烟的实际成本。据估计，吸一包烟产生的医疗费用平均为35美元。[8] 将"外部因素"纳入市场价格不仅要求重新定价，而且要求发展有效的方式来量化具有质量因素的（比如教育或者卫生保健）这些外部条件。

碳排放税是通过收取碳排放的附加税，将全球变暖的一些费用摊到市场价格中所做出的努力。原则上这种税收是有效的，但前提是它真正减少了碳排放，并且与重新分配财富的政策结合时才有如此成效，这样低收入人群就不用因为附加税导致的高价而入不敷出。因为即便附加税由公司缴纳，它们也会将额外的支出转移到消费者身上。并且，仅通过私营部门和碳排放税的刺激不足以找到减少碳排放的方法；我们还需要大规模政府支出，用来研究提升环境的可持续性，并且需要政府资助战略重点区域。我们可以创建旨在帮助农民转为有机农业的项目，帮助农民创建新的有机农场，减少对石化产品的依赖，鼓励更多当地农村市场的发展。

大对比：人类是饱的还是饿的？

对车辆征收附加税对所有人而言都是个问题。由于缺乏有效的和负担得起的公共交通，大多数人需要开车上班并进行其他社会活动。对小排量车给予资助比对大排量车征收附加税更有意义。类似的还有，汽油价格是否需要提高？从公平角度出发，收入低于一定水平的人群应该从政府得到汽油的回扣。与此同时，有很多其他方式可以减少人们对汽车的依赖，比如提升公共交通水平，鼓励骑自行车和拼车。

劳动力市场的民主化特别重要，因为在此生命的力量和技能可以体现出它们的价值。公平分配意味着工作特别劳累、用脑过度或者环境危险时，工资应该提高；但通常工资反而更低。资本主义劳动力市场倾向于过度奖励管理人员，不管他们的管理技能是否熟练，因此资本家大企业的高管人员收入颇丰，这当然不公平。他们的工作压力可能确实很大，但同时也拥有巨大的财富和优先权。不妨把大公司首席执行官的收入和象牙海岸种可可豆的农民收入对比一下。我无法想象这样的公平分配理论能证明一个人的能力相当于另一个人的 1,000 倍。

如果考虑到总会有未满足的社会需求，我们应创建相关机构来跟踪这些需求，并提供培训和人力资源来满足它们。想得到工作的人都应该得到，如果需要培训，就该向他们提供。如果某些人的工作是无偿照顾家人或者做家务劳动，我们也应该寻找支付这种劳动报酬的途径。其中一种是让每个人都能获得有保障的年收入。很显然，资本主义消极的一面是失业或不充分就业造成的人力资源浪费。而且这种资源的浪费和贫穷的结合是导致犯罪和其他大多数社会弊病的主要原因。

结论

资本主义通过增进繁荣的承诺、干扰和让人上瘾的东西抑或武力这些控制和承受更多阻力的各种方式不断引导着我们的欲望。当代历史提出的一个基本问题是，资本主义操纵的空间还有多大？尽管我不能给出一个明确的答复，但是当今全球经济形势呼唤彻底的变革，特别是我们的食品体系。

我们的食品体系存在3个基本问题：
- 全球食品分配极不公平。
- 生产出的大量食品和生产方式对消费者或者生产者健康不利。
- 我们的食品体系破坏了环境，主要表现为使用不可再生资源、污染地球并加速全球变暖。

因为这些都是全球性的问题，对此我们还没有提出有效解决的方案。但是联合国正在做出努力，虽然这些努力常受到权威公司的制止或阻饶，或者缺乏国际性合作。很多非政府组织也在做出努力。随着多方努力，我相信，在不久的将来，会实现必要的改革。与此同时，即便是很小的改变，也值得我们为之奋斗。

本书一开始，我就解释过探讨的重点放在食品上，不仅通过它来展示资本主义运行的方式，而且因为无论是全球还是当地、农村还是城市、生物还是文化、生态还是经济利益方面，食品都为其提供了进行重要抉择的机会。我们这个时代面临着诸多全球性的危险，因此必须以开放思维应对经济与伦理密切结合所带来的剧烈变化，这将极大地推动民主、可持续性和社会公平的发展，并开展有效解决全球问题的国际合作。

译 后 记

由加拿大著名政治学学者罗伯特·阿尔布里坦撰写的《大对比：人类是饱的还是饿的？》，是第一本从马克思主义的角度来分析食品工业的书籍。作者认为，资本主义系统根本没有提供便宜、营养的食物，反之创造了这样的一个世界：全球人口的 25%食物过剩，而另外 25%则处于饥饿之中。书中系统性地阐释了 50%的世界人口处于营养不良状态，与集中于文化因素和个人贪婪的报告迥然不同。作者详细地讲述了经济各因素之间的联系，以及促使我们同时处于过多供应和供给不足的各种情形。这本振聋发聩的著作证明了资本主义的人力成本远比那些权势人物想象的要高，使读者能够从一个崭新的视角来解读现代人类社会的生存状况。通过事实来剖析资本主义社会的本质，让读者更能认清资本主义是造成贫富悬殊的罪魁祸首。

开始翻译此书时适逢 2011 年末天津的第一场雪，而如今结束此书时已在 2012 年盛夏时节了。回望这半年多的日日夜夜，心头无限感慨。我们曾一再地翻译、校对和修改，其中的辛苦是可想而知的。当然，我们在翻译过程中也难免遇到一些问题，但作为译者，我们都尽可能做到精益求精，力求真实地反映原著的风貌，为读者提供一个全新的文化视阈，这也是本书翻译的初衷之一。

本书共分为四个部分，每一个部分都赋予了读者政治科学领域的新思想、新术语，因此译者在翻译过程中充分利用了有道词典网络版及维基百科对相应术语的分析解释，在此对这些相关网站表示感谢。

在翻译过程中，我们遇到的最大难题在于长句和新兴术语的处理。长难句是本文最突出的语言特点，每个长句都需要经过多次斟酌以求最大程度完整反映原作风貌的同时，满足读者的阅读习惯和欣赏品味。术语的处理更是颇费苦心，尤其是涉及到政治经济领域的中南海泡沫事件、蒲式耳等问题，我们都加了译者注，以方便读者阅读过程中对相关内容的理解。

感谢本译丛的总策划南开大学出版社编辑张彤老师的一路帮助和指点、出版社其他编辑的辛勤付出，感谢南开大学外国语学院苗菊教授的信任和帮助，以及本书审定李晶老师的耐心指导，使得译稿在不断的修改中进一步完善。

最后需要指出的是，虽然本书的翻译过程艰辛，倾注了译者的大量心血，但难免会有个别"误读"，敬请各方专家批评指正。

译 者

2012 年 6 月 20 日

注　释

序言

1. FAO (2007b).
2. *Economist*, April 19, 2008.
3. Gardner and Halweil (2000: 6–7).
4. Typically it is asserted that we can feed the population of the world one and half times. According to Weis (2007: 165), this is the position of the FAO. Further, a recent study at the University of Michigan states that organic farming utilizing green manures (cover crops grown out of season and ploughed under) could yield up to three times as much food as conventional farming (Worldwatch, 2008: xxvii; University of Michigan, Ann Arbor, news release, July 10, 2007).
5. Gardner and Halweil (2000: 7–8).
6. *Globe and Mail* (4/15/08). Presumably some of the meat from the destroyed swine will end up in food banks as charity for the poor.
7. Mittelstaedt (2007b).
8. Paul Roberts loses his critical edge when he refers to the current food system as having such inertia that it is like trying to alter a fundamental force of nature. Further he claims that it is an economic system, that "like all economic systems, has its winners and losers" (Roberts, 2008: xii, xxi).

第一章　引言

1. Annan (*Independent*, March 30, 2005).
2. Marx (1981: 754).
3. Patel (2007: 293).
4. The European Union and many countries have policies to increasingly substitute ethanol for petroleum, but I mention the United States because of the size and influence of its economy as dominant in the capitalist world economy. The United States produces over 50 percent of the world's ethanol, and nearly all of the ethanol from corn.
5. Gardner and Halweil (2000: 7–8). Under the category "malnutrition" they include the overfed and underfed, or over 3 billion people.
6. The FAO estimated 852 million undernourished people globally between

2000 and 2002, and my estimate takes into account the rate at which this number has been increasing plus the recent global increase of food prices. UNICEF's (2005) statistics show that of the world's 2.2 billion children, 1 billion live in poverty. A report released by the World Bank (August 26, 2008) stated that in 2005 the number of people living in poverty (incomes of $1.25/day or less) worldwide was almost 1.4 billion. (*Economist,* August 30, 2008: 70). If these statistics seem a little at odds, that has to do with different ways of counting the poor.

7. FAO (2006: 32).
8. See Chapter 7 for a fuller account of why people eat junk food.
9. Patel (2007: 3).
10. Patel (2007: 4).
11. Marx (1976: 381). Apparently this sentence was first expressed by Madame de Pompadour (1721—1764), the favourite consort of King Louis XV (1710—1774) of France (Knowles, 2001: 580).
12. Flannery (2006: 136).
13. Manning (2004: 8).
14. FAO (2007a: 14–15), Stern (2007: 196–7).
15. The yields of most tropical crops decrease 10 percent with every degree of increase in average temperature, and the basic grain crops—wheat, rice and corn—stop growing altogether at average daytime highs above 40 degrees celsius. (See Chapter 6.)
16. See "The real costs of agrofuels" (Smolker et al. 2008: 2–3).
17. "Human flourishing" is a concept used widely in ethical theory and it usually implies providing the material and the social conditions that will enable people to develop their capacities to the fullest in ways that are ecologically friendly. (See Albritton, 2007a: Ch. 7: Nussbaum, 2006).
18. See WHO (2005); World Cancer Research Fund/American Institute for Cancer Research (2007).
19. In this book I do not analyse the alcoholic beverages industry because it has so many complexities of its own. Similarly I do not focus on various addictive drugs derived from agriculture, including heroin and cocaine.
20. See Chapter 5.
21. Following Marx, I understand capitalism to refer to production that depends fundamentally on wage labour as opposed to self-employed labour.
22. According to Tony Weis (2007: 172), "agriculture is the last major productive sector to have individual artisan producers fully 'proletarianized'".
23. 2.8 billion people or 40 percent of the world's population lives on less than $2 per day, while over 1.2 billion people live on less than $1 per day. (Weis, 2007: 12).
24. In 1980 the income of the average CEO in the United States was 40 times that of an average worker. By 2003 it was 400 times. Further there has been no real growth in incomes of the bottom 20 percent of income earners since the 1970s (*Economist,* September 6, 2003).
25. US tax policy, which was mildly redistributive in the 1950s and 1960s, is so

no longer. Arguably, anyone earning $50,000 or less a year in the United States should pay no income tax, while the percentage of income going to tax should rise steeply for incomes over $100,000.
26. Brandt (2007).
27. See Chapters 4, 5 and 8.
28. Brandt (2007: 450).
29. For example, Marx writes: "Human emancipation will only be complete when the real, individual man has absorbed into himself the abstract citizen; when as an individual man, in his everyday life, in his work, and in his relationships, he has become a *species-being*; and when he has recognized and organized his own powers (*forces propres*) as *social* powers so that he no longer separates this social power from himself as *political* power." (Tucker, 1978: 46).
30. See primarily the three volumes of *Capital* and the three volumes of *Theories of Surplus Value* and *Grundrisse*.
31. See Albritton (2007a) and Albritton (1991).
32. Marx (1976: 1014).
33. Albritton (2007a).
34. Marx (1981: 216).
35. Albritton (2007a).
36. See Polanyi (1944) for a focus on the difficulties in commodifying land, labour and money.
37. Commodification is complete when the economy is governed totally by markets without any human intervention by the state, or by organizations of capitalists or workers. For a fuller discussion of commodification see Chapter 2.
38. See Albritton (1991) for a fuller discussion.
39. Albritton (2008).
40. Stern (2007: xviii).

第二章 资本深层结构下的农业与粮食管理

1. Marx (1981: 216).
2. Marx (1981: 950).
3. Marx (1981: 751).
4. England is the only place where a quasi-capitalist agriculture developed early, and this development played an important role in capitalism developing first in England.
5. Without going deeply into the issue, a capitalist farm is one in which most labour is performed by wage labourers as opposed to self-employed labour or forced labour. Of course, in practice one type may fade into another without clear boundaries. Today many large "family farms" in the United States are so integrated into the circuits of capital through contract farming that they can be considered capitalist farms. Yet globally, according to Weis (2007:

6. 25), "Small-farm households, after all, still constitute nearly *two-fifths of humanity*".
6. Gardner and Halweil (2000: 7–15).
7. Marx (1963: 158).
8. The enclosures of commons in Britain began as early as the thirteenth century, gained momentum in the 15th and 16th centuries, and continued until the mid-nineteenth century.
9. Strict settlement meant that the eldest son would inherit the entire estate (primogeniture), thus preventing the division of the estate amongst various heirs, but only if he agreed not to sell off parts of the estate or divide it in any way.
10. See Albritton (2007a) for a much fuller discussion of the importance of "commodification" to economic theory.
11. Marx (1976: Chapters 26–33).
12. Marx (1976: 254).
13. At the time of writing this is all too real.
14. For example, until they faced strong international competition that forced them to change, the American auto industry was criticized for "planned obsolescence". The poor quality of some American cars was finally exposed by books like Nader's *Unsafe at Any Speed* (1965).
15. Marx (1976: 358).
16. Read any good history of trade union organizing for many examples.
17. Many of the welfare state gains and gains of trade unions in the 1950s and 1960s were later rolled back.
18. For an interesting discussion of temporality and capitalism see Postone (1996).
19. Marx (1976: Part V).
20. The average sleep time in the United States went down 20 percent in the twentieth century, while work time is increasing, with Americans now working on average 350 hours more per year than Europeans (Worldwatch 2004: 168).
21. Braverman (1998).
22. Sadler (1832).
23. Marx (1976: Chapter 10).
24. Marx (1976: 353).
25. Marx (1976: 390).
26. This book is filled with examples of this, from slaughterhouse workers in the United States to sugar cane cutters in the Dominican Republic.
27. Norris (1901).
28. See Chapters 5 and 6. Tobacco crops are particularly depleting of soil fertility.
29. *Globe and Mail* (February 24, 2007). For more on the impact of global warming on agriculture see Stern (2007), the Consultative Group on International Agricultural Research (CGIAR), Earth Policy Institute and World Agroforestry Centre.

30. With the shrinking and weakening of trade unions in the United States and the shrinking of the welfare state, it would seem that between 1965 and 2007 there has been a significant recommodification of labour power.
31. Marx (1976: 548).
32. For an analysis of Marxian crisis theory see Albritton (2008).
33. Marx (1976: Chapter 25).
34. Marx (1976: Chapter 6).
35. See Albritton (2008) for an explication of crisis theory.
36. See Chapter 5.
37. Bales (1999, 2005) and Bowe (2007).
38. Roberts (2008: 44).
39. The South Sea Bubble involved the collapse in the value of the stock of a large monopolistic trading company, and as a result, legislation was passed limiting the corporate form to existing banks and trading companies.
40. Seeing the writing on the wall, US Sugar has agreed to sell its Everglades sugar plantations for $1.75 billion to the state of Florida, which will take possession in six years.
41. For a full treatment of monopoly see Baran and Sweezy (1966) or Foster (1986).
42. Historically capitalism was slow to recognize the legal personhood of women, including so basic a right as the right to own private property. See Albritton (1991: 212).

第三章　消费主义阶段与当前农业粮食管理制度在美国的起源

1. Earl Butz, US Secretary of Agriculture, 1971–76 (cited in Patel, 2007: 91).
2. Patel (2007: 120).
3. The American "sub-prime" crisis was only one of many examples of what happens when present pleasure is promoted at the cost of future pain. In this case a giant credit bubble was created by encouraging people to buy houses that they could not afford.
4. May (1999: 301).
5. For a fuller discussion of this see Albritton in Albritton et al. (2001).
6. Brandon (2002: 296).
7. See Albritton (1991) for an extended development of mid-range theory or the theory of phases or stages of capitalist development. I argue for four stages: mercantilism, liberalism, imperialism and consumerism.
8. This position differs from that of Arrighi (1994) most fundamentally because of the importance that it places upon the centrality of the commodification of labour-power to capital accumulation.
9. Pollin (1996).
10. For example, England, France, Japan and Germany were decimated by the war.
11. Brandon (2002: 379); Hoogvelt (2001).

12. Kruse and Sugrue (2006).
13. See Putnam (2000) for an account of some of the depoliticizing aspects of television.
14. See Albritton (1991) for a fuller discussion of the phase of consumerism.
15. This is an enormous topic which I shall address at greater length in a future book.
16. Shah (2004: 21). According to Hoogvelt (2001: 46), between 1950 and 1970 the price of oil declined from $4 per barrel to $1.60. Eventually OPEC raised the price to over $12 per barrel.
17. President Johnson spent $120 billion on the Viet Nam war as opposed to only $15.5 billion on the "Great Society".
18. Shah (2004: 13).
19. "A survey of living with the car", *Economist* (1996: 5).
20. "A survey of living with the car", *Economist* (1996: 5).
21. In *State of the World 2004*, Worldwatch estimated that 1 million are killed annually in auto accidents globally, but more than this die each year from air pollution (Worldwatch 2004: 29).
22. "A survey of living with the car", *Economist* (1996: 8).
23. Pollan (2006: 42).
24. Pfeiffer (2006: 7).
25. See Pfeiffer (2006) and Manning (2004).
26. Weis (2007: 108).
27. Weis (2007: 56).
28. "A survey of America", *Economist* (1991: 4).
29. See the quotation by Butz at the beginning of the chapter.
30. It has been estimated that as much as one half of the extra food since 1950 is due to chemical fertilizers (Roberts, 2008: 21).
31. Drucker (cited in Serrin, 1974: 5).
32. The auto industry enhanced car-centred development by conspiring to undermine public transportation (Shah, 2004: 14).
33. "For years I thought what was good for our country was good for General Motors and vice versa. The difference did not exist. Our company is too big. It goes with the welfare of the country" (Charles Wilson, testimony to the Senate Armed Services Committee on his proposed nomination for Secretary of Defence, January 15, 1953, reported in *New York Times*, February 24, 1953).
34. Halberstam (1986: 324).
35. Flink (1988: 278).
36. Brandon (2002: 175).
37. Cross (2000: 87); Shah (2004: 18).
38. Sheehan (2001: 9).
39. Tobacco was the largest source of ad revenues for television in the 1950s and 1960s (Davis, 2007: 149, 169).
40. Davis (2007: 157).
41. Gardner and Halweil (2000: 6–7).

42. In a 1959 Moscow speech, President Nixon bragged that of 44 million American families, 31 million owned their own homes, and that Americans owned 50 million televisions and 56 million cars (May 1999: 298).
43. There is evidence that the pace of life speeded up after World War II because of increased work time, less sleep, and surveys where, for instance, 24 percent always felt rushed in 1965 and 38 percent in 1992 (Brennan 2003: 25).
44. Davis (2007: 9).
45. See Chapter 8 for examples.
46. Davis (2007: 9).
47. Davis (2007: 10).
48. Davis (2007: 427).
49. Pressinger (1997).
50. In the 1950s tobacco was the fourth largest cash crop in the US (Brandt, 2007: 97).
51. Brandt (2007: 14); WHO (2008).
52. Davis (2007: 173).
53. Cross (2000: 91).
54. Worldwatch (2004: 168), *New Internationalist* (2002, No. 343: 19).
55. Brandon (2002: 340). It should also be noted that the production of concrete utilizes enormous amounts of energy usually provided by coal. It has been estimated that the production of concrete contributes 5 percent of greenhouse gases globally (*Toronto Star*, January 26, 2008).
56. Glickman (1999: 303), Mason (1982: 64).
57. Mason (1982: 61).
58. Cross (2000: 88).
59. Brandon (2002: 175).
60. Glickman (1999: 5).
61. Cross (2000: 50–70).
62. Spigel and Curtin (1997: 51).
63. By the early 21st century over half of all food consumption in the United States was outside the home (Lang and Heasman, 2004: 34).
64. See Chapter 5.
65. Davis (2007: 73, 81).
66. Davis (2007: 314).
67. Spigel and Curtin (1997: 51).
68. Gauntlett and Hill (1999: 33).
69. Spigel and Curtin (1997: 2).
70. Davis (2007: 149).
71. Cross (2000: 88). In the 1950s and 1960s US tobacco farmers grew 77 percent of total global tobacco.
72. See Chapter 7 for the recent shift to aim ads at children.
73. Ford and some other corporations were already big enough in Europe to collaborate with Hitler. "When the American Ambassador to Germany, William E. Dodd, referred in an interview to 'certain American industrialists [who] had a great deal to do with bringing fascist regimes into being in both

Germany and Italy', everyone knew that his was a coded reference to Ford" (cited in Brandon, 2002: 216). Other American corporations that aided the Nazi cause included Dupont, General Motors, Standard Oil and Ethyl Corporation. (Davis, 2007: 82–6).
74. In the 1972 federal election, David Lewis, leader of the Canadian New Democratic Party, coined the phrase "corporate welfare bums" to refer to the huge handouts of taxpayer's money received by corporations.
75. Keenan (2008: B5).
76. I do not focus specific attention on the military complex because it has been so frequently written about.
77. Califano (2007: 25).
78. Shah (2004: 39).
79. Brandon (2002: 240).
80. Edwards and Morgan (2004).
81. Patel (2007: 96).
82. Brandon (2002: 296).
83. Ndiaye (2007: 209).
84. Pawlick (2006: 163). By 1956 one half of US foreign aid was food aid (Patel, 2007: 91).

第四章　食品管理制度与消费者健康

1. Gardner and Halweil (2000: 6–8).
2. Ziegler (2004) cited in Weis (2007: 11).
3. Marx (1976: 811).
4. Albritton (1991:Chapter 5).
5. See Duncan (1996) for a full discussion of early quasi-capitalist agriculture in England.
6. Pollan (2006: 52); Pawlick (2006: 163).
7. Because the Soviet economy was more centralized some of its ecological failures were more spectacular, but if we add up all the more decentralized US failures, I suspect they would add up to roughly the same magnitude. For example, according to Davis there are 100 trillion pounds of hazardous waste in the American environment (Davis, 2007: 330).
8. Cited in Brandt (2007: 448).
9. Chopra and Darnton-Hill (2004: 1558–60).
10. Davis (2007: 19, 61).
11. Davis (2007: 64).
12. Brandt (2007: 153,160, 183, 215, 218).
13. Califano (2007: 143).
14. From the mid-1950s until the early 1990s Big Tobacco did not pay a cent as a result of 300 cases of litigation against them (Brandt, 2007: 6).
15. According to historian of science Robert Proctor, the 1954 "Frank Statement" published in the *New York Times* by the tobacco industry "represents the

beginning of one of the largest campaigns of deliberate distortion, distraction, and deception the world has ever known" (cited in Davis, 2007: 157).
16. Professor of epidemiology and author Devra Davis as quoted in the *Toronto Star*, November 1, 2002: F4.
17. Brandt (2007: 13).
18. Cited in Brandt (2007: 503).
19. Brandt (2007: 451). Most of these new smokers are young people in developing countries. The marketing is so aggressive that Marlboro may vie with Coca-Cola for brand name recognition in some parts of the world.
20. Brandt (2007: 487). One reason the US government encouraged the export of cigarettes is that it reduced the balance of payments deficit. A more aggressive approach to exporting cigarettes dates back to the Reagan presidency, when he tried to get rid of foreign tariffs on American cigarettes (Brandt, 2007: 459).
21. In 2003 the 192 member nations of WHO adopted the Framework Convention for Tobacco Control as an effort to reduce smoking globally. It is not clear how effective this will be. The US tobacco industry opposed this convention and the United States only ratified after 140 nations had already done so (Brandt, 2007: 486).
22. Etter (2007: A1). This has no doubt changed with increases in the price of corn due to ethanol production.
23. Nestle (2006: 9).
24. In the 1950s in the US tobacco was the fourth largest crop in terms of acreage (Brandt, 2007: 97).
25. Tobacco is the most labour-intensive of the major crops. Nicotine poisoning is common amongst tobacco workers and is called "green tobacco sickness". Also there is a heavy use of chemical fertilizers and dangerous pesticides in tobacco farming (Schmitt et al., 2007; Shore, 2007). Finally recent studies have found cigarette smoke to contain carcinogenic pesticide residues (Siegel, 2006).
26. Geist (1997: 7–9).
27. Many governments get substantial revenues from cigarette taxes, but since in China for many years the production of cigarettes was a state monopoly, the state got the profits plus the taxes.
28. Tobacco corporations have successfully blocked raising taxes on cigarettes in many states even though this is one means of reducing smoking, particularly amongst the youth (Brandt, 2007: 428). And this is even the case in the face of the fact that by 1990 smoking-related diseases were killing 500,000 Americans and costing over $2 billion per year. It has been estimated that the medical cost of smoking a pack of cigarettes is $35, and while cigarettes are taxed, the taxes do not come close to covering the social costs of smoking (*Economist*, February 9, 2008).
29. "Tobacco regulation had crashed and burned in Congress, where the tobacco lobby had proven itself so powerful and effective, but public health would finally have its day in court" (Brandt, 2007: 353).
30. Postel (2005: 13).

31. Global warming is the most severe long-term problem that humanity faces. Never has humanity faced a looming crisis that could make the earth such a radically less habitable place.
32. "According to the FAO world food prices rose by almost 40 percent in 2007" (www.fao.org/newsroom/en/news/2008/1000808).
33. Coxe, quoted in Friesen and Gee (2008).
34. Pinstrup-Anderson and Cheng (2007).
35. Friesen and Gee (2008).
36. Friesen and Gee (2008).
37. Brownell (2004: 3).
38. Lang and Heasman (2004: 53).
39. Gardner and Halweil (2000: 13). The percentage is higher now given the impacts of the sub-prime crisis, higher oil prices and higher prices for food.
40. Nestle (2006: 10). According to Nestle, "soft drinks are prototypical".
41. Unless otherwise specified I use "sugar" loosely to refer to caloric sweeteners in general including, for example, high-fructose corn syrup (HFCS).
42. Wells (2005: L1).
43. In the United States half of all food consumption is outside the home (Lang and Heasman, 2004: 34).
44. Nestle (2006: 307). Of course some processing is required simply to preserve food.
45. Kraft guacamole was discovered to have less than 2 percent avocado (*Economist,* December 16, 2006).
46. Roberts (2008: 37).
47. *New Internationalist* (2001: 29).
48. Halweil (2007: 8).
49. Center for Science in the Public Interest (2008b: 1).
50. Center for Science in the Public Interest (2008b: 1).
51. According to Brownell (2004: 43), obesity is linked to at least 30 serious medical conditions. See also Lang and Heasman (2004: 69) for a partial list.
52. Belluck (2005: A19).
53. Califano (2007: 80).
54. Schor (2004: 35).
55. Popkin (2007: 94–5).
56. "A survey of food" (*Economist,* 2003: 6).
57. Popkin (2007: 91).
58. Pollan (2006: 102).
59. According to Brennan (2003: 35), cases of asthma in the United States increased 50 percent between 1985 and 1995.
60. Putnam (2000: 261, 331).
61. Gardner and Halweil (2000: 39).
62. There is not enough research yet to establish a strong connection between diet and depression, but the research that has been done indicates that there may be a connection of some significance in many cases.
63. Lang and Heasman (2004: 36).

64. Gardner and Halweil (2000: 6–7).
65. Brandt (2007: 487).
66. Worldwatch Institute (2007a: 120).
67. Lang and Heasman (2004: 53).
68. Lang and Heasman (2004: 70).
69. Also we need to remember that sugar was the cornerstone of the slave trade.
70. I use "quasi-addictive" because there is a range of definitions of "addiction", some emphasizing the psychological and some the biological aspects.
71. Lawrence (2007: 2).
72. Brownell (2004: 29).
73. Colantuoni et al. (2002).
74. Lawrence (2007).
75. "A survey of food" (*Economist*, 2003: 16).
76. Loefler (2005).
77. Chopra and Darnton-Hill (2004: 1558–60).
78. Shor (2004: 128).
79. Roberts (2008: 97).
80. Talago (2007: A 27).
81. Weis (2007: 13).
82. Lawrence (2007: 4).
83. Lawrence (2007: 4).
84. Lawrence (2007: 4).
85. Lawrence (2007: 4).
86. Dyer (2003).
87. Pollan (2006: 109).
88. Nestle (2006: 370–1).
89. Gardner and Halweil (2000: 15), Nestle (2002: 175).
90. Nestle (2002: 178).
91. Shor (2004: 35).
92. Schlosser (2001: 122).
93. *Economist* (July 16, 2005: 60).
94. *Economist* (August 27, 2005).
95. Pfeiffer (2006: 22).
96. Nestle (2006: 321, 327).
97. Veracity (2005).
98. Global Dump Soft Drinks Campaign (2007).
99. Chopra and Darnton-Hill (2004: 1558–60).
100. Gardner and Halwiel (2000: 15).
101. Worldwatch (2007a: 120).
102. Schlosser (2001: 53).
103. Brownell (2004: 12).
104. Worldwatch (2004: 146).
105. Worldwatch (2007a: 120).
106. Sibbald (2003).
107. *Economist* (February 17, 2007).

108. "A survey of food" (*Economist*, 2003: 5).
109. Critser (2003: 131).
110. Critser (2003: 131).
111. "A survey of food" (*Economist*, 2003: 5).
112. Popkin (2007: 93). Type-2 diabetes can no longer be accurately called "late onset", with more and more cases of it appearing at earlier and earlier ages.
113. Popkin (2003: 590).
114. *Economist* (2004).
115. Worldwatch (2007a: 110).
116. *Economist* (February 9, 2008: 66).
117. Manning (2004: 10); Worldwatch (2007a: 121).
118. Diabetes doubles the risk of heart disease and stroke (*Economist*, February 17, 2007). Further the rate of increase in diagnosed cases of diabetes in the past ten years is 50 percent, and it is predicted that in 2007, 3.8 million will die worldwide (*Toronto Star*, November 14, 2007).
119. Talago (2007: A27).
120. *Economist* (December 12, 1992: 6), *New Internationalist* (2003a, 17).
121. *New Internationalist* (2003c: 23–9).
122. McKenna (2005).
123. McKenna (2005).
124. *International Herald Tribune* (June 11, 2008).
125. *Wellness Newsletter* (August 2008); Talago (2007: A27).
126. Sopinka (2007: L4).
127. Weis (2007: 4).
128. Lawrence (2006a).
129. Lawrence (2006a).
130. Weis (2007: 18).
131. Critser (2003: 32), Pfeiffer (2006: 22).
132. Nestle (2007, 75).
133. Nestle (2006: 63), Brownell (2004: 5).
134. Starmer and Wise (2007: 1–3).
135. Nierenberg (2005: 5).
136. Lang and Heasman (2004: 144).
137. Nierenberg (2005: 6).
138. Nierenberg (2005: 24); Pawlick (2006: 94).
139. Weis (2007: 72).
140. Nierenberg (2005: 47).
141. Pawlick (2006: 129).
142. Pawlick (2006: 132).
143. Dove (2003).
144. *Toronto Star* (January 25, 2004).
145. "A survey of food" (*Economist*, 2003: 8).
146. *New Internationalist* (2003c: 10).
147. *Toronto Star* (September 1, 2008).

148. Popkin (2007: 92).
149. Chopra and Darnton-Hill (2004: 1558–60).
150. Eagle (2008: 1394–5).
151. Roberts (2008: 209–10).
152. Livestock are responsible for 18 percent of annual green house gas emissions (Steinfeld et al., 2006, cited in *Globe and Mail*, August 1, 2007).
153. *New Internationalist* (2003a: 20).
154. Cited in Weis (2007: 11).
155. Pinstrup-Andersen and Cheng (2007: 96–8).
156. Pinstrup-Andersen and Cheng (2007: 98–9), Lang and Heasman (2004: 51).
157. Lang and Heasman (2004: 61).
158. By the late 1990s, 3,000 children a day were dying of malaria (malaria affects 45 percent of the world's population) and 200 million people alive in 1998 will develop tuberculosis, and yet no major pharmaceutical firm had its own research programme to find drugs that would stem the tide of these infectious diseases, because these are the diseases of the poor. In contrast the profit margin for Viagra is 98 percent (*New Internationalist*, 2001: 24).
159. Pinstrup-Andersen and Cheng (2007: 101).
160. Pinstrup-Andersen and Cheng (2007: 101).
161. *New Internationalist* (2004a: 21).
162. Pinstrup-Andersen and Cheng (2007: 98).
163. Pinstrup-Andersen and Cheng (2007: 98).
164. Pinstrup-Andersen and Cheng (2007: 99).
165. Worldwatch (2004: 6).
166. Worldwatch (2004: 153).
167. Patel (2007: 127).
168. Campbell and Hendricks (2006).
169. Davis (2006: 17), Worldwatch (2007a: 114).
170. Brown (2007: 1).
171. Brown (2007: 1).
172. Hanson (2007).
173. Hanson (2007).
174. *Globe and Mail* (April 28, 2008); *Toronto Star* (April 4, 2008; April 1, 2008).
175. *Toronto Star* (April 23, 2008).
176. *Toronto Star* (April 23, 2008).
177. Nestle (2006: 366).
178. "A survey of food" (*Economist*, 2003: 9).
179. Nestle (2006: 365).
180. Nestle (2006: 367), *Toronto Star* (May 25, 2007).
181. Lawrence (2006a).
182. Weis (2007: 17).
183. Lawrence (2008: 283).
184. Townsend (2004).
185. "The Royal Society's report on Endocrine Disrupting Chemicals and Health" claims that soy estrogens in processed foods are "possible factors

in the growth in hormone-related diseases in the west" (cited in Lawrence, 2006b).
186. *New Internationalist* (20010: 10).
187. Pfeiffer (2006: 22).
188. Pawlick (2006: 108).
189. Pfeiffer (2006: 22–3).
190. Lang and Heasman (2004: 227).
191. *Macleans* (January 26, 2004: 29).
192. Yafa (2005: 293).
193. Yafa (2005: 293).
194. Pawlick (2006: 107).
195. For examples see Chapter 9.
196. Pfeiffer (2006: 23).
197. Cone (2005: A21).
198. *Environmental Defence* (2006) "Report on families" [online] <www.toxicnation.ca>.
199. *Toronto Environmental Defence* as cited in *Toronto Star* (June 2, 2006: D1).
200. *Toronto Star* (April 21, 2006: E5).
201. *Toronto Star* (April 21, 2006: E5).
202. Patel (2007: 298).
203. Lawrence (2004: 201).
204. Davis (2007: 417).
205. *Economist* (September 15, 2007: 98).
206. Davis (2007: 423).
207. *Economist* (July 12, 2008: 73).
208. Nestle (2003: 27).
209. Nestle (2003: 44).
210. Nestle (2003: 45).
211. Nestle (2006: 266).
212. *Economist* (September 23, 2006: 33).
213. The likely source turned out to be Jalapeno peppers.
214. Nestle (2003: 137).
215. Nestle (2003: 137).
216. Nierenberg (2005: 15).
217. Nierenberg (2005: 23).
218. Barndt (2002: 18).
219. Halweil (2007: 1).
220. Halweil (2007: 1).
221. Pawlick (2006: 6).
222. Halweil (2007: 9).
223. Halweil (2007: 10).
224. Halweil (2007: 1).
225. Schor (2004: 131).
226. Pollan (2006: 71). "Downers" are cattle too sick to stand up.
227. Jacobs and Steffen (2003).

228. Halweil (2007: 10).
229. Halweil (2007: 6).
230. Halweil (2007: 6).
231. Nierenberg (2005: 23).
232. Pollan (2006: 75).
233. Halweil (2007: 11).
234. Halweil (2007: 1).
235. Halweil (2007: 4).
236. Halweil (2007: 6).
237. Smith (2007).
238. Nestle (2003: 173).
239. Lawrence (2006a).
240. Cox (1998: 2).
241. Cox (1998: 1).
242. Cox (1998: 2).
243. Ashton (2007).
244. Cox (1998: 1).
245. Richard et. al. (2005).
246. Richard et. al. (2005, Part II: 6).
247. Richard et. al. (2005, Part II: 11–13).
248. Patel (2007: 139).
249. Pollan (2006: 19).
250. Roberts (2008: 243).
251. Nestle (2006: 15).
252. Pfeiffer (2006).
253. Cook (2004).
254. Nestle (2006: 336).
255. Weis (2007: 78).
256. Smith (2007).
257. Cook (2004).
258. "Toxic food environment" was the term used by Kelly Brownell, professor at Yale University, addressing the 2001 annual convention of the American Psychological Association.
259. *Economist* (August 27, 2005).
260. See their websites for the most recent statistics.
261. Critser (2003: 23).
262. Schlosser (2001: 117).
263. Martin (2007).
264. Starmer and Wise (2007).
265. Schlosser (2001: 102).
266. "A survey of food" (*Economist,* 2003: 10).
267. See the Universal Declaration of Human Rights, article five, and the International Covenant of Economic, Social and Cultural Rights, article eleven.

第五章　农业与食品行业工人的健康问题

1. Statement of Richard Estrada, Commissioner, US Commission on Immigration Reform before House Judiciary Subcommittee on Immigration, December 7, 1995. Available at: <www.utexas.edu/lbj/uscir/120795.html>.
2. *Economist* (December 8, 2007: 11).
3. Lien and Nerlick (2004: 201).
4. *New Internationalist* (2003a: 20).
5. *Economist* (September 6, 2003: 28), Lang and Heasman (2004: 90), Hacker (2004), *New Internationalist* (2004a).
6. Employment in manufacturing in the United States has decreased from 21.6 percent in 1979 to 9.86 percent in 2005 (Lardner, 2007).
7. Schlosser (2001: 4).
8. Hacker (2004: 38).
9. Schlosser (2001: 6).
10. According to legislation passed by Congress in 2007, the minimum wage is due to increase slightly (relative to its extremely low level) over the next several years.
11. *Business Week* (May 31, 2004: 50).
12. Hacker (2004: 39).
13. Read (2006: 1), *Economist* (October 21, 2006: 31).
14. *Economist* (September 10, 2005).
15. Ahn, Moore and Parker (2004: 2).
16. The poverty threshold for a single person under 65 in 2006 according to the US Census Bureau was an annual income of $10,488.
17. Ahn, Moore and Parker (2004: 2).
18. Ahn, Moore and Parker (2004: 2).
19. Herro (2007: 1).
20. Ahn, Moore and Parker (2004: 2–3).
21. Ahn, Moore and Parker (2004: 2–3).
22. Read (2006: 20).
23. Ahn, Moore and Parker (2004: 3).
24. *New Internationalist* (2003c: 23).
25. Bales defines slavery thus: "the state of control exercised over the slave based on violence or its threat, a lack of any payment beyond subsistence, and the theft of the labor or other qualities of the slave for economic gain" (Bales, 2005: 9).
26. McKenna (2005).
27. McKenna (2005).
28. All of this information about the sugar industry comes from McKenna (2005).
29. Rosset (2006: 49), Cook (2004).
30. *Economist* (September 9, 2006: 35).
31. *Economist* (September 9, 2006: 35).
32. *Economist* (March 26, 2005: 34).
33. *New Internationalist* (2007a, 12).

34. *New Internationalist* (2003a: 18).
35. *New Internationalist* (2003a: 19).
36. Yafa (2005: 306).
37. Rosset (2006: 42).
38. Yafa (2005: 305–6).
39. *Economist* (January 20, 2007: 34); *New Internationalist* (2007a: 13).
40. Since 1998, 150,000 Indian farmers have committed suicide (Fatah, *Star*, March 24, 2008).
41. Rosset (2006: 42).
42. Patel (2007: 37).
43. *New Internationalist* (2007a: 13).
44. Yafa (2005: 293).
45. Worldwatch (2004:163).
46. Weis (2007: 83).
47. *New Internationalist* (2003a: 10).
48. Schlosser (2002: 117).
49. *New Internationalist* (2003a: 10).
50. *Economist* (March 24, 2000: 16).
51. Ahn, Moore and Parker (2004: 3).
52. Ahn, Moore and Parker (2004: 3).
53. Striffler (2005: 8).
54. Parker (2006).
55. Striffler (2005: 115).
56. Cited in Striffler (2005: 129).
57. Schlosser (2002: 174).
58. Nierenberg (2005: 19).
59. Human Rights Watch (2008: 35).
60. Barndt (2002).
61. Schlosser (2002: 6).
62. Schlosser (2001: 68).
63. Schlosser (2002: 73).
64. Lardner (2007: 63).
65. Patel (2007: 37).
66. Schlosser (2002: 72).
67. Schlosser (2002: 72).
68. Schlosser (2002: 73).
69. Barndt (2002: 94).
70. *New Internationalist* (2003a: 12).
71. Worldwatch (2007a: 111).
72. *Economist* (March 24, 2000: 15); Weis (2007: 26).
73. Patel (2007: 37).
74. Robbins (2003: 13).
75. Robbins (2003: 3).
76. Robbins (2003: 15).
77. McKay and Miller (2005).

78. Patel (2007: 44).
79. Weis (2007: 69).
80. Davis (2006: 16).
81. Davis (2006: 23).
82. Rosset (2006: 62), Ahn, Moore and Parker (2004: 4).
83. Ahn, Moore and Parker (2004: 4).
84. Ahn, Moore and Parker (2004: 4).
85. Koeppel (2008: xiii).
86. Lang and Heasman (2004: 152).
87. Berube (2005: 2).
88. Berube (2005: 4).
89. Anitel (2007).
90. Berube (2005: 3).
91. Silva (2007: 2).
92. Berube (2005: 2).
93. Anitel (2007), Softpedia (2007), Wikipedia (2008), Silva (2007a, 2007b), Miller (2007), International Committee in Solidarity with the Victims of Nemagon (2008), Envio (2008), Berube (2005).
94. Anitel (2007).
95. Berube (2005: 5).
96. Berube (2005: 5).
97. Anitel (2007).
98. Human Rights Watch (2002).
99. *Toronto Star* (November 1, 2002).
100. Weis (2007: 31), Pawlick (2006: 126).
101. Yafa (2005: 293).
102. *New Internationalist* (2000: 23). According to Off, in 2002 "the cocoa companies agreed to accept a six-point program designed to eliminate child slave labour in the cocoa chain". In the wording, the companies substituted "the worst forms of child labour" for "child slave labour". The "worst forms of child labour" were to be eliminated by July 1, 2005. That date has now passed without the goal being reached. "Nowhere in the agreement does it suggest that the cocoa companies might simply undertake to make sure the farmers received a decent price for their beans. And yet almost every critic of the industry has identified the key problem: poverty among the primary producers" (Off, 2006: 144–6).
103. Off (2006: 146).
104. Off (2006: 140).
105. Mull and Kirkhorn (2005: 5).
106. Off (2006: 123–52).
107. Off (2006: 199).
108. BBC news (4/6/07).
109. *Human Rights Watch* (2004).
110. Etter (2007).
111. Etter (2007).

112. *New Internationalist* (2004b: 12).
113. *New Internationalist* (2004b: 12).
114. *New Internationalist* (2004b: 11).
115. *New Internationalist* (2004b: 11). Malawi is losing 3 percent of its forests per year. This is one of the fastest rates of deforestation in the world (Poitras, May 11, 1999).
116. *New Internationalist* (2004b: 18).
117. *New Internationalist* (2004b: 18).
118. Talbot (2004: 2).
119. OXFAM (2007).
120. Talbot (2004: 55).
121. Talbot (2004: 101, 115).
122. OXFAM (2003).
123. "Out of a $3 cappuccino that you might buy at a cafe, only 3 cents goes to the farmer who grew the beans" (World Vision, 2006).
124. *Guardian* (September 16, 2005).
125. Such low pay is common. For example, tea estates in Sri Lanka that employ 5 percent of all workers pay only $2 per day.
126. Talbot (2004: 103, 113).
127. Talbot (2004: 115).
128. Cohn (2005: A 13).
129. Smolker et al. (2008: 27).
130. Graham-Harrison (2007: B3).
131. Smolker et al. (2008: 29).

第六章 农业、食物供给和环境

1. Worldwatch (2008: 75).
2. Marx (1981: 948–9).
3. President Nixon, 1970 State of the Union Address (cited in Davis, 2007: 329).
4. Davis (2007: 9).
5. For example, President Reagan actually cut spending for testing chemicals. (Davis, 2007: 9).
6. Pfeiffer (2006: 19).
7. Manning (2004: 8).
8. Shah (2004: 149).
9. Woynillowicz (2007: 4).
10. Woynillowicz (2007: 5).
11. Worldwatch, (2004: 37); Pollan (2006: 83).
12. The percentage produced by the United States has lessened as it has been overtaken by China (Worldwatch, 2004: 11).
13. Manning (2004: 8).
14. Shah (2004: 144, 171).

15. Pfeiffer (2006: 7).
16. Cook (2004).
17. Pfeiffer (2006: 19).
18. Cook (2004).
19. *Toronto Star* (June 29, 2008).
20. Cook (2004).
21. Shah (2004: 45).
22. Roberts (2008: 223).
23. Pfeiffer (2006: 21).
24. Priesnitz (2007).
25. Nestle (2006: 139).
26. Nierenberg (2005: 27–9).
27. More in total because corn is such a large crop. Cotton uses more pesticides per acre.
28. Weis (2007: 33).
29. Weis (2007: 42).
30. Shah (2004: 168), Graham-Harrison (2007).
31. Monfort (2008: 1), Smolker et al. (2008: 15).
32. Smolker et al. (2008: 9).
33. Fifty percent of global ethanol production in 2006 was from corn. Corn farmers alone received $9.4 billion in federal subsidies in 2005. See Smolker et al. (2008: 15–16).
34. Roberts (2008: 216).
35. Roberts (2008: 48).
36. Roberts (2008: 17).
37. Smolker et al. (2008: 17).
38. Smolker et al. (2008: 57). The meaning of "biofuel" is a little wider in meaning than "agrofuel" because it could include any biological matter and not simply matter from agriculture.
39. Smolker et al. (2008: 20–5).
40. Smolker et al. (2008: 3).
41. Wilson (2007: C6).
42. Brown (2007).
43. Brown (2007).
44. Engdahl (2008); Hurst (2008); Chakrabortty (2008).
45. *Economist* (December 8, 2007: 11).
46. FAO (2007b).
47. Spencer (December 27, 2007).
48. This adds up to 35.1 million suffering frequent hunger (Patel, 2007: 3).
49. Spencer (December 22, 2007).
50. Pfeiffer (2006: 42).
51. Spencer (2007).
52. Shah (2004: 168).
53. Pollan (2006: 54).
54. Flannery (2006: 71).

55. Worldwatch (2008: xxiv).
56. *Economist* (June 2, 2007: 64).
57. Flannery (2006: 136).
58. *Globe and Mail* (September 2, 2007).
59. Hanson (2006: 13).
60. Flannery (2006: 136).
61. The latest study produced by the University of California and to be published in the *Journal of Environmental Economics and Management* estimates that China passed the United States in total greenhouse gas emissions in 2006 (Hanson, 2006: 16; *Economist*, January 27, 2007: 24).
62. Smolker et al. (2008: 4).
63. Smolker et al. (2008: 27).
64. *Globe and Mail* (September 1, 2007, January 5, 2008, October 12, 2007).
65. Preisnitz (2007).
66. Presnitz (2007).
67. Not only is nitrous oxide a long-lasting greenhouse gas, nitrates that get in the drinking water are also a risk factor for premature births.
68. Mittelstaedt (2007c: A8).
69. Lang and Heasman (2004: 231).
70. Roberts (2008: 147).
71. Flannery (2006: 130).
72. Mittelstaedt (2007b).
73. Mittelstaedt (2007b).
74. Pfeiffer (2006: 13).
75. Davis (2007: 330).
76. "A survey of agriculture and technology" (*Economist*, 2000), *Economist* (July 19, 2003).
77. Pfeiffer (2006: 16).
78. Pfeiffer (2006: 12).
79. Leahy (2007: 1).
80. *Independent* (May 14, 2007).
81. Cited in *Independent* (May 14, 2007).
82. Shah (2004: 128).
83. Worldwatch (2007a: 103).
84. Smolker et al. (2008: 50).
85. Smolker et al. (2008: 50).
86. Weis (2007: 33).
87. Worldwatch (2008: 109).
88. Weis (2007: 42, 64).
89. Weis (2007: 42).
90. *Economist* (July 12, 2008: 94).
91. Flannery (2006: 113).
92. Flannery (2006: 114).
93. Weis (2007: 32).
94. Roberts (2008: 229).

95. *Economist* (December 8, 2007: 41).
96. *Economist* (December 8, 2007: 41).
97. Nestle (2006: 405).
98. Weis (2007: 33).
99. Worldwatch (2008: xxvi), Indiana School of Medicine (2007).
100. *Nature* (November 7, 2006).
101. Worldwatch (2007a: 92).
102. Flannery (2006: 99).
103. Weis (2007: 31).
104. Worldwatch (2008: xxiv).
105. Nestle (2006: 206).
106. Worldwatch (2008: 67).
107. *Science* (November 3, 2006).
108. *New Internationalist* (2003b: 7)
109. Worldwatch (2008: 61).
110. Worldwatch (2007a: 26).
111. Worldwatch (2008: 68).
112. Preisnitz (2007).
113. Flannery (2006: 110).
114. *New Internationalist* (2002: 19).
115. *New Internationalist* (2000: 10).
116. Koeppel (2008).
117. Roberts (2008: 219).
118. Patel (2007: 138).
119. "In India in 2005, the Indian state of Andhra Pradesh (population 75 million) banned Monsanto from licensing its genetically modified cotton seed on the grounds that they had been ineffective. Yields were lower, and more prone to disease, than non-genetically modified crops" (Patel, 2007: 138).
120. Roberts (2008: 262).
121. Worldwatch (2008: xxvii).
122. Patel (2007: 140).
123. *Toronto Star* (February 9, 2008).
124. Chakrabarti (2007: 1).
125. Nieremberg (2005: 5).
126. Lang and Heasman (2004: 144).

第七章　美国的食品、营销和选择

1. Schor (2004: 190).
2. Linn (2004: 1).
3. Linn (2004: 6).
4. Brandt (2007: 79–80).
5. Brandt (2007: 79–80).
6. Davis (2007: 4).
7. Davis (2007: xiii).

8. Smoking cigarettes is the second leading cause of death in the world (Epstein, 2007: 38).
9. Brandt (2007: 153).
10. Epstein (2007: 38).
11. Brandt (2007: 167).
12. Brandt (2007: 394).
13. Califano (2006: 143).
14. Brandt (2007: 227).
15. Brandt (2007: 249).
16. Brandt (2007: 249).
17. Brandt (2007: 459).
18. Brandt (2007: 7–9).
19. Brandt (2007: 10).
20. Nestle (2006: 64). "Food is an area where influence marketing and the decline of parental control has been most pronounced" (Schor, 2004: 24).
21. Schor (2004: 121), Gardner and Halweil (2000: 29), Nestle (2006: 64).
22. Schor (2004: 128).
23. Putnam (2000: 222, 240).
24. Schor (2004: 33).
25. Linn (2004: 6).
26. Schor (2004: 11).
27. Patel (2007: 271).
28. *Economist* (December 2, 2006: 66).
29. Linn (2004: 1).
30. Schor (2004: 203).
31. Schor (2004: 13).
32. Linn (2004: 49).
33. Schor (2004: 20).
34. Schor (2004: 23).
35. Schor (2004: 21).
36. Schor (2004: 12).
37. Schor (2004: 23).
38. Schor (2004: 120).
39. *Toronto Star* (June 11, 2006); US Census Bureau (2006b; 2007: 709).
40. Schor (2004: 128).
41. Schor (2004: 126).
42. Schor (2004: 34).
43. Center for Science in the Public Interest (2008b: 1).
44. Schor (2004: 134).
45. Worldwatch (2004: 14).
46. Schor (2004: 35).
47. Brownell (2004: 112).
48. Moyer (2005: 169–79); Weeks (2008).
49. Schlosser and Wilson (2006: 58–62).
50. Linn (2004: 89).

51. Roberts (2008: 105).
52. Schor (2004: 88).
53. Schor (2004: 121).
54. Critser (2003: 47).
55. Center for Science in the Public Interest (2008a: 1). "Consumer organizations in 20 countries today urged the Coca-Cola company and PepsiCo to limit soft drink marketing and help stem the global tide of childhood obesity. The letters are the latest salvo in the Global Dump Soft Drinks Campaign launched last fall."
56. Schor (2004: 94).
57. Schor (2004: 93).
58. Schor (2004: 93).
59. Schor (2004: 86).
60. Linn (2004: 97).
61. Linn (2004: 103).
62. Patel (2007: 280).
63. Schor (2004: 35, 167).
64. *New Internationalist* (2004: 6).
65. Brownell (2004: 13), Patel (2007: 271).
66. Schor (2004: 24).
67. Davis (2007: 9).
68. Schor (2004: 203).

第八章　公司权力、食品与自由民主

1. Brandt (2007: 51).
2. Brandt (2007: 53).
3. Patel (2007: 258).
4. For example, right-wing Nicaraguan Contras in their war against the Revolutionary Sandanista government (1981–1990) were funded in part by a cocaine trade which the CIA secretly facilitated and which resulted in a very significant increase of cocaine use in the United States. At the same time as the CIA was turning a blind eye to the importation of cocaine into the United States, the US government was supposedly carrying out a "war on drugs" which resulted in huge numbers of inner city blacks being incarcerated (Scott and Marshall, 1998).
5. Nestle (2003: 14), Cox (1998: 12).
6. The Center for Science in the Public Interest has launched a campaign against food disparagement laws, which now exist in 13 states. See <www.cspinet.org/foodspeak/laws/existlaw.htm>.
7. Brandt (2007: 380–4).
8. Brandt (2007: 167).
9. A good example of this is the recent effort by industry to get Congress to subsidize ethanol production.
10. Lang and Heasman (2004: 147).

11. Lang and Heasman (2004: 150).
12. Nestle (2006: 9–10).
13. Jacobs and Dube (2004: 1), Wright (2005), Good Jobs First (2008). According to Wright (2005), "investigators documented 244 Wal-Mart subsidy deals with a total value over $1 billion".
14. Brandt (2007: 469).
15. Brandt (2007: 484).
16. When Brandt was writing his book in 2006, the United States had not yet ratified the FCTC, which by then had been ratified by 140 countries (Brandt, 2007: 486).
17. The Report of the Joint WHO/FAO Expert Consultation on Diet, Nutrition, and the Prevention of Chronic Diseases was launched in Rome on April 23, 2003.
18. Schor (2004: 129).
19. Lawrence (2008: 143), International Baby Food Action Network (2006).
20. *New York Times* (September 1, 2004).
21. Schor (2004: 129).
22. The Center for Science in the Public Interest has worked hard without success to get the food industry to put the total of added sugars on labels.
23. Nestle (2003).
24. Schor (2004: 131); Greenpeace (August 8, 2008) recently announced that as a result of consumer pressure Monsanto has decided to stop producing bovine growth hormoner BST.
25. Smolker et al. (2008: 16).
26. Schor (2004: 130).
27. Berube (2005: 6).
28. Davis (2007).
29. Campbell and Campbell (2006: 3).
30. Davis (2007: 77).
31. Davis (2007: 96).
32. Davis (2007: 105).
33. Davis (2004: 154–6).
34. Cited in Davis (2006: 157). Robert Proctor "Tobacco and Health," expert witness report filed on behalf of plaintiffs in the USA, Plaintiff v. Philip Morris, reprinted in *Journal of Philosophy, Science, and Law*, No.4 (March 2004).
35. Brandt (2007: 306).
36. Brandt (2007: 306–7).
37. Berube (2005: 4).
38. Patel (2008: 139).
39. McIlroy, *Globe and Mail* (December 15, 2007).
40. McIlroy, *Globe and Mail* (December 15, 2007).
41. Davis (2007: 377).
42. Davis (2007: 378).
43. Cox (1998: 11).

44. Cox (1998: 12).
45. Campbell and Campbell (2006: 314–15).
46. Campbell and Campbell (2006: 260).
47. Campbell and Campbell (2006: 260).
48. Campbell and Campbell (2006: 260).
49. Campbell and Campbell (2006: 265).
50. Brandt (2007: 299–300).
51. Brownell (2004: 274).
52. Brownell (2004: 274).

第九章　农业、食品与为民主、社会公平、健康及可持续发展而战

1. Stiglitz (2008).
2. Rosset (2006: 79).
3. Marx (1981: 911).
4. For example, I have referred to the Center for Science in the Public Interest, Worldwatch, Baby Milk Action, the Organic Center, Bread for the World Institute, Earth Policy Institute, the Canadian Centre for Policy Alternatives, Commercial Alert, Human Rights Watch, Earthscan, Reclaim Democracy, Envio, Environmental Defense, Global Dump Soft Drinks Campaign, International Committee in Solidarity with Victims of Nemagon, Commercialization in Education Research Unit, OXFAM, Grist, Global Forest Coalition, World Vision, Pesticide Action Network, Greenpeace, Corporate Watch and Good Jobs First.
5. See Patel (2007) for an extended discussion of these organizations and others.
6. Gillespie (*Economist,* April 28, 2008).
7. See note 1.
8. *Economist* (February 9, 2008: 65).

参考书目

Ahn, C, Moore, M. and Parker, N. (2004) "Migrant farmworkers: America's new plantation workers", *Backgrounder*, Food First, Spring, Vol. 10, No. 2 [online] <www.foodfirst.org/pubs/backgrdrs/2004/sp04v10n2.html>.

Albritton, R. (1991) *A Japanese Approach to Stages of Capitalist Development*, London: Macmillan.

Albritton, R. (1993) "Did agrarian capitalism exist?" *Journal of Peasant Studies*, Vol. 20, No. 3, April.

Albritton, R. (1995a) "Theorising the realm of consumption in Marxian political economy", in R. Albritton and T. Sekine (eds), *A Japanese Approach to Political Economy, Unoist Variations*, Basingstoke, Hampshire: Macmillan.

Albritton, R. (1995b) "Regulation theory, a critique", in R. Albritton and T. Sekine (eds), *A Japanese Approach to Political Economy, Unoist Variations*, Basingstoke, Hampshire: Macmillan.

Albritton, R. (2003b) "Marx's value theory and subjectivity", in R. Westra and A. Zuege (eds), *Value and the World Economy Today*, Basingstoke: Palgrave.

Albritton, R. (2004a) "Socialism and individual freedom", in R. Albritton et al. (eds), *New Socialisms, Futures Beyond Globalisation*, London: Routledge.

Albritton, R. (2007a) *Economics Transformed: Discovering the Brilliance of Marx*, London: Pluto.

Albritton, R. (2007b) "Objectivity and Marxian political economy", in J. Frauley and F. Pearce (eds), *Critical Realism and the Social Sciences: Heterodox Elaborations*, Toronto: University of Toronto Press.

Albritton, R. (2007c) "Eating the future: capitalism out of joint", in R. Albritton, R. Jessop and R. Westra (eds), *Political Economy and Global Capitalism: The 21st Century, Present and Future*. London: Anthem.

Albritton, R. (2008) "Marxian crisis theory and causality", in R. Groff (ed.), *Revitalizing Causality: Realism about Causality in Philosophy and Social Science*, London: Routledge.

Albritton, R., Itoh, M., Westra, R. and Zuege, A. (eds) (2001) *Phases of Capitalist Development*, Basingstoke, Hampshire: Palgrave.

Albritton, R. and Simoulidis, J. (eds) (2003) *New Dialectics and Political Economy*, Basingstoke, Hampshire: Palgrave.

Albritton, R., Bell, S., Bell, J. and Westra, R. (eds) (2004) *New Socialisms, Futures Beyond Globalization*, London: Routledge.

Albritton, R., Jessop, R. and Westra, R. (eds) (2007) *Political Economy and Global Capitalism: The 21st Century, Present and Future*, London: Anthem.

Anderson, M. (2006) "Why cancer pandemic", *Toronto Star*, October 30.
Anelauskas, V. (1999) *Discovering America As It Is*, Atlanta, Ga.: Clarity Press.
Anitel, S. (2007) "Nemagon, the pesticide that kills people: a history of infamy", *Softpedia,* May 15.
Arrighi, G. (1994) *The Long Twentieth Century: Money, Power, and the Origins of Our Times*, London: Verso.
Ashton, G. (2007) "Multiple studies show Roundup is toxic", *Cape Times*, March 16.
Baby Milk Action (2008) "Tackling obesity—watch out for undue corporate influence", Baby Milk Action [online] <www.babymilkaction.org>.
Baker, J. (1987) *Arguing for Equality*, London: Verso.
Bales, K. (1999) *Disposable People*, Berkeley: University of California Press.
Bales, K. (2005) *Understanding Global Slavery*, Berkeley: University of California Press.
Baran, P. and Sweezy, P. (1966) *Monopoly Capital*, New York: Monthly Review.
Barndt, D. (ed.) (1999) *Women Working the NAFTA Food Chain*, Toronto: Second Story Press.
Barndt, D. (2002) *Tangled Routes: Women, Work, and Globalization on the Tomato Trail*, Aurora, Ontario: Garamond Press.
Bartlett, D. L. and Steele, J. B. (2008) "Monsanto's Harvest of Fear", *Vanity Fair*, May.
Battacharya, S. (2003) "Cut sugar to battle obesity," New Scientist, March 3 [online] <www.newscientist.com/article.ns?id=dn3453>.
BBC news (2007) "Slavery behind Easter chocolate," BBC Newsvote, April 6 [online] <http://newsvote.bbc.co.uk?mpapps/pagetools/print/news.bbc.co.uk/1/hi/uk/6533405.stm>.
Belluck, P. (2005) "Obesity could shrink average life span, study says", *Globe and Mail*, March 17.
Benbrook, C. et al. (2008) "New evidence confirms the nutritional superiority of plant-based organic foods", Organic Center [online] <www.organic-center.org>.
Bergson, H. (2007) *Creative Evolution*, Basingstoke: Palgrave.
Berube, N. (2005) "Chiquita's children", *In These Times*, May.
Bowe, J. (2007) *Nobodies: Modern American Slave Labor and the Dark Side of the New Global Economy*, New York: Random House.
Brandon, R. (2002) *Automobile: How the Car Changed Life*, London: Macmillan.
Brandt, A. (2007) *The Cigarette Century*, New York: Basic Books.
Brass, T. (2000) *Peasants, Populism, and Postmodernism*, London: Frank Cass.
Braverman, H. (1998) *Labor and Monopoly Capital*, New York: Monthly Review.
Bread For the World Institute (2003) *Agriculture in the Global Economy*, Washington D.C.
Brennan, T. (2003) *Globalization and Its Terrors*, London: Routledge.
Brown, E. and Jacobson, M. (2005) "Cruel oil", Center for Science in the Public Interest, May.
Brown, L. (2004) *Outgrowing the Earth*, New York: W. W. Norton.
Brown, L. (2007) "World may be facing highest grain prices in history", Earth Policy Institute, January 5.
Brownell, K. (2004) *Food Fight: The Inside Story of the Food Industry, America's Obesity Crisis and What We Can Do About It*, New York: McGraw-Hill.
Business Week (2004) May 31, p. 50–55.

Buttel, F. H. and McMichael, P. (2005) *New Directions in the Sociology of Global Development*, Oxford: Elsevier.

Calamai, P. (2007) "Whither the revered scientist?" *Toronto Star*, November 4, 2007.

Califano, J. A. (2007) *High Society: How Substance Abuse Ravages America and What to do About It*, New York: Public Affairs.

Campbell, C. and Campbell, T. (2006) *The China Study*, Dallas, Texas: Benbella Books.

Campbell, M. and Hendricks, T. (2006) "Mexico corn farmers see their livelihoods wither," *San Francisco Chronicle*, July 31.

Canby, P. (2005) "The specter haunting Alaska", *New York Review of Books*, November 17.

Carson, R. (1962) *Silent Spring*, Boston: Houghton Mifflin.

Center for Science in the Public Interest (CSPI) (2008a) "Consumer groups in 20 countries urge Coke, Pepsi to limit soft drink marketing to children", January 3.

Center for Science in the Public Interest (CSPI) (2008b) "Obesity on the kids' menus at top chains", August 4.

Chakrabarti, M. (2007) "And how would you like that cooked?....Green", Wbur.org [online] <www.wbur.org/news/local/dininggreen/story.asp>.

Chakrabortty, A. (2008) "Secret report: biofuel caused food crisis," *Guardian*, July 4.

Chopra, M. and Darnton-Hill, I. (2004) "Tobacco and obesity epidemics: not so different after all," *British Medical Journal*, No. 328, June 26, p. 1558–1560.

Clarke, T. (2007) *Inside the Bottle: Exposing the Bottled Water Industry*, Ottawa: Canadian Centre for Policy Alternatives.

Cohn, M. R. (2005) "Finally a chance to escape plantation," *Toronto Star*, October 23, p. A 13.

Colantuoni, C. et al. (2002) "Evidence that intermittent, excessive sugar intake causes endogenous opioid dependence," *Obesity Research* No. 10, p. 478–488.

Commercial Alert (2005) "American Diabetic Society bought off", May 16 [online] <www.commercialalert.org>.

Cone, M. (2005) "Dozens of chemicals found in most Americans' bodies", *Los Angeles Times*, July 22, p. A21.

Cook, C. (2004) "Thanksgiving's hidden costs", Alternet, November 23 [online] <http://www.alternet.org/story/20556>.

Cox, C. (1998) "Glyposate factsheet", *Journal of Pesticide Reform*, Vol. 108, No. 3, Fall [online] <www.mindfully.org/Pesticide/Roundup>.

Critser, G. (2003) *Fat Land: How Americans Became the Fattest People in the World*, New York: Houghton Mifflin.

Cross, G. (1993) *Time and Money: The Making of Consumer Culture*, London: Routledge.

Cross, G. (2000) *All-Consuming Century*, New York: Columbia.

Crouzet, F. (1982) *Capital Formation in the Industrial Revolution*, London: Methuen.

Darrah, C. N., Freeman, J. M. and English-Lueck, J. A. (2007) *Busier Than Ever: Why American Families Can't Slow Down*, Stanford, Calif.: Stanford University Press.

Davis, D. (2007) *Secret History: War on Cancer*, New York: Basic Books.

Davis, K. (1996) *Poisoned Chickens Poisoned Eggs*, Summertown, Tennessee: Book Publishing.

Davis, M. (2006) *Planet of Slums*, London: Verso.

De La Perriere, R. A .B. and Seuret, F. (2000) *Brave New Seeds: The Threat of GM Crops to Farmers*, Halifax, NS: Fernwood.

De Villiers, M. (1999) *Water*, Toronto: Stoddart.

Dolphijn, R. (2004) *Foodscapes: Towards a Deleuzian Ethics of Consumption*, Delft, Holland: Eburon.

Dove, R. (2003) "The American meat factory", in A. M. Ervin, C. Holtslander, D. Qualman and R. Sawa (eds), *Beyond Factory Farming: Corporate Hog Barns and the Threat to Public Health, the Environment, and Rural Communities*, Saskatoon: Canadian Center for Policy Alternatives.

Dow, K. and Downing, T. E. (2006) *The Atlas of Climate Change*, London: Earthscan.

Duncan, C. A. M. (1996) *The Centrality of Agriculture,* Montreal: McGill-Queen's University Press.

Dyer, G. (2003) "Sugar lobby copies big tobacco", *Toronto Star*, April 29.

Eagle, K. (2008) "Coronary artery disease in India: challenges and opportunities", *The Lancet*, Vol. 371, No. 9622, April 26, p. 1394–1395.

Economist (1991) "A survey of America", October 26.

Economist (1993) "A survey of the food industry", December 4.

Economist (1994) "A survey of television", February 12.

Economist (1996) "A survey of living with the car", June 22.

Economist (2000) "A survey of agriculture and technology", March 25.

Economist (2003) "A survey of food", December 13.

Edwards, J. and Morgan, M. (2004) "Abolish corporate personhood", [online] <www.reclaimdemocracy.org/personhood/edwards_morgan_corporate.html>.

Eisenitz, G. (1997) *Slaughterhouse*, New York: Prometheus.

Ellis, H. (2007) *Planet Chicken*, London: Sceptre.

Ellwood, W. (2001) *The No-Nonsense Guide to Globalization*, Toronto: New Internationalist Publications.

Engdahl, F. W. (2008) "World Bank Secret Report Confirms Biofuel Cause of World Food Crisis", *Global Research*, July 10 [online] <www.globalesearch.ca/index.php?context=va&aid=9547>.

Engler, M. (2003) "Cattail country", *New Internationalist,* No. 363.

Envio (2008) "Victims of Nemagon hit the road", Envio [online] <www.envio.org.ni/articulo/2972>.

Environmental Defence (2005) *Toxic Nation* [online] <www.toxicnation.ca>.

Environmental Defence (2006) *Toxic Families* [online] <www.toxicnation.ca>.

Epstein, H. (2007) "Getting away with murder", *New York Review of Books*, July 19, p. 38–40.

Etter, L. (2007) "Nicotine buzz: U.S. farmers rediscover the allure of tobacco", *Wall Street Journal*, September 18.

UN Food and Agriculture Organization (FAO) (2006) *The State of Food Insecurity in the World*, Rome.

FAO (2007a) *The State of Food and Agriculture: Paying Farmers for Environmental Services*, Rome.

FAO (2007b) "FAO calls for urgent steps to protect the poor from soaring food prices", December 17 [online] <www.fao.org/newsroom/en/news/ 2007/1000733/index.html>.

FAO (2008a) "Countries in crisis requiring external assistance", *Crop Prospects and Food Situation*, No. 1, February.

FAO (2008b) "Biodiversity is vital for human survival and livelihoods", February 18 [online] <www.fao.org/newsroom/en/news/2008/1000788>.

FAO (2008c) "EBRD and FAO call for bold steps to contain soaring food prices" [online] <www.fao.org/newsroom/en/news/2008/1000808>.

Fine, B. (2002) *The World of Consumption*, London: Routledge.

Flannery, T. (2006) *We are the Weather Makers*, Toronto: Harper Collins.

Flink, J. (1988). *The Automobile Age*, Cambridge, Mass.: MIT.

Foster, J. B. (1986) *The Theory of Monopoly Capitalism*, New York: Monthly Review Press.

Fox, N. (1997) *Spoiled: The Dangerous Truth About a Food Chain Gone Haywire*, New York: Basic Books.

Friedmann, M. (1982) *Capitalism and Freedom*, Chicago: University of Chicago Press.

Friedmann, H. (1999) "Remaking 'traditions': how we eat, what we eat and the changing political economy of food", in D. Barndt (ed.), *Women Working the NAFTA Food Chain*, Toronto: Second Storey Press.

Friedmann, H. (2004) "Feeding the empire: the pathologies of globalized agriculture", in L. Panitch and C. Leys (eds), *Socialist Register 2005*, London: Merlin.

Friesen, J. and Gee, M. (2008) "The world's hottest commodities are in your cereal bowl," *Globe and Mail*, February 16.

Gardner, G. and Halweil, B. (2000) "Overfed and underfed, the global epidemic of malnutrition", Worldwatch Institute, Paper No. 150, March.

Garner, L. (2003) "How Americans became the fattest people in the world", *Sunday Mail*, 2 March [online] <www.ourcivilization.com/diet/fastfood.htm>.

Gauntlett, D. and Hill, A. (1999) *TV Living: Television, Culture, and Everyday Life*, London: Routledge.

Geist, H. (1997) "How tobacco farming contributes to tropical deforestation" [online] <www.psychologie.uni-freiburg.de/um welt-spp/proj2/geist.html>.

Gillespie, P. (2008) "Rich prosper, society suffers", *Toronto Star*, April 28.

Giroux, H. (2004) *The Terrors of Neoliberalism*, Aurora, Ontario: Garamond Press.

Glickman, L. (1999) *Consumer Society in American History, A Reader*, Ithaca: Cornell University Press.

Global Dump Soft Drinks Campaign (2007) [online] <www.dumpsoda.org/>.

Goldman, R. and Papson, S. (2000) "Advertising in the age of accelerated meaning", in J. Schor and D. Holt (eds), *The Consumer Society Reader*, New York: New Press.

Good Jobs First (2008) "Subsidizing the world's largest corporation", [online] <www.goodjobsfirst.org/corporate_subsidy/walmart.cfm>.

Graham-Harrison, E. (2007) "*Green* fuel worsens global warming", *Toronto Star*, January 27.

Greenpeace (2008) "Good news of Canadian consumers: Monsanto is dropping a genetically engineered hormone in milk", August 8 [online] <www.greenpeace.org/canada/en/recent/monsanto>.

Griffiths, S. and Wallace, J. (eds) (1998) *Consuming Passions: Food in the Age of Anxiety*, Manchester, UK: Mandolin Press.

Grossberg, L. (2005) *Caught in the Crossfire: Kids, Politics, and America's Future*, Boulder, Colo.: Paradigm.

Guardian (2005) "Free trade leaves world food in grip of global giants", June 27.

Hacker, A. (2004) "The underworld of work", *New York Review of Books*, February 12.

Halberstam, C. (1986) *The Reckoning*, New York: Avon.

Halweil, B. (2004) *Eat Here: Reclaiming Homegrown Pleasures in a Global Supermarket*, New York: W. W. Norton.

Halweil, B. (2006) *Catch of the Day*, Worldwatch Paper No. 172.

Halweil, B (2007) "Still no free lunch", *Organic Center*, September [online] <www.organic-center.org>.

Hanson, J. (2006) "The threat to the planet", *New York Review of Books*, July 6.

Heintzman, A. and Solomon, E. (2004) *Feeding the Future: From Fat to Famine How to Solve the World's Food Crises*, Toronto: Ananzi.

Herro, A. (2007) "Pesticides pose risk in rural and urban communities alike", World Watch Institute, September 19.

Holmes, R. (1994) *Additive Alert!*, Toronto: McClelland & Stewart.

Hoogvelt, A. (2001) *Globalization and the Postcolonial World*, Baltimore: Johns Hopkins University Press.

Horowitz, R. (2006) *Putting Meat on the American Table*, Baltimore: Johns Hopkins Press.

Hough, P. (1998) *The Global Politics of Pesticides*, London: Earthscan Press.

Human Rights Watch (2002) "Tainted harvest: child labor and obstacles to organizing on Ecuador's banana plantations" [online] <www.hrw.org>.

Human Rights Watch (2004) "El Salvador: turning a blind eye", Vol. 16, No. 2.

Human Rights Watch (2008) "On the margins of profit: rights at risk in the global economy", Vol. 20, No. 3.

Hurst, L. (2008) "Hungry for answers", *Toronto Star*, June 28.

Independent (2007) "Deforestation: the hidden cause of global warming", May 14.

Indiana University School of Medicine (2007) "Premature births may be linked to seasonal levels of pesticides and nitrates in surface water", press release, May 7, Bloomington, Indiana.

International Committee in Solidarity with the Victims of Nemagon (2008) [online] <www.opticalrealities.org/Nicaragua/NemagonAction.html>.

International Baby Food Action Network (2006) "EU and US block Thailand's proposal to reduce sugar in baby foods", November 3.

Jacobs, D. and Steffen, L. (2003) "Nutrients, foods, and dietary patterns as exposures in research: a framework for food synergy", *American Journal of Clinical Nutrition*, September, Vol. 78, No. 3.

Jacobs, K. and Dube, A (2004) "Hidden costs of Wal-Mart jobs", UC Berkeley Labor Center, August 2.

Keenan, G (2008) "Record VW aid changed the auto game," *Globe and Mail*, September 12.

Kimbrell, A. (ed.) (2002) *The Fatal Harvest Reader*, London: Island Press.

Knowles, E. (2001) *The Oxford Dictionary of Quotations*, Oxford: Oxford University Press.

Koeppel, D. (2008) *Banana: The Fate of the Fruit that Changed the World*, New York: Hudson Street Press.

Kruse, K. and Sugrue, T. (eds) (2006) *The New Suburban History*, Chicago: University of Chicago Press.

Lang, T. (2003) "Food industrialisation and food power, implications for food governance", *Development Policy Review,* Vol. 21, No. 5–6.
Lang, T. and Heasman, M. (2004) *Food Wars: The Global Battle for Mouths, Minds, and Markets*, London: Earthscan.
Lardner, J. (2007) "The specter haunting your office", *New York Review of Books,* June 14.
Lawrence, F. (2004) *Not on the Label*, London: Penguin.
Lawrence, F. (2006a) "Should we worry about soya in our food?" *Guardian,* July 25.
Lawrence, F. (2006b) "A bean too far?" *Guardian,* July 27.
Lawrence, F. (2007) "Sugar rush", *Guardian,* February 15 [online] <http://www.guardian.co.uk/lifeandstyle/2007/feb/15/foodanddrink.ethicalfood>.
Lawrence, F. (2008) *Eat Your Heart Out: Why the Food Business is bad for the Planet and your Health,* London: Penguin.
Lawes, C., Vander Hoorn, S. and Rodgers, A. (2008) "Global burden of blood-pressure-related disease, 2001", *Lancet*, No. 371, pp. 1513–18.
Leahy, S. (2007) "Dirt isn't so cheap after all", IPS News [online] <http://ipsnews.net/print.asp?idnews=39083>.
Lien, M. E. and Nerlich, B. (eds) (2004) *The Politics of Food*, Oxford: Berg.
Linn, S. (2004) *Consuming Kids: Protecting Our Children from the Onslaught of Marketing and Advertising*, New York: New Press.
Loefler, I. (2005) "No sweet surrender," *British Medical Journal*, No. 328, April 9.
Los Angeles Times (2005) "CDC – largest study", July 1, A21.
Ludwig, D., Bak, K. and Sears, B. "Our research", Allergy Kids [online] <www.allergykids.com/index.php?id=4&page=Our_Research>.
Macleans magazine (2004) January 26, Toronto.
Manning, R. (2004) "The oil we eat", *Harpers*, February, v308.
Magdoff, F., Foster, J. B. and Buttel, F. (eds) (2000) *Hungary For Profit*, New York: Monthly Review.
Marx, K. (1963) *Theories of Surplus Value*, Vol. I, Moscow: Progress.
Marx, K. (1968) *Theories of Surplus Value*, Vol. II. Moscow: Progress.
Marx, K. (1976) *Capital*, Vol. I, New York: Penguin.
Marx, K. (1978) *Capital*, Vol. II, New York: Penguin.
Marx, K. (1981) *Capital*, Vol. III, New York: Penguin.
Martin, A. (2007) "Will diners swallow this?" *New York Times*, March 25.
Mason, J. B. (1982) *History of Housing in the U.S. 1930–1980*, Houston: Gulf Publishing.
May, E. (1999) "The commodity gap, consumerism and the modern home", in L. B. Glickman (ed.), *Consumer Society in American History, A Reader*, Ithaca: Cornell University Press.
McCann, D. et al. (2007) "Food additives and hyperactive behaviour", *The Lancet*, June 9 [online] <www.thelancet.com>.
McGinn, A.P. (2000) *Why Poison Ourselves? A Precautionary Approach to Synthetic Chemicals*, Worldwatch Paper No. 153.
McGinnis, J. M., Gootman, J. and Kraak, V. (eds) (2006) *Food Marketing to Children and Youth*, Institute of Medicine, Washington D.C.: National Academies Press.

McKay, K. and Miller R. (2005) "Nicaragua: Nemagon workers are dying", *Zmag*, March 30 [online] <www.zmag.org/content/print_article.cfm?itemID=7553>.

McIlroy, A. (2007), "A Hippocratic oath for science", *Globe and Mail*, December 15.

McKenna, B. (2005) *Big Sugar*, Montreal: Galafilm.

McMurtry, J. (1999) *The Cancer Stage of Capitalism*, London: Pluto.

Menzies, H. (2005) *No Time, Stress and the Crisis of Modern Life*, Vancouver: Douglas and McIntyre.

Miller, T. (2007) "Plantation workers look for justice in the north," *Los Angeles Times*, May 27.

Mintz, S. (1986) *Sweetness and Power*, New York: Penguin.

Mittelstaedt, M. (2007a) "Poor diet ratchets up cancer risk", *Globe and Mail*, November 1.

Mittelstaedt, M. (2007b) "Decade to avert climate catastrophe, experts say", *Globe and Mail*, December 6 [online] <www.climate.unsw.edu.au/bali/>.

Mittelsteadt, M. (2007c) "How global warming goes against the grain," *Globe and Mail*, February 24.

Molnar, A. and Boninger, F. (2007) "A drift: schools in a total marketing environment: the tenth annual report on schoolhouse commercialism trends: 2006—2007", Commercialism in Education Research Unit, Arizona State University [online] <http://epsl.asu.edu/ceru/CERU_2007_Annual_Report.htm>.

Monfort, J. (2008) "Despite obstacles, biofuels continue surge", Worldwatch [online] <www.worldwatch.org/node/5450>.

Mull, D. and Kirkhorn, S. (2005) "Child Labor in Ghana Cocoa Production", *Public Health Report* Vol. 120, No. 6 [online] <www.pubmedcentral.nih.gov/anticlererder.fcgi?artid=1497785>.

Murray, B. (2001) "Fast-food culture serves up super-size Americans" *Monitor On Psychology*, Vol. 32, No. 11, December [online] <www.apa.org/monitor/dec01/fastfood.html>.

Nader, R. (1965) *Unsafe at Any Speed*, New York: Grossman.

Nature (2006) "Climate change reducing the productivity of phytoplankton", November 7.

Ndiaye, P. A. (2007) *Nylon and Bombs: Dupont and the March of Modern America*, Baltimore, Md.: Johns Hopkins Press.

Nestle, M. (2002) *Food Politics*, Berkeley: University of California Press.

Nestle, M. (2003) *Safe Food*, Berkeley: University of California Press.

Nestle, M. (2006) *What to Eat*, New York: North Point Press.

New Internationalist (1998) August, No. 304.

New Internationalist (2000) May, No. 323.

New Internationalist (2001) Jan./Feb., No. 331.

New Internationalist (2002) March, No. 343.

New Internationalist (2003a) Jan./Feb., No. 353.

New Internationalist (2003b) July, No. 358.

New Internationalist (2003c) December, No. 363.

New Internationalist (2004a) Jan./Feb., No. 364.

New Internationalist (2004b) July, No. 369.

New Internationalist (2007a) April, No. 399.

New Internationalist (2007b) December, No. 407.

New York Times (2004) "The food pyramid scheme", September 1.
New York Times (2006) "Selling junk food to toddlers," February 23.
Nierenberg, D. (2005) *Happier Meals: Rethinking the Global Meat Industry*, Worldwatch Paper No. 171.
Nolen, S. (2006) "When coffee fuels a nation", *Globe and Mail*, May 29.
Norris, F. (1901) *The Octopus*, New York: Doubleday, Page.
Nussbaum, M. (2006) *The Frontiers of Justice*, Cambridge, Mass.: Harvard University Press.
Off, C. (2006) *Bitter Chocolate*, Toronto: Random House Canada.
Orford, J. (2001) *Excessive Appetites: A Psychological View of Addictions*, Toronto: John Wiley.
OXFAM (2003) "Coffee companies doing little to help struggling farmers" [online] <www.oxfam.ca/news-and-publications/news/squeezed-to-the-last-drop>.
OXFAM (2007) "Seeking common grounds: analysis of the Draft Proposals for the International Coffee Agreement", January.
Parker, S. (2006) "Finger-lickin bad," Grist, February 21 [online] <www.grist.org/news/maindish/2006/02/21/parker/>.
Patel, R. (2007) *Stuffed and Starved: Markets, Power and the Hidden Battle for the World Food System*, Toronto: Harper Collins.
Pawlick, T. (2006) *The End of Food*, Toronto: Greystone.
Pfeiffer, D. A. (2006) *Eating Fossil Fuels*, Gabriola Island, BC: New Society Publishers.
Picard, A. (2008) "Smoking deaths an epidemic in India," *Globe and Mail*, February 14.
Pingali, P., Stamoulis, K. and Stringer, R. (2006) "Eradicating extreme poverty and hunger: towards a coherent policy agenda", ESA Working Paper No. 06-01 [online] <www.fao.org/es/esa>.
Pinstrup-Andersen, P. and Cheng, F. (2007) "Still hungry", *Scientific American*, September.
Pollan, M. (2006) *The Omnivore's Dilemma*, New York: Penguin Press.
Pollin, R. (1996) "Contemporary economic stagnation in world historical perspective", *New Left Review*, No. 219.
Polanyi, K. (1944) *The Great Transformation*, Boston: Beacon Press.
Popkin, B. (2003) "The nutrition tranisition in the developing world", *Development Policy Review*, Vol. 21, No. 5–6.
Popkin, B. (2007) "The world is fat", *Scientific American*, September.
Postel, S. (1996) *Dividing the Waters,* Worldwatch Paper, No. 132.
Postel, S. (2005) *Liquid Assets*, Worldwatch Paper, No.170.
Postone, M. (1996) *Time, Labor, and Social Domination*, Cambridge: Cambridge University Press.
Pressinger, R. (1997) "Chemical food additive exposure during pregnancy: links to learning disabilities, ADD and behaviour disorders" [online] <www.chem-tox.com/pregnancy/artificial.htm>.
Priesnitz, W. (2007) "Ask natural life: how green is my diet?" [online] <http://forum.stlc.com>.
Putnam, R. D. (2000) *Bowling Alone*, New York: Touchstone.
Read, A. (2006) "Protecting worker rights in the context of immigration reform", *Journal of Law and Social Change*.

Reardon, T., Timner, P. and Berdoque, J. (2004) "The rapid rise of supermarkets in developing countries: induced organizational, institutional, and technological change in agrifood systems", *Journal of Agricultural and Development Economics*, Vol. 1, No. 2.

Rees, A. (2006) *Genetically Modified Food*, London: Pluto Press.

Richard, S., Moselmi, S., Benachour, N. and Seralini, G. E. (2005) "Differential effects of glyposate and Roundup on human placental cells", *Environmental Health Perspectives*, Vol. 113, No. 6.

Riggins, T. (2007) "Is a world wide famine in the works?" Countercurrents, December 21 [online] <www.countercurrents.org>.

Robbins, P. (2003) *Stolen Fruit*, Halifax: Fernwood Books.

Roberts, P. (2008) *The End of Food*, New York: Houghton Mifflin.

Roberts, W. (2008) *The No-Nonsense Guide to World Food*, Toronto: New Internationalist Publications.

Rocha, J. (1994) "Child sugar cane cutters exploited in Brazil", *British Medical Journal*, No. 308, April 16.

Rosset, P. (2006) *Food Is Different: Why We Must Get the WTO out of Agriculture*, Halifax: Fernwood.

Rudd Center for Food Policy and Obesity (2008) "Advertising to children" [online] <www.yaleruddcenter.org/what/advertising/index.html>.

Runge, C. F., Senauer, B., Pardy, P. G. and Rosegrant, M. W. (2003) *Ending Hunger in Our Lifetime*, Baltimore, Md.: Johns Hopkins University Press.

Sadler, M. (1832) House of Commons interview [online] <http://www.spartacus.schoolnet.co.uk/IRhebergam.htm>.

Schor, J. and Holt, D. (2000) *The Consumer Society Reader*, New York: New Press.

Schor, J. (2004) *Born to Buy*, New York: Scribner.

Schlosser, E. (2001) *Fast Food Nation*. New York: Harper Collins.

Schlosser, E. (2002) *Fast Food Nation*. New York: Harper Collins.

Schlosser, E. and Wilson, C. (2006) *Chew On This: Everything You Don't Know About Fast Food*, Boston, Mass.: Houghton Mifflin.

Schmitt, N. M., Schmitt, J., Kouimintzis, D.J. and Kirch, W. (2007) "Health risks in tobacco farm workers: a review of the literature", *Journal of Public Health*, Vol. 15, p. 255–264.

Scott, D. and Marshall, J. (1998) *Cocaine Politics: Drugs, Armies, and the CIA in Central America*, Berkeley, Calf.: University of California Press.

Seabrook, J. (2002) *The No-nonsense Guide to Class, Caste, and Hierarchies*, Toronto: New Internationalist Publications.

Sekine, T. (1997) *An Outline of The Dialectic of Capital*, 2 vols, London: Macmillan.

Serrin, W. (1974) *The Company and the Union*, New York: Vintage.

Shah, Sonia (2004) *Crude: The Story of Oil*, Toronto: Seven Stories Press.

Sheehan, M. O. (2001) *City Limits: Putting the Brakes on Sprawl*, Worldwatch Paper No. 156.

Shelley, T. (2005) *Oil: Politics, Poverty, and the Planet*, Halifax: Fernwood Books.

Shiva, V. (1992) *The Violence of the Green Revolution: Third World Agriculture, Ecology and Politics*, London: Zed.

Shore, K. J. (2007) *Cutting Down Tobacco* [online] <http://www.idrc.ca/en/ev-109250-201-1-DO_TOPIC.html>.

Sibbald, Barbara (2003) "Sugar industry sour on WHO report", *Canadian Medical Association Journal*, June 10, Vol. 168, No. 12.

Siegel, J. (2006) "Pesticides discovered in tobacco smoke", *Jerusalem Post*, April 27 [online] <www.jpost.com/servlet/Satellite?cid=1145961235065&page...>.

Silva, J. (2007a) "'Invisible' victims of pesticide protest government neglect" [online] <http://ipsnews.net/news.asp?idnews_38968>.

Silva, J. (2007b) "Nemagon is still alive and kicking" [online] <www.rel-uita.org/agricultura/agrotoxicos/nemagon/nemagon_sigue_vivo-eng.htm>.

Singer, P. and Mason, J. (2006) *The Way We Eat: Why Our Food Choices Matter*, Rodale Press.

Smith, J. M. (2003) *Seeds of Deception*, Fairfield, Iowa: Yes Books.

Smith, J. M. (2007) "Genetically modified foods unsafe? Evidence that links GM foods to allergic responses mounts", *Global Research*, November 8 [online] <www.globalresearch.ca/index.php?context=va&aid=7277>.

Smolker, R., Tokar, B., Peterman, A., Hernandex, E. and Thomas, J. (2008) "The real cost of agrofuels: impacts on food, forests, people, and climate", Global Forest Coalition [online] <www.globalforestcoalition.org>.

Softpedia (2007) "Nemagon, the pesticide that kills people" [online] < www.softpedia.com>,

Sopinka, H (2007) "To go green, eat your greens and meat, too", *Globe and Mail*, October 12, p. L4.

Specter, M. (2008) "Big foot", *New Yorker*, February 25.

Spencer, N. (2007) "Severe food shortages, price spikes threaten world population", WSWS, December 22 [online] <www.wsws.org>.

Spigel, L. and Curtin, M. (1997). *The Revolution Wasn't Televised: Sixties Television and Social Conflict*, New York: Routledge.

Squires, S. (2007) "TV ads make kids fat," *Toronto Star*, March 20.

Starmer, E. and Wise, T. (2007) "Feeding at the trough: industrial livestock firms saved $35 billion from low feed prices", Global Development and Environmental Institute, Tufts University, Policy Brief No. 07–03, December.

Steed, J. (2002) "What you can't see can kill you," *Toronto Star*, November 1.

Steinfeld, H., Gerber, P., Wassenaar, T., Castel, V., Rosales, M. and de Haan, C. (2006) "Livestock's long shadow", FAO, Rome.

Stern, N. (2007) *The Economics of Climate Change*, Cambridge: Cambridge University Press.

Stiglitz, J. E. (2008) "A global lesson in market failure", *Globe and Mail*, July 8.

Strasser, S. (1999) *Waste and Want*, New York: Henry Holt.

Striffler, S. (2005) *Chicken, The Dangerous Transformation of America's Favorite Food*, New Haven, Conn.: Yale University Press.

Talago, T. (2007) "Too poor to avert diabetes", *Toronto Star*, December 27.

Talbot, J. M. (2004) *Grounds for Agreement*, New York: Rowman & Littlefield.

Taylor, B. and Tilford, D. (2000) "Why consumption matters", in J. Schor and D. Holt (eds), *The Consumer Society Reader*, New York: New Press.

Townsend, M. (2004) "Boys will be girls – eventually", *Observer*, July 18.

Tucker, R. (1978) *The Marx-Engels Reader*, New York: Norton.

Tullis, F. L. and Hollist, W. L. (1986) *Food, the State, and International Political Economy*, Lincoln: University of Nebraska Press.

UNICEF (2005) *The State of the World's Children 2005: Executive Summary*.

UNICEF (2008) *The State of the World's Children 2008: Executive Summary.*
Uno, K. (1980) *Principles of Political Economy*, Sussex: Harvester Press.
US Census Bureau (2006a) "Poverty thresholds" [online] <www.census.gov/hhes/www/poverty/threshld/thresh06.html>.
US Census Bureau (2006b) "Nearly half of our lives spent with TV, radio, internet, newspapers, according to Census Bureau", news release, December 15.
US Census Bureau (2007), *Statistical Abstract of the United States: 2007.*
Veracity, D. (2005) "The politics of sugar: why your government lies to you about this disease-promoting ingredient", Natural New, July 21 [online] <www.naturalnew.com>.
Watson, J. I. and Caldwell, M. I. (eds) (2005) *The Cultural Politics of Food and Eating: A Reader*, Oxford: Blackwell.
Weis, T. (2007) *The Global Food Economy: The Battle for the Future of Farming*, Halifax, NS: Ferwood.
Wellness Newsletter (2004) University of California, Berkeley. February, Vol. 20, No. 5.
Wellness Newsletter (2008) University of California, Berkeley. August.
Wells, J. (2005) "Chewing the fat about what's really in fast food," *Toronto Star*, January 29, p. L1.
Westra, R. and Zuege, A. (eds) (2003) *Value and The World Economy Today*, Basingstoke: Palgrave.
Wikipedia (2008) "Nemagon" [online] <http://en.widipedia.org/wiki/1,2-Dibromo-3-chloropropane>.
Wilson, B. (2008) "The last bite", *New Yorker*, May 19.
Wilson, J. (2007) "Food, land prices rise …" *Toronto Star*, February 22, p. C6.
World Bank (2007) *The World Development Report 2008: Agriculture for Development*. Washington D.C.
World Bank (2008) Press release no. 2009/065/DEC.
World Cancer Research Fund/American Institute for Cancer Research (2007) *Food, Nutrition, Physical Activity, and the Prevention of Cancer*, Washington D.C.
World Health Organization (2002) *Report of the Joint Expert Consultation on Diet, Nutrition, and the Prevention of Chronic Diseases* [online] <Whqlibdoc.who.int/trs/WHO_TRS_916.pdf>.
World Health Organization (2005) *Preventing Chronic Diseases: A Vital Investment*, Geneva.
World Health Organization (2008) *WHO Report on the Global Tobacco Epidemic.*
World Vision (2006) "Slave to coffee and chocolate" [online] <http://www.worldvision.com.au/wvconnect/print.asp?topicID=97>.
Worldwatch Institute (2003) *Vital Signs*, New York: W. W. Norton.
Worldwatch Institute (2004) *State of the World*, New York: W. W. Norton.
Worldwatch Institute (2007a) *Vital Signs 2006–2007*, New York: W. W. Norton.
Worldwatch Institute (2007b) *Biofuels for Transport*, London: Earthscan.
Worldwatch Institute (2007c) *State of the World: Our Urban Future*, New York: W. W. Norton.
Worldwatch Institute (2008) *State of the World: Innovations for a Sustainable Economy*, New York: W. W. Norton.
Woynillowicz, D. (2007) "Worldwatch", September 17 [online] <www.alternet.org/story/62325>.

Wright, J. (2005) "Wal-Mart welfare: how taxpayers subsidize the world's largest retailer", *Dollars and Sense*, January/February.
Yafa, S. (2005) *Big Cotton*, New York: Viking.
Yates, Michael (2003) *Naming the System, Inequality and Work in the Global Economy*, New York: Monthly Review.
York, G. and Mick, H. (2008) "A clockwork orange", *Globe and Mail*, July 12.

南开大学出版社网址：http://www.nkup.com.cn
投稿电话及邮箱：

第一事业部（文史哲）	022-23500759	mjianlai@126.com
第二事业部（外语）	022-23497038	QQ：1877543721
第三事业部（旅游）	022-23509550	QQ：1025683240
第四事业部（经管法）	022-23508845	QQ：1410761005
综合编辑室（理科及其他）	022-23503408	QQ：2747938980
对外合作部：	022-23504636	QQ：2046170045
邮购部：	022-23507092	
发行部：	022-23508339	Fax:022-23508542

南开教育云：http://www.nkcloud.org

App：南开书店 app

　　南开教育云由南开大学出版社、国家数字出版基地、天津市多媒体教育技术研究会共同开发，主要包括数字出版、数字书店、数字图书馆、数字课堂及数字虚拟校园等内容平台。数字书店提供图书、电子音像产品的在线销售；虚拟校园提供 360 校园实景；数字课堂提供网络多媒体课程及课件、远程双向互动教室和网络会议系统。在线购书可免费使用学习平台，视频教室等扩展功能。